FRAGMENTOS DE PROCESSO CIVIL MODERNO
— de acordo com o novo CPC —

Conselho Editorial
André Luís Callegari
Carlos Alberto Alvaro de Oliveira
Carlos Alberto Molinaro
Daniel Francisco Mitidiero
Darci Guimarães Ribeiro
Elaine Harzheim Macedo
Eugênio Facchini Neto
Draiton Gonzaga de Souza
Giovani Agostini Saavedra
Ingo Wolfgang Sarlet
Jose Luis Bolzan de Morais
José Maria Rosa Tesheiner
Leandro Paulsen
Lenio Luiz Streck
Paulo Antônio Caliendo Velloso da Silveira

R896f   Rubin, Fernando.
         Fragmentos de processo civil moderno: de acordo com o novo CPC / Fernando Rubin. – Porto Alegre: Livraria do Advogado Editora, 2013.
         184 p. ; 23 cm.
         ISBN 978-85-7348-856-2

         1. Processo civil. 2. Brasil. Código de processo civil. 3. Direito processual. 4. Preclusão (Direito processual). 5. Coisa julgada. I. Título

CDU 347.91/.95
CDD 347.8105

Índice para catálogo sistemático:
1. Processo civil   347.91/.95

(Bibliotecária responsável: Sabrina Leal Araujo – CRB 10/1507)

Fernando Rubin

FRAGMENTOS DE PROCESSO CIVIL MODERNO
— de acordo com o novo CPC —

Porto Alegre, 2013

© Fernando Rubin, 2013

Capa, projeto gráfico e diagramação
Livraria do Advogado Editora

Revisão
Rosane Marques Borba

Direitos desta edição reservados por
Livraria do Advogado Editora Ltda.
Rua Riachuelo, 1300
90010-273 Porto Alegre RS
Fone/fax: 0800-51-7522
editora@livrariadoadvogado.com.br
www.doadvogado.com.br

Impresso no Brasil / Printed in Brazil

Nota do autor

O presente *Fragmentos de processo civil moderno – de acordo com o novo CPC*, que apresentamos agora à comunidade jurídica, é fruto de compilação de uma dezena de ensaios, específicos à temática, produzidos pelo autor no período de 2010-2012.

Após artigo introdutório, em que é feito breve balanço desse período de debates em torno do Projeto, no Senado e na Câmara Federal, são destacados relevantes ensaios em que o autor discute criticamente temas contemporâneos de processo civil, mormente os relacionados à fase de conhecimento – em que sempre se busca apresentar um paralelo entre a disciplina do CPC de 1973 e a redação do Projeto para um novo CPC.

Percebe-se que, na maioria desses trabalhos, se discute a relevância e a possível relativização do instituto da preclusão – tema fundamental do processo civil e matéria de dedicação do autor –, que culminou na publicação, por esta editora, da primeira edição da obra *A preclusão na dinâmica do processo civil*.

Porto Alegre, fevereiro de 2013.

Fernando Rubin
fernando.rubin@direitosocial.adv.br

Prefácio

É com muito entusiasmo e honra que aceitamos o convite para prefaciar a belíssima obra *Fragmentos do Processo Civil Moderno, de Acordo com o Novo CPC*, do Professor Fernando Rubin.

O autor trata-se de insigne representante da Academia, sendo Professor de Processo Civil, tanto na graduação quanto na pós-graduação. O caminho percorrido pelo autor, até então, reporta a uma notória e constante produção bibliográfica, sempre renovada pelo incessante espírito de pesquisa e que já é sua marca registrada.

A presente obra sintetiza, justamente, a incansável curiosidade do autor, que conserva uma análise permanente e atualizada sobre o processo civil, passando por seus dilemas contemporâneos.

No Brasil, conta-se com uma nova carta processual, um Projeto de Lei já confeccionado, que virá para substituir o CPC de 1973, o "Código Buzaid", tão logo seja aprovado pelo Parlamento nacional. Nesse sentido, o autor insere o público-leitor nesse contexto, apresentando-lhe o resultado de suas constatações científicas, as quais sempre são amparadas por excelentes fontes de pesquisa, que conferem suporte metodológico às suas exposições. Esse ambiente construído pelo autor faz de sua obra um porto seguro para aqueles que buscam argumentos consistentes e confiáveis dentro da investigação, em especial, no Processo Civil.

A experiência acadêmica de Fernando Rubin como Professor de Direito, como articulista e autor de livros, e como Mestre em Direito pela sempre pujante Faculdade de Direito da Universidade Federal do Rio Grande do Sul, somada a uma advocacia tenaz e aguerrida, torna a obra um material de leitura obrigatória. O livro sintetiza o desejo do autor em apresentar soluções para um novo futuro procedimental no Brasil, mas sem esquecer de um passado sobre o qual foram erguidos os institutos-pilares da ciência processual pátria.

Utilizando-se de uma linguagem apurada e didática, o engajado autor une teoria e prática para propor reflexões sobre o futuro do processo civil brasileiro, expondo as impressões do que serão os primeiros caminhos a serem percorridos pela exegese do novo CPC. Outrossim, a exposição também demarca críticas sobre temas variados, visando ao aprimoramento do novel texto processual que se avizinha.

É marcante a originalidade da abordagem, que é também sedimentada sobre o direito comparado, com perfeita escolha bibliográfica. Nesse sentido, os aplicadores do Direito, advogados, juízes, promotores, alunos, encontrarão na obra de Fernando Rubin embasamento e inspiração para as suas mais diversificadas tarefas, que demandam fontes confiáveis de pesquisa.

A vida hodierna tem produzido reflexões sobre o papel de várias ciências no âmbito da sociedade, entre elas, a Ciência Jurídica. Foi-se a época em que se imaginava que um Código pudesse compilar e ordenar todas as regras possíveis acerca de determinados segmentos, como muito se pensou acerca dos Códigos Civis oitocentistas, com destaque ao diploma civil francês, o Código Napoleônico. E a variabilidade de relações, algumas legitimidades entre nós apenas com a vigência do texto constitucional de 1988, gerou um afastamento da carta processual básica, que é o CPC de 1973. Podem-se notar segmentos processuais, com disciplina própria e diferenciada do código-matriz, como se observa em diplomas como o Código de Defesa do Consumidor, que produziu novos formatos para a defesa coletiva, até então pouco efetiva entre nós.

Em termos de Brasil, em vez de construir-se outro CPC, em substituição ao atual, desde os anos noventa vem sendo implementada uma série de alterações substanciais sobre esse texto normativo, fenômeno designado de "onda reformista" e que são reproduzidas até hoje. Como bem salienta Fernando Rubin, na presente obra, tais medidas não concretizaram ideais de efetividade ou de justiça, que inspiraram suas construções, mas sim acabaram por sacrificar valores outros, como a segurança jurídica.

Se é certo pensar-se que um novo CPC poderia tramitar por décadas pelo Parlamento, como ocorreu com o atual Código Civil, com praticamente trinta anos de espera pela sua edição, não é correto enfrentar questões como morosidade e lentidão na solução de lides a partir da remodelação de institutos processuais, fazendo do CPC de 1973 um texto com partes acopladas que não guardam relação entre si. Tornou-se inevitável a perda da harmonia do texto normativo. E esse cenário é de provocação, vindo Fernando Rubin a assumir o desafio de esmiuçar alternativas de aplicação da lei processual, seja a partir do contexto normativo atual, bem como sobre aquele que está por vir. Tais constatações, criando pontes entre o CPC de 1973 e suas alterações, isto é, "o que está para ser mudado", e o "novo", ou seja, o Projeto do novel diploma adjetivo, pode ser observado nos fragmentos que compõem a obra, como, por exemplo, nos instigantes capítulos *O Código Buzaid (CPC/1973) e o Código*

Reformado (CPC/1994-2010) e *A preclusão entre o CPC/1973 e o Projeto de novo CPC*.

Nesse diapasão, acerca do "antigo e do novo", tivemos a oportunidade, que muito nos regozijou, de compartilhar uma coautoria com o Professor Fernando Rubin na monografia *Observações ao Projeto do novo Código de Processo Civil: (des)necessidade do movimento de reforma e inovações no sistema recursal*, a qual se encontra presente na obra. Nesse espaço de discussão, entre outras análises, tecemos críticas sobre as mazelas da lentidão processual no Brasil. Conforme restou assinalado por nós, naquela oportunidade, com supedâneo nos trabalhos de Samuel Arruda Miranda e de José Rogério Cruz e Tucci:[1] "Quando a morosidade passa a ser uma estratégia da guerra judicial, a lei passa a ser subvertida, e aqueles credores de obrigações variadas, que estão a depender de uma resolução judicial justa, terão que conviver com a angústia e descaso, implementando sua desconfiança sob as instituições estatais. Não bastasse isto, a protelação indefinida do feito força a parte que seria beneficiada por uma tutela jurisdicional completa a aderir a acordos injustos, onde impera a má-fé do pagador, que usará do processo como técnica de intimidação e barganha, impondo condições leoninas". Evidentemente que um cenário desse porte se afasta da pretensão do legislador constitucional na construção de uma sociedade "justa e solidária", assim explicitada no artigo 3°, inciso I, da Constituição Federal de 1988. Contudo, a vinda de um novo CPC, ainda que seu projeto não esteja imune a críticas diversas, é sempre um marco de esperança para o tratamento de *deficit* processuais, ou melhor, de soluções justas e eficazes que são alcançadas através do processo civil.

A realização do direito material, em especial, no Brasil, passa pelo processo civil, e a justiça somente será garantida, ao menos em parte, se o procedimento revelar consonância com os valores constitucionais que estruturam nossa sociedade. Do contrário, não se consegue edificar um modelo de processo justo. Não é por outro motivo que o legislador constitucional consagrou com o *status* de fundamentalidade uma série de garantias processuais. Como bem ilustram Carlos Alberto Alvaro de Oliveira e Daniel Mitidiero, para além de realização do direito material, o processo moderno deve formar uma "cidadania processual", fomentando um ambiente de democracia participativa, em que a discussão judicial possa concretizar uma verdadeira "justiça material", gerando esperada

---

[1] ARRUDA, Samuel Miranda. *O direito fundamental à razoável duração do processo*. Brasília: Brasília Jurídica, 2006, p.220. Neste sentido, como nos lembra CRUZ e TUCCI, "mais vale um mau acordo do que uma boa demanda": CRUZ E TUCCI, José Rogério. *Tempo e Processo – uma análise empírica das repercussões do tempo na fenomenologia processual (civil e penal)*. São Paulo: Revista dos Tribunais, 1997, p. 112.

pacificação social.[2] E o necessário intercâmbio das ideias que ergueram o diploma atual, incapaz de superar desafios da pós-modernidade, mesmo após intensa "onda reformista", com aquelas que edificaram o Projeto de novo CPC, é material de análise constante do Professor Fernando Rubin. Assim, o trabalho do autor constitui-se em um livro de consulta indispensável, servindo para auxiliar o aplicador do Direito na abordagem dos novos rumos da ciência processual pátria.

Sobre a obra de Fernando Rubin, merecem amplo destaque os estudos acerca da *Preclusão*,[3] instituto sobre o qual trabalha de longa data e de maneira original, criando estruturas didáticas de exposição de tema gerador de inúmeras celeumas doutrinárias e pretorianas.

Assim, a obra de Fernando Rubin inspira a todos nós e estimula a discussão doutrinária e jurisprudencial sobre o processo civil e seus novos rumos. Felicito o autor pela brilhante contribuição, desejando a todos uma boa leitura.

Cristiano Heineck Schmitt

Professor de graduação e pós-graduação do Centro Universitário Ritter dos Reis – UNIRITTER –, *Laureate International Universities*.
Doutor e Mestre em Direito pela Faculdade de Direito da UFRGS.
Pós-Graduado pela Escola da Magistratura do Rio Grande do Sul.
Membro do Instituto dos Advogados do Rio Grande do Sul.

---

[2] ALVARO DE OLIVEIRA, Carlos Alberto; MITIDIERO, Daniel. *Curso de Processo Civil*: vol. 1, teoria geral do processo civil e parte geral do direito processual civil. São Paulo: Atlas, 2010, p. 16. Como salienta Alexandre de Freitas Câmara, o estágio evolutivo atual do ordenamento jurídico impõe aos Códigos a função de desenvolver "o modelo constitucional criado para o ramo da ciência jurídica a que se refere, estabelecendo regras gerais a serem observadas em todos os processos, independentemente de suas especificidades". CÂMARA, Alexandre Freitas. Bases teóricas para um novo Código de Processo Civil. *In*: LAMY, Eduardo; ABREU, Pedro Manoel; OLIVEIRA, Pedro Miranda de (coord.). *Processo Civil em movimento*: diretrizes para o novo CPC. Florianópolis: Conceito, 2013, p. 25. Não raro, seja no âmbito processual, ou fora dele, são esquecidos os valores essenciais que informam a sociedade, e que são representados por direitos fundamentais

[3] Tudo a partir dos densos estudos que levaram a publicação da sua dissertação de mestrado: RUBIN, Fernando. A preclusão na dinâmica do processo civil. *In: Coleção Alvaro de Oliveira – Estudos de Processo e Constituição*, n. 3. Porto Alegre: Livraria do Advogado, 2010, 262 p.

Sumário

Apresentação – *Daniel Mitidiero* 13

1 – Breve balanço do período 2010-2012 de debates em torno do
Projeto para um novo CPC..15

2 – O Código Buzaid (CPC/1973) e o Código reformado (CPC/1994-2010)................21

3 – Observações ao Projeto do Novo Código de Processo Civil:
(des)necessidade do movimento de reforma e inovações no sistema recursal.........35

4 – Do Código Buzaid ao Projeto para um novo Código de Processo Civil:
uma avaliação do itinerário de construções/alterações e das perspectivas
do atual movimento de retificação..59

5 – A aplicação processual do Instituto da Prescrição..85

6 – A Preclusão entre o CPC/1973 e o Projeto de Novo CPC...................................109

7 – A utilização articulada da Preclusão e da eventualidade no Processo Civil..........127

8 – Atuação da Preclusão e da Coisa Julgada material: um paralelo entre o
procedimento de execução e o procedimento de cognição................................143

9 – A preclusão, a coisa julgada e a eficácia preclusiva da coisa julgada: exegese do
art. 474 do Código Buzaid e a posição adotada pelo projeto para um novo CPC...155

10 – Flexibilização do procedimento e prazos dilatórios: reflexões quanto à
mitigação da preclusão nos atos instrutórios pelo novo CPC............................173

Apresentação

Fernando Rubin é Mestre pela Faculdade de Direito da Universidade Federal do Rio Grande do Sul, professor de direito processual civil do Uniritter, advogado militante e presença constante e *consistente* nos periódicos brasileiros especializados de direito processual civil. Seu trabalho de maior fôlego até o momento é o excelente *A Preclusão na Dinâmica do Processo Civil*, também publicado pela prestigiosa Livraria do Advogado Editora, que ora também traz a lume o seu destacado *Fragmentos do Processo Civil Moderno, de Acordo com o Novo CPC*.

Conheço Fernando Rubin do tempo em que ingressou no Mestrado em Direito da nossa Faculdade, sob a firme e serena orientação do nosso amigo e orientador comum Carlos Alberto Alvaro de Oliveira. Desde aquela época, já se podia perceber a vocação de Rubin para pesquisa e sua mão segura para doutrina. Particularmente, desde logo, pude reconhecer nele um colega de ofício. E é por essa razão que me sinto especialmente feliz e distinguido por poder apresentar à comunidade acadêmico-profissional o novo livro de Fernando Rubin.

Nos seus *Fragmentos*, Rubin descortina a história recente do processo civil brasileiro, contextualizando o momento que viu nascer o *Projeto do Código de Processo Civil* que ora tramita no Congresso Nacional e constitui um dos nortes de seu trabalho. Para além disso, enfrenta temas de enorme relevância teórica e prática, como preclusão, eventualidade, coisa julgada, eficácia preclusiva da coisa julgada e flexibilização procedimental, tudo em um permanente diálogo crítico e fecundo com a doutrina e a jurisprudência. Daí a razão pela qual me sinto absolutamente confortável em indicar, com segurança, os *Fragmentos*, de Fernando Rubin, para o leitor. Trata-se de livro de inegável importância para compreensão de aspectos fundamentais do novo processo civil brasileiro.

Final do Verão de 2013, em Porto Alegre.

Prof. Dr. Daniel Mitidiero
Professor de Direito Processual Civil dos Cursos de Graduação,
Especialização, Mestrado e Doutorado da Faculdade de Direito da UFRGS.

— 1 —

Breve balanço do período 2010-2012 de debates em torno do Projeto para um novo CPC

I. O Novo CPC, já aprovado no Senado Federal, sob a denominação final de Projeto 8.046/2010, e nesse momento em tramitação na Câmara Federal, traz novidades de múltiplas ordens ao se lançar a diploma infraconstitucional substituidor do Código Buzaid (CPC/1973).

É, pois, objetivo deste ensaio preliminar, como também dos demais que seguem, investigar o momento atual em que se projetam essas alterações, buscando pontos de convergência e também de divergência entre o CPC/73, com as reformas que já foram implementadas no seu texto, e o Projeto 8.046/2010, em debate nesse momento na Câmera Federal – com perspectiva de votação nesta casa legislativa no primeiro semestre de 2013, especialmente após a confecção do Relatório do Deputado Federal Sérgio Barradas Carneiro no segundo semestre de 2012 ("Relatório Barradas"), em que sedimentado e aperfeiçoado o aludido derradeiro Projeto vindo do Senado.

Devem ser investigados os avanços e também eventuais retrocessos que se sucederam nesse debate – ainda em aberto – para a tentativa de formação de um novo CPC, inclusive as similitudes e diferenças do novel Relatório Barradas para o Projeto final no Senado de n° 8.046/2010, articulado ainda com o antecessor, de n° 166, também do ano de 2010.[1]

---

[1] Devemos deixar registrado que foram inúmeros os artigos pesquisados a respeito dessa fase de construção de um novo CPC, muitos dos quais certamente auxiliaram, direta ou indiretamente, no aprimoramento do Projeto consolidado no Relatório Barradas, a saber: CARNEIRO, Athos Gusmão. Primeiras observações ao projeto de novo código de processo civil – PL 166/2010 – Senado. In: *Revista Magister de direito civil e processo civil* n° 37 (2010): 56/85; CRUZ E TUCCI, José Rogério. Garantia constitucional do contraditório no projeto do CPC: análise e proposta. In: *Revista Magister de direito civil e processo civil* n° 38 (2010): 05/33. CRUZ E TUCCI, José Rogério. Garantias constitucionais da duração razoável e da economia processual no Projeto do CPC. In: *Revista Jurídica Lex* 51 (2011): 11/24; DELLORE, Luiz. Da ampliação dos limites objetivos da coisa julgada no novo Código de Processo Civil. In: *Revista de Informação Legislativa* 190 (2011): 35/43; NUNES, Dierle; JAYME, Fernando Gonzaga. Novo CPC potencializará os deficit operacionais extraído do *site* Conjur, acesso em 23 abr. 2012; OLIVEIRA JUNIOR, Zulmar Duarte de. Preclusão elástica no Novo CPC. Senado Federal. In: *Revistas de Informação legislativa*. Ano 48. n. 190. Abr/jun 2011. Brasília: Senado Federal, 2001. Tomo 2, p. 307-318; PAULA ATAÍDE JR., Vicente de. O novo CPC: Escrito com tinta escura e indelével. In: *Revista Magister de direito civil e processo civil* n° 37 (2010): 102/106.

II. Desde já, possível fixar propedeuticamente que o Relatório Barradas – em comparação com o Projeto último do Senado – parece realmente ser fruto de maior diálogo com o meio jurídico. Percebe-se, ademais, que o Deputado-Relator possui conhecimento e vivência no meio processual, entendendo que se pode fazer o possível dentro do lapso regulamentar concedido, como também de que a melhora na letra da lei adjetiva deve vir acompanhada de (a) melhor aparelhamento do Poder Judiciário e treinamento intenso dos operadores do Direito – inclusive para enfrentar a irremediável instalação do processo eletrônico, bem como (b) deve ser forjada verdadeira cultura (jurídica) de colaboração e de boa-fé dentro da relação jurídica processual.

Há avanços de simplificação e melhor redação de muitos dispositivos – como se pode exemplificar, respectivamente, com a nomenclatura do agravo de instrumento, substituída simplesmente por "agravo", e com o procedimento de admissibilidade do recurso de apelação diretamente junto ao Tribunal – como hoje é feito justamente com o agravo de instrumento.

Com relação a uma real novidade da Parte Geral do Código, proposta na Câmara Federal e bem descrita no Relatório Barradas, emerge a possibilidade de atuação mais pró-ativa dos advogados das partes em escolher, em paridade de condições e forças, os meios probatórios lícitos que darão forma à fase instrutória.

Se é verdade que o último Projeto do Senado conferiu ao Estado-juiz poderes para prorrogar prazos e inverter a ordem das provas – novidade que será melhor explicitada no desenvolvimento deste ensaio – coube à Câmara acoplar a esse sistema, em matéria de direitos disponíveis, a possibilidade de as partes atuarem para melhor aproveitamento da fase instrutória, a fim de que o julgador tenha melhores subsídios para proferir decisão de mérito – sem que tenha de se utilizar das malfadas regras (de julgamento) do ônus da prova. Quem melhor que as partes litigantes para saberem dos reais pontos controvertidos e da melhor forma de produzir provas a respeito da controvérsia para que finalmente o agente político do Estado diga então com quem está o melhor direito?

A novidade apresentada vem denominada de *acordo de procedimento*, permitindo que as partes possam, em certa medida, regular a forma de exercício de seus direitos e deveres processuais e dispor sobre os ônus que contra si recaiam;[2] o enunciado ora proposto admite a adaptação procedimental, mas a adaptação não é aceita aqui como resultado de um

---

[2] BRASIL. *Relatório Câmara Federal Projeto Novo CPC*. Relator-Geral Deputado Sérgio Barradas Carneiro. Brasília, 2012, p. 29. Disponível em: <http://sergiobc.com.br/wp-content/uploads/2012/11/parecer.pdf>. Acesso em 3 jan. 2013.

ato unilateral do juiz, e sim, como fruto do consenso entre as partes e o julgador em situações excepcionais.[3]

De comum acordo, assim, nos termos inovadores do Projeto, o juiz e as partes podem estipular mudanças no procedimento, objetivando ajustá-lo às especificidades da causa, fixando, quando for o caso, o *calendário* para a prática dos atos processuais – mormente, pensamos, os atos probatórios referentes à realização de perícia técnica e coleta de prova oral em audiência.

III. Embora devamos reconhecer avanços no estudo e lapidação do Projeto para um novo CPC – quando da comparação do Projeto Barradas com o primeiro Projeto destacado no Senado Federal[4] – percebe-se que há ainda falta de consensos em temas importantes, o que fez com que novamente a Câmara Federal, em 2013, tenha adiado uma nova etapa de discussão e votação.[5]

Notadamente no rito de cognição, dentre outros temas que serão examinados nos ensaios que compõem a presente obra, causa espécie a falta de um norte seguro nas discussões em relação a temas relevantíssimos – tudo a apontar que realmente não tenhamos um novel diploma processual em curto lapso de tempo.

Nesse diapasão, se é bem verdade que o *agravo retido* sempre fora tratado como recurso extinto pelo Projeto, a discussão a respeito da sorte dos *embargos infringentes* persiste.

Na contramão da última versão do Projeto na Câmara Federal, que mantém no ponto a solução adotada pelo Senado, ratificamos a nossa preocupação com a supressão de importante recurso que inegavelmente se mostra oportuno para o reexame das questões fáticas. Em inúmeras matérias dessa ordem, muitas delas com efeito prospectivo considerável, importante se dar à instância *ad quem* a possibilidade de reexame fático minudente, com formação mais sólida da posição do Tribunal em relação aos temas, por meio de seu Grupo Cível.

Por certo, já se está discutindo, ao menos, solução intermediária para que os efeitos práticos do aludido recurso sejam preservados. Isto

---

[3] BRASIL. *Relatório Câmara Federal Projeto Novo CPC*. Relator-Geral Deputado Sérgio Barradas Carneiro. Brasília, 2012, p. 30. Disponível em: <http://sergiobc.com.br/wp-content/uploads/2012/11/parecer.pdf>. Acesso em 3 jan. 2013.

[4] GUEDES, Jefferson Carús; DALL´ALBA, Felipe Camillo; NASSIF AZEM, Guilherme Beux; BATISTA, Liliane Maria Busato (organizadores). *Novo código de processo civil. Comparativo entre o projeto do novo CPC e o CPC de 1973*. Belo Horizonte: Fórum, 2010.

[5] Informação retirada do *site* Migalhas, 15/02/2013. Disponível em: <http://www.migalhas.com.br/Quentes/17,MI172581,51045-Relator+vai+excluir+do+novo+CPC+permissao+de+penhora+de+salario+de>. Acesso em 18 fev. 2013.

porque percebeu-se – mesmo dentro da magistratura – quão polêmica figura-se a mera supressão dos embargos infringentes do regime processual,[6] já que esse é, em tese, o último recurso que a parte possui para discutir, a fundo, a totalidade das questões de fato perante o Judiciário – dada a vedação tradicional de levar tal matéria às superiores instâncias, conforme prevê especialmente a Súmula n° 7 do STJ.[7]

Mesmo assim, entendemos pela necessidade de manutenção do recurso no regime processual, já que a busca irrefletida por efetividade não pode chegar a medida de dificultar a formação de decisão final qualificada, razão pela qual no ponto a efetividade deve ceder à segurança jurídica – de forma semelhante ao que se sucede em matéria de produção probatória na fase de instrução.

Já a respeito da redação dos dispositivos que tratavam de sensível melhora quanto a marco mais avançado de *alteração da causa de pedir/pedido* e definição mais clara a respeito dos *limites da eficácia preclusiva da coisa julgada*, apresentou-se retrocesso espetacular, retomando, a última versão do Projeto, as exatas (conservadoras) disposições que temos hoje no CPC de 1973.

Por fim, em matéria de provas, após comemorarmos avanço significativo com relação à disposição que autoriza, na instrução, a dilação de prazos a fim de que seja feita determinada prova, passamos a acompanhar com preocupação um acréscimo regulando que a dilação de prazo somente pode ser determinada pelo juiz antes do início do prazo. Expliquemos um pouco melhor essa, a nosso ver, confusa disposição.

Ocorre que, de fato, foi acrescentado um parágrafo único em um dispositivo do Projeto, regulando que: "a dilação de prazo de que trata o artigo somente pode ser determinada antes do início do prazo regular". Com relação a essa novidade, s.m.j., não encontramos fundamentação clara no Relatório Barradas que a justificasse. Em primeira análise, parece-nos confusa essa disposição, já que se entendermos que "prazo regular" significa "prazo legal", teríamos que concluir que o julgador deveria prorrogar o prazo dilatório antes mesmo de iniciar a sua fluência, o que não parece lógico. Ora, como o juiz poderá dilatar o prazo antes do início do prazo regular se não sabe exatamente as razões que as partes podem ter para justamente não cumprir a medida dentro do prazo legal?!

Pensamos, assim, que, em sendo mantido o discutido parágrafo único, deve-se imediatamente tentar construir exegese que autorize a di-

---

[6] Informação retirada do *site* Conjur, 10/12/2011. Disponível em: <http://www.conjur.com.br/2011-dez-10/juizes-pedem-volta-embargos-infringentes-projeto-cpc>. Acesso em 21 fev. 2013.

[7] Súmula 07 do STJ (28/06/1990 – DJ 03.07.1990): "A pretensão de simples reexame de prova não enseja recurso especial".

lação do prazo para produzir provas, ao menos em uma oportunidade, após o julgador ter ciência da justificativa da parte para não cumprir o prazo legal – o que se dará na fluência do prazo regular previsto no Código.

IV. Pois bem. Vê-se dos exemplos supra que realmente muito tem a ser debatido, diante de Projeto que acaba tendo sua redação alterada em vários dispositivos a cada troca de relatoria e votação – situação que invariavelmente aumenta a incerteza em relação à redação final que será aprovada. De certo, a versão derradeira da Câmara Federal em muito será distante do Relatório 8.046 que deixou o Senado em 2010, razão pela qual quando o Projeto a essa casa retornar para uma última votação, também não se sabe ainda qual será a reação da maioria dos senadores responsáveis pelo final encaminhamento.

Sigamos, pois, acompanhando e estudando os movimentos de reforma processual – na forma como a presente obra se propõe –, sempre com a convicção de que de nada adianta mudar as leis (processuais) se não há modificação/sensibilidade do homem (jurista) que as aplica. Mais: persistimos convictos de que o novo Código, caso aprovado, deve necessariamente vir acompanhado especialmente de investimentos em cartórios judiciais, com autorização para o aumento do número de julgadores e de servidores do Poder Judiciário, para que se possa realmente bem atender à população que clama pela realização de justiça e nova postura político-social do Judiciário pátrio[8] – questão complexa essa, que evidentemente não será resolvida simplesmente com a projetada mudança legislativa.

---

[8] PISKE, Oriana. Nova postura político-social do Poder Judiciário. In: Revista Bonijuris n° 590 (2013): 30/37.

— 2 —

O Código Buzaid (CPC/1973) e o Código reformado (CPC/1994-2010)

Sumário: 1. Introdução; 2. O modelo do Código Buzaid; 3. O modelo do Código Processual reformado; 4. Conclusão; Referências doutrinárias

1. Introdução

Temos com o presente ensaio o objetivo de analisar, em linhas gerais, a estrutura processual montada a partir de 1973 (publicação do último CPC, conduzido por Alfredo Buzaid), com as alterações que se seguiram até o presente momento (onda reformista ao Código originário).

Cientes de que estamos discutindo a possibilidade de entrada em vigor de um novo Código de Processo Civil (tendo já sido aprovado, pelo Senado, o Projeto 166 no recente dez/2010), importante retomarmos, em maiores detalhes, a estrutura que ora vige – até mesmo para podermos discutir, mais a frente e com maior embasamento, a respeito da necessidade de uma reforma ampla (que permanece sendo estudada no Congresso Nacional).

Desenvolveremos, portanto, nesta sede, o estudo da construção do CPC/1973 (substituindo o modelo anterior de 1939) e da construção do Código Reformado (reformas estruturais ao Código Buzaid incrementadas no período de 1994-2010) – tratando oportunamente de mencionar a grande tensão entre os princípios da Efetividade e da Segurança Jurídica, os quais se figuram claramente como importantes fios condutores presentes nas reformas – sendo inclusive analisado se pela onda reformista há uma evidente inclinação na satisfação prioritária de um deles.

Ainda com o objetivo de mapear as características do diploma processual vigente, discorreremos a respeito dos pilares que sustentam o Código, quais sejam: o respeito ao princípio dispositivo, os limites à relativização da causa de pedir/pedido, e as matérias reconhecíveis de ofício; como também o sistema recursal; e, por fim, a técnica preclusiva.

A partir dessas grandes premissas, cremos que uma análise mais ampla da problemática possa ser construída, auxiliando o estudo para melhor reflexão a respeito do sistema processual vigente e dos pontos negativos e positivos das reformas que vêm sendo implementadas.

2. O modelo do Código Buzaid

O Código Buzaid (CPC/1973), substituindo o modelo defasado de 1939, foi enaltecido desde o seu surgimento pela cientificidade de suas disposições. A partir dele, restou construído sistema coerente e racional, de acordo com a melhor doutrina e legislação alienígena – notadamente alemã e italiana –, embebidas nas concepções do *Processualismo* (corrente científica que destacava a autonomia do direito processual na Europa), vigentes no Velho Continente do final do século XIX e início do século XX.[1]

Nesse diapasão, destaca a melhor doutrina que o Código de 39 não espelhou o grau científico que o processo civil na Europa já havia alcançado, sendo, além disso, teórico demais, o que acarretava extrema complexidade na sua aplicação prática;[2] e que o Código de 39 acumulava termos ambíguos aplicados indistintamente a institutos e fenômenos processuais heterogêneos, tornando imprecisas muitas de suas conceituações e preceitos.[3] Por fim, com menção a discurso do próprio Buzaid, completando-se o rol de críticas ao Código de 39, foi apontando que o sistema processual pretérito mantinha uma série exaustiva de ações especiais (do art. 298 ao art. 807) e englobava processos de jurisdição contenciosa e voluntária, dispostos sem ordem, sem unidade, sem sistemática.[4]

Eis algumas das principais razões pelas quais se fazia importante a construção de um novel modelo processual, sendo, em 1964, entregue por Alfredo Buzaid o Anteprojeto do Código de Processo Civil – que viria, após muita discussão, a ser encaminhado ao Congresso Nacional em 1972, sendo sancionado no ano seguinte.

---

[1] MITIDIERO, Daniel. O processualismo e a formação do Código Buzaid. In: *Revista de Processo* n° 183 (2010): 165/194.

[2] SCARPINELLA BUENO, Cássio. *Curso sistematizado de direito processual civil*. Volume I – Teoria geral do direito processual civil. 4ª ed. São Paulo: Saraiva, 2010, p. 52/53.

[3] THEODORO JR., Humberto. Um novo código de processo civil para o Brasil. In: *Revista Magister de direito civil e processo civil* n° 37 (2010): 86/97.

[4] ARAGÃO, E. D. Moniz de. Reforma processual: 10 anos. In: *Revista Forense* n° 362 (2002):15/23.

O Código Buzaid, efetivamente vigendo no Brasil desde 1974, restou dividido, em termos de esquema para tutela dos direitos, em processo de conhecimento, processo de execução e processo cautelar. A relativa autonomia dos títulos é evidente, cabendo destaque central ao processo de conhecimento, já que a execução e a própria medida cautelar mantêm vinculação direta com o resultado esperado daquele – tudo repercutindo na ordem lógica e cronológica seguida pelo Código. E dentro do processo de conhecimento, embora previsto o rito comum sumário, destaca-se o rito comum ordinário, especialmente projetado para prolação de sentença de mérito pelo Estado-juiz após cognição plena e exauriente – ultrapassadas, na sequência, a fase postulatória, saneadora e instrutória.[5]

A respeito dessa estrutura geral montada pelo Código Buzaid, é oportuna a detida investigação elaborada por Daniel Mitidiero, em que, ao qualificá-lo como "individualista, patrimonialista, dominado pela ideologia da liberdade e da segurança jurídica", explicita que o rito comum ordinário do processo de conhecimento só permite a decisão da causa após amplo convencimento de certeza a respeito das alegações das partes; sendo que tal concepção formatada pelo Código presta tributo a uma das ideias centrais das codificações oitocentistas, qual seja, a *certeza jurídica*, imaginada a partir de expedientes processuais lineares e com possibilidade de amplo debate das questões envolvidas no processo.[6]

Tratemos, pois, de analisar, em maiores detalhes, os pilares que sustentam esse código processual – mencionando-se, nessa ordem, o respeito ao princípio dispositivo, os limites à relativização da causa de pedir/pedido, e as matérias reconhecíveis de ofício, o sistema recursal e a técnica preclusiva.

A própria posição do art. 2° do Código Buzaid revela a importância do princípio dispositivo para o sistema montado, vigente a partir da década de 70. O Estado-juiz não inicia o processo, cuja atribuição é da parte (cidadão) que se sentiu lesada no âmbito dos seus direitos, e que deve trazer ao Poder Judiciário a sua pretensão (pedido), como também os correspondentes fundamentos de fato e de direito (causa de pedir).[7]

Confirma o art. 262 do Código Buzaid que o processo civil começa por iniciativa da parte, acrescentando, no entanto, que o feito se desenvolve por impulso oficial. Ou seja, a parte requer a prestação jurisdicional (princípio dispositivo em sentido próprio ou material) e depois

---

[5] BUZAID, Alfredo. Linhas fundamentais do sistema do código de processo civil brasileiro. In: *Estudos e pareceres de direito processual civil*. Notas de Ada Pellegrini Grinover e Flávio Luiz Yarshell. São Paulo: RT, 2002, p. 31/48.

[6] MITIDIERO, Daniel. O processualismo e a formação do Código Buzaid. In: *Revista de Processo* n° 183 (2010): 165/194.

[7] CRUZ E TUCCI, José Rogério. *A causa petendi no processo civil*. São Paulo: RT, 1993.

de proposta a demanda cabe ao Estado-juiz conduzir o processo para a rápida solução do litígio, inclusive propondo de ofício a produção de prova que entende necessária para dirimir a controvérsia (princípio dispositivo em sentido impróprio ou processual)[8] – situação que não exclui, por óbvio, que as partes participem diretamente na condução do feito, requerendo ao juízo os impulsionamentos nos termos que, no entender de cada litigante, são mais apropriados (arts. 125, II, e 130, ambos do Código Buzaid).

Da passagem supra percebe-se que não há espaço no Código Buzaid para relativizações do princípio dispositivo, quando se refere ao ato vital de propositura da demanda, com a devida limitação pela parte da causa de pedir e pedido[9] – eis a razão pela qual se defende que o princípio dispositivo em sentido próprio ou material representa o grande limitador para o agir do Estado-juiz no processo.[10] Quanto ao princípio dispositivo em sentido impróprio ou processual, já houve acompanhamento pelo Código Buzaid, do contemporâneo pensamento mundial, no sentido de que o impulsionamento do feito não deve ser deixado a cargo exclusivo das partes,[11] a fim de que iniquidades e demoras injustificadas se perpetuem no transcorrer do *iter*.[12]

Mas, se uma das marcas do Código Buzaid, no seu tradicional rito comum ordinário do processo de conhecimento, é a rigidez quanto à aplicação do princípio dispositivo em sentido próprio ou material, outra virtude flagrante de rigidez no procedimento vem insculpida no art. 264, ao impossibilitar a alteração da causa de pedir/pedido após o saneamento do feito.[13] A parte final do dispositivo, ao deixar claro que "em nenhuma hipótese" será permitida a alteração dos limites da lide após o despacho saneador, inviabiliza, nesse estágio, a relativização da causa de pedir/pedido, mesmo que o Estado-juiz e o próprio réu estejam de acordo com a medida.

---

[8] DINAMARCO, Cândido Rangel. *A instrumentalidade do processo*. 4ª ed. São Paulo: RT, 1994.

[9] GONÇALVES, Aroldo Plínio. *Técnica processual e teoria do processo*. Rio de Janeiro: AIDE, 1992.

[10] ALVARO DE OLIVEIRA, Carlos Alberto. *Do formalismo no processo civil*. 2ª ed. São Paulo: Saraiva, 2003.

[11] RUBIN, Fernando. O contraditório na visão cooperativa do processo. In: *Revista Dialética de Processo Civil* n° 94 (2011): 28/44; ALVARO DE OLIVEIRA, Carlos Alberto. A garantia do contraditório. In: *Revista da Faculdade de Direito Ritter dos Reis* 1(1998): 7/27; BEDAQUE, José Roberto dos Santos. *Poderes instrutórios do juiz*. 3ª ed. São Paulo: RT, 2001.

[12] BARBOSA MOREIRA, José Carlos. La igualdad de las partes en el proceso civil. In: *Temas de direito processual*, Quarta série. São Paulo: Saraiva, 1989.

[13] MOREIRA PINTO, Júnior Alexandre. Sistemas rígidos e flexíveis: a questão da estabilização da demanda. In: *Causa de pedir e pedido no processo civil*. Coordenadores José Rogério Cruz e Tucci e José Rogério dos Santos Bedaque. São Paulo: RT, 2002.

Já quanto às matérias reconhecíveis de ofício, outra importante base do Código Buzaid, em ainda incipiente posição, já se admite que o julgador, sem intervenção direta das partes, tome determinadas medidas oficiosas, desde que devidamente catalogadas. Trata-se de matérias específicas apontadas expressamente pelo Código como de interesse *supra partes*, em que se admite então que o julgador possa sobre elas se manifestar de plano, sem requerimento específico dos litigantes – como a temática probatória, de acordo com a primeira parte do art. 130. Assim também, cabe menção ao art. 267, § 3º, ao autorizar que o juízo conheça de ofício, em qualquer tempo e grau de jurisdição, as condições da ação e os pressupostos processuais;[14] ao art. 245, parágrafo único, ao apontar que as nulidades absolutas não estão sujeitas às penas preclusivas;[15] e, mais recentemente, cabe registro ao art. 219, § 5º,[16] ao anunciar que o juiz pronunciará, de ofício, a prescrição.

O Código Buzaid, observando dentro do possível os avanços científicos do processo civil moderno, vinha estruturado com uma fase ampla de conhecimento, com apêndices autônomos importantes (execução e cautelar); preocupava-se com a consagração do princípio do devido processo legal (ao prever fases bem nítidas e duradouras – postulatória, saneadora e instrutória), previa com rigidez a forma de impulsionamento inicial do Judiciário (sempre a cargo da parte/cidadão – princípio dispositivo em sentido próprio ou material), bem como previa com rigidez a impossibilidade de qualquer um dos atores processuais (partes e Estado-juiz) modificar a causa de pedir e pedido a partir do saneamento do feito, embrionariamente, admitindo, no entanto, maior participação ativa do juiz no controle do processo – sendo previstas hipóteses legais de reconhecimento de ofício em matérias elencadas como de ordem pública (temática probatória, condições e pressupostos, nulidade, e, mais recentemente, prescrição).

Pois bem. Em matéria recursal, a preocupação do Código Buzaid com a certeza da decisão a ser pronunciada leva a formação de sistema com uma gama enorme de medidas recursais, seja diante da sentença, seja diante das decisões interlocutórias. Assim, se em virtude da extensão do rito comum ordinário do processo de conhecimento, há ampla investigação da matéria *sub judice* para a prolação da esperada legítima decisão final; por outro lado, em virtude específica do sistema recursal, há também ampla possibilidade de a parte levar às superiores instâncias

---

[14] LACERDA, Galeno. *Do despacho saneador*. Porto Alegre: La Salle, 1953.
[15] CALMON DE PASSOS, J. J. *Esboço de uma teoria das nulidades aplicada às nulidades processuais*. Rio de Janeiro: Forense, 2005.
[16] ALVIM, Arruda. Lei nº 11.280, de 16.02.2006: análise dos arts. 112, 114 e 305 do CPC e do § 5º do art. 219 do CPC. In: *Revista de Processo* nº 143 (2007): 13/25.

a sua irresignação quanto ao teor desta decisão de mérito, bem como quanto ao teor das anteriores que, direta ou indiretamente, tratam de afetá-la.[17]

Sobre o atual sistema recursal, consubstanciado no CPC de 1973, o artigo 496 aponta oito tipos recursais cabíveis: apelação, agravo, embargos infringentes, embargos de declaração, recurso ordinário, recurso especial, recurso extraordinário e embargos de divergência em recurso especial e em recurso extraordinário. Deve ser registrado, ainda, que o recurso de agravo admite, no âmbito do atual CPC, três formas de interposição, que remetem o mesmo às seguintes denominações: agravo de instrumento, agravo retido e agravo interno. Ressalta-se, ainda, acerca do agravo, a sua admissibilidade na forma de agravo regimental, que, como indica a nomenclatura, resta previsto em regimentos internos de tribunais pátrios variados.

Cabe ainda constar que em defesa da certeza da decisão pronunciada exclusivamente contra a Fazenda Pública, o art. 475 do Código Buzaid prevê que a sentença de primeiro grau só produzirá efeitos depois de confirmada pelo Tribunal – instituto denominado de reexame necessário ou *recurso ex officio*.[18]

Embora se visualize, diante da complexidade do sistema recursal supra-apresentado, uma preocupação com a (i)legitimidade da decisão tomada por um julgador (de primeiro grau) supostamente menos ambientado com o fenômeno jurídico, sobrelevasse, de qualquer forma, a busca angustiante na superação de eventuais injustiças dos julgamentos, mesmo em se tratando de decisões não essenciais ao derradeiro encerramento da lide (caso típico das decisões interlocutórias) – o que ao fim e ao cabo tratou de reduzir a possibilidade de interposição de mandado de segurança (previsto em lei especial) contra atos judiciais, já que sempre prevista medida recursal própria, dentro do sistema do Código, para eventual irresignação contra qualquer decisão de cunho minimamente gravoso à parte litigante.

Por fim, fechando a estrutura nuclear do Código Buzaid, ao lado do sistema recursal, faz-se imprescindível o estudo da figura da preclusão, aplicada de forma bastante frequente ao longo de todo o *iter* procedimental. A aplicação acentuada da técnica preclusiva envolve diretamente a dinâmica no controle dos prazos para os atos das partes ao longo do procedimento (conhecimento, execução e cautelar), seja para fins de impulsionamento do feito, seja para fins de apresentação de recurso a

---

[17] ARAGÃO, E. D. Moniz de. *Sentença e coisa julgada*. Rio de Janeiro: AIDE, 1992.

[18] BUZAID, Alfredo. *Da apelação "ex officio" no sistema do código do processo civil*. São Paulo: Saraiva, 1951.

determinada decisão gravosa – eis a razão pela qual se defende que a preclusão representa o grande limitador para o agir das partes no processo.[19]

Mesmo assim, como já tivemos a oportunidade de descrever em miúdos, em escrito de maior fôlego,[20] a técnica preclusiva aplica-se também ao Estado-juiz, já que o julgador, por regra, não pode voltar atrás em decisão, interlocutória ou final, já prolatada. Tão só em regime excepcional admite-se que o Estado-juiz possa voltar atrás em decisão já prolatada, quando a matéria for de ordem pública (matérias não preclusivas) – com as já referidas, em mais de uma oportunidade nesse ensaio: condições da ação e pressupostos processuais, nulidades absolutas e prescrição.

De qualquer forma, pela sua relevância para as partes, cabíveis mais algumas linhas sobre o fenômeno nesse particular. O Código Buzaid, de fato, apresenta rigidez na aplicação da técnica, à medida que a grande maioria das decisões judiciais e dos atos de impulsionamento está submetido à preclusão – as exceções seriam, respectivamente, os despachos de mero expediente e os prazos meramente dilatórios. Desse modo, presencia-se a atuação da preclusão sobre as sentenças e as decisões interlocutórias – sujeitas a agravo de instrumento ou retido; bem como diante dos centrais atos de impulsionamento do processo – como na apresentação de contestação e documentos, quesitos, laudo do perito assistente, rol de testemunhas, impugnação à ata de audiência, impugnação à cálculo de execução, dentre outros.

Sendo constante no processo, mesmo após o trânsito em julgado do feito, e produzindo efeitos, muitas vezes, graves e imodificáveis, a preclusão acelera a marcha do processo, atuando decisivamente na moldagem dos julgamentos – levando-se sempre em conta que o ato processual final é a sequencia válida e lógica dos atos processuais anteriores.[21]

3. O modelo do Código Processual reformado

Passando-se mais de vinte anos da entrada em vigor do Código Buzaid, operou-se natural modificação da sociedade, o que, repercutindo no processo, acabou por determinar a obrigatoriedade de retificações

---

[19] RUBIN, Fernando. Preclusão: Constituição e Processo. *In: Revista Magister de direito civil e processo civil* n° 38 (2010): 79/96.

[20] RUBIN, Fernando. A preclusão na dinâmica do processo civil. *In: Coleção Alvaro de Oliveira – Estudos de Processo e Constituição*, n. 3. Porto Alegre: Livraria do Advogado, 2010.

[21] FAZZALARI, Elio. Procedimento e processo (teoria generale). *In: Enciclopedia del diritto*, n° 35 (1986): 819/835.

pontuais no modelo originário; sem, no entanto, serem substancialmente alterados os pilares suprainformados que deram sustentação ao diploma processual. É de se reparar que as alterações no CPC/1973 não se deram imediatamente após a entrada em vigor da novel Carta Constitucional, em 1988, o que aponta, s.m.j., para certa naturalidade do fenômeno de compatibilização da ordem infraconstitucional processual com a ordem constitucional que emergia – tudo a depor favoravelmente ao modelo vigente a partir da década de 70.

De fato, principalmente pelo art. 5º da CF/88 foram positivados determinados valores/princípios processuais que não estavam, quem sabe, devidamente explicitados no Código Buzaid, mas que nem por isso eram solenemente ignorados em período anterior à vigência da última Carta Magna.

Não houve, portanto, qualquer ruptura dramática no CPC/1973 com a entrada em vigor da CF/88, e nem mesmo com as reformas ao Código desenvolvidas posteriormente. Grosso modo, o que se presenciou foi uma adaptação do modelo Buzaid, com forte carga de defesa à segurança jurídica (*rectius*: certeza jurídica), às reivindicações contemporâneas de um processo efetivo, mais preocupado com o resultado do que com a forma utilizada.

Na grande e eterna tensão entre Segurança e Efetividade,[22] ao que parece, formou-se a convicção de que o CPC/1973 tinha um sistema processual bem acabado/articulado, mas demasiadamente burocrático (com as suas estanques e prolongadas fases de conhecimento, execução e cautelares) – e que, por isso, não atingia em boa parte dos casos os seus propósitos derradeiros, em tempo útil. Assim, a referida onda reformista, implementada já na primeira metade da década de 90, voltava-se para a busca incessante da efetividade – o que, ao fim e ao cabo, se confirmou com a inclusão, já em 2004, do inciso LXXVIII no art. 5º da CF/88 (a tratar do direito do cidadão brasileiro à razoável duração do processo).[23]

Nesse diapasão, entendemos que as reformas implementadas no originário Código Buzaid foram indispensáveis e legitimam a manutenção da estrutura processual montada em 1973. Ademais, não nos parece que o Código Buzaid reformado tenha se tornado uma verdadeira "con-

---

[22] ALVARO DE OLIVEIRA, Carlos Alberto. Os direitos fundamentais à efetividade e à segurança em perspectiva dinâmica. *In: AJURIS* nº 35 (2008): 57/71; BARROSO, Luis Roberto. A segurança jurídica na era da velocidade e do pragmatismo. *In: Revista do Instituto dos Advogados Brasileiros* nº 94 (2000): 79/97; FURTADO COELHO, Marcus Vinícius. O anteprojeto de código de processo civil: a busca por celeridade e segurança. *In: Revista de Processo* nº 185 (2010): 146/50.

[23] NICOLITT, André Luiz. *A duração razoável do processo*. Rio de Janeiro: Lumen Juris. 2006, p. 8; ARRUDA, Samuel Miranda. *O direito fundamental à razoável duração do processo*. Brasília: Brasília Jurídica, 2006, p. 31.

cha de retalhos",[24] a fim de induzir a criação de um novo CPC, mesmo porque não há qualquer dado estatístico que aponte para o anacronismo do sistema processual motivado pelo texto da lei, e inclusive que um suposto anacronismo possa ser resolvido simplesmente com a implementação de novel Código Processual.[25]

As reformas estruturais no sistema processual pátrio de 1973 começaram realmente a se definir em meados da década de 90, com o desenvolvimento das tutelas de urgência, objeto de alteração do art. 273 do CPC, a partir do seu *caput* – sendo que, em período próximo, se seguiram alterações na seara recursal (com destaque ao regime do Agravo), deu-se a criação da ação monitória (com a construção dos arts. 1102-A e ss.), seguiram-se alterações nas obrigações de fazer (de não fazer e de entrega de coisa, com introdução dos arts. 461 e 461-A no CPC), passando por mudanças na parte de execução (especialmente a partir da implementação dos arts. 475-A e ss.), na admissibilidade de recursos repetitivos pelas últimas instâncias (com a criação dos conceitos de repercussão geral e seleção de recursos representativos da controvérsia, nos termos dos arts. 543-A e ss.) e aproximação das linhas de contato das cautelares com as tutelas de antecipação do mérito (com a introdução do § 7° no já aludido art. 273 do CPC).

Certo que reformas pontuais ao Código foram verificadas em momento até anterior, sendo constantemente lembradas as alterações em matéria de perícia judicial, ocorrida em 1992.[26] De qualquer forma, 1994 foi um ano extremamente importante pelo acolhimento pela legislação adjetiva da tutela antecipada de mérito, ocorrendo depois reformas múltiplas, como as acima narradas. Ainda nesse contexto, merecem especial realce as reformas estruturais ocorridas em 2006, especialmente na execução de sentença – tratando-se de mais um delicado tema que veio para trazer modificação substancial ao sistema arquitetado por Buzaid.

Explique-se: pela reforma de 1994, cogita-se de ser relativizada a segurança jurídica em nome da efetividade do direito pleiteado (sendo concedida prestação de mérito, em fase procedimental ainda inicial – postulatória, muito longe da fase de cognição exauriente – decisória);[27] e pela reforma de 2006, cogita-se de ser relativizada a grande divisão dos pro-

---

[24] THEODORO JR., Humberto. Um novo código de processo civil para o Brasil. In: *Revista Magister de direito civil e processo civil* n° 37 (2010): 86/97.

[25] RUBIN, Fernando; SCHMITT, Cristiano Heineck. Observações ao projeto do novo código de processo civil: (des)necessidade do movimento de reforma e inovações no sistema recursal. In: *Revista AJURIS* n° 120 (2010).

[26] ARAGÃO, E. D. Moniz de. Reforma processual: 10 anos. In: *Revista Forense* n° 362 (2002):15/23.

[27] ZAVASCKI. Teori Albino. *Antecipação de tutela*. São Paulo: Saraiva, 1997.

cessos em conhecimento e execução,[28] passando esta a ser um incidente daquele (com a minoração do leque de defesas/recursos do executando, sendo inclusive substituída a robusta expressão "embargos à execução" pela menos sintomática "impugnação à execução").[29]

Por fim, não podemos deixar de lembrar que fora do âmbito do CPC/1973 foram também construídas alterações, via legislações esparsas, que passaram a modificar a estrutura arquitetada por Buzaid. Um Código com visão marcantemente individualista (voltado à proteção dos direitos individuais), forjado para a solução de litígio de A contra B, seguradamente haveria de ser complementado com disposições (*rectius*: procedimentos especiais) que tratassem de processos envolvendo a defesa de direitos coletivos e difusos. Disposições referentes aos *processos coletivos lato sensu*, previstos, *v.g.*, no Código de Defesa do Consumidor (Lei n° 8.078/1990) e na Ação Civil Pública (Lei n° 7.347/1985) são exemplos expressivos desse movimento retificador.[30]

Apresentadas, em breves linhas, as principais reformas que moldaram o originário Código Buzaid, é imperioso o registro de que, mesmo em 2010 – ano em que aprovado no Senado o Projeto para um novo diploma – continuaram sendo implementadas modificações no CPC/1973. A última grande modificação de que se tem notícia diz respeito à questão extremamente relevante na prática forense, qual seja, a desnecessidade de cópias autenticadas para a formação do Agravo de Instrumento manejado às superiores instâncias em razão da não admissibilidade de recurso especial e/ou extraordinário – Lei n° 12.322/2010 (construção do denominado "Agravo nos autos do processo").[31]

Por certo, cabe neste momento o registro, a onda reformista que continua, pelo visto, a pleno vapor, merece tópica crítica, ao passo que, ultrapassando certos limites, joga-se desenfreadamente à busca da efetividade, trazendo prejuízos sensíveis, e indevidos, à segurança jurídica – entendida com maior certeza do direito a ser reconhecido judicialmente. Nesse contexto, vale o registro explícito: concordamos plenamente com Luiz Guilherme Marinoni ao registrar que "é equivocado pensar que

---

[28] TALAMINI, Eduardo. *Tutela monitória*. 2ª ed. São Paulo: RT, 2001.

[29] AMARAL, Guilherme Rizzo. *Cumprimento e execução da sentença sob a ótica do formalismo-valorativo*. Porto Alegre: Livraria do advogado. 2008.

[30] THEODORO JR., Humberto. Um novo código de processo civil para o Brasil. In: *Revista Magister de direito civil e processo civil* n° 37 (2010): 86/97.

[31] RODRIGUES NETTO, Nelson. O vai e vem do recurso de agravo: uma nova modalidade de sua interposição – o agravo nos autos do processo. In: *Revista Dialética de Processo Civil* n° 94 (2011): 89/98.

reformas processuais possam, apenas por si, tornar a tutela jurisdicional efetiva e o processo justo".[32]

Podemos afirmar que se, em um extremo, o CPC/1973 não tinha como princípio central a efetividade; por outro lado, não é exagero afirmar que as reformas propostas ao modelo Buzaid não demonstram maiores preocupações com a segurança jurídica, impondo como consequência que a decisão judicial prolatada pelo Estado-juiz tenha maiores chances de não contribuir decisivamente para a pacificação social e para a própria garantia de legitimidade do *decisum*[33] – entendendo-se que a segurança jurídica, no processo, determinaria uma maior investigação da matéria em debate, impondo uma maior certeza do direito a ser declarado/constituído pelo agente político do Estado. Isto sem contar com o efeito prospectivo que se espera de boa parte das decisões de mérito com o selo do Poder Judiciário – explicando, a propósito, Owen Fiss que modelos extrajudiciais podem representar risco a uma maior efetivação da atuação do poder jurisdicional, ao qual caberia julgar a fundo as controvérsias, lavrando justa decisão de mérito, em face do caráter prospectivo do *decisum*, servindo o julgado como eventual paradigma para outros futuros casos semelhantes.[34]

Exemplo oportuno desse movimento de retificação, em que se privilegia, frise-se, a efetividade em detrimento da segurança, encontra-se no trato da matéria prescricional. Passou a ser matéria de ordem pública, a partir de 2006, autorizando assim que o juiz pudesse declará-la a qualquer tempo, mesmo que não requerida pela parte ré em peça defensiva. O prisma da modificação é todo direcionado para a efetividade e para a consequente célere extinção do processo, com julgamento de mérito (art. 269, IV, do CPC). Agora, pensando no princípio da segurança jurídica, não se poderia cogitar no interesse do réu em não ter reconhecida, de plano, a prescrição, e sim, em ter, após adequada instrução, uma sentença de mérito propriamente dita, favorável as suas pretensões (art. 269, I, do CPC)? Sim, pois haveria, ao menos, um substrato ético (questão moral) que indicaria para o interesse do réu de ver analisado o mérito da causa pelo Poder Judiciário, a fim de ter publicada uma sentença de improcedência (art. 269, I, *versus* art. 269, IV, CPC).

Com a devida ressalva feita ao movimento de retificação, confirmamos que as reformas tópicas são indispensáveis e legitimam a ma-

---

[32] MARINONI, Luiz Guilherme. Ideias para um renovado direito processual. In: *Bases científicas para um renovado direito processual*. 2ª ed. São Paulo: Juspodium. 2009, p. 125/146.

[33] THEODORO JR., Humberto. A onda reformista do direito positivo e suas implicações com o princípio da segurança jurídica. In: *Revista Magister de direito civil e processual civil* n° 11 (2006):5/32.

[34] FISS, Owen. *Um novo processo civil:* estudos norte-americanos sobre jurisdição, constituição e sociedade. Coordenação de trad. Carlos Alberto de Salles. São Paulo: RT, 2004, p. 152 e 202.

nutenção da estrutura processual vigente, diante da transformação pela qual passou o mundo e o Brasil desde 1973. Permanece, no nosso sentir, viável a interpretação do sistema processual montado diante da realidade/contemporaneidade constitucional[35] – não existindo dados objetivos que apontem para a necessidade de movimento de absoluta retificação, especialmente em face de um suposto desajuste incorrigível do modelo infraconstitucional com os comandos contidos na Lei Fundamental.

Nesse contexto, encaixa-se a precisa concepção jusfilosófica de Miguel Reale ao expor que, enquanto possível, a norma jurídica deve ser mantida, não apenas em razão do princípio de economia de meios, mas sobretudo porque as longas pesquisas sobre a interpretação e a aplicação de uma lei, sobretudo quando fundamental, representam um cabedal de experiência e de conhecimentos doutrinários que deve ser preservado.[36]

Seria mais indicado então, de acordo com a exposição contida nesse ensaio, prosseguir o estudo das reformas do CPC/1973, pautando-se a investigação pela preocupação com questões da efetividade do rito, mas sem deixar de levar em consideração a segurança jurídica – entendida em sintonia com o devido processo legal, o que trataria de garantir, em última instância, a legitimidade da decisão a ser pronunciada pelo Estado-juiz.

4. Conclusão

O momento histórico de confecção do Código Buzaid apontava para a necessidade de sua vigência, dado o grau de cientificidade e organização que pautam a sua estrutura – quando comparado com o modelo de 1939. O sistema do CPC/1973, de acordo com os melhores modelos processuais alienígenas, baseia-se em pilares sólidos e lógicos, com privilégio evidente ao princípio da segurança jurídica, no sentido, neste ensaio ressaltado, de certeza (maior) do direito a ser declarado pelo agente político do Estado.

Nesse contexto, entende-se o respeito conferido pelo sistema ao princípio dispositivo (em sentido próprio ou material, sem deixar de autorizar a colaboração ativa do julgador na investigação instrutória – relativização do princípio dispositivo em sentido impróprio ou processual), aos limites à relativização da causa de pedir/pedido (viável até o sanea-

---

[35] MARINONI, Luiz Guilherme. Ideias para um renovado direito processual. In: *Bases científicas para um renovado direito processual*. 2ª ed. São Paulo: Juspodium. 2009, p. 125/146.

[36] REALE, Miguel. *Fontes e modelos do direito. Para um novo paradigma hermenêutico*. São Paulo: Saraiva, 1994, p. 32.

mento do feito), e às matérias reconhecíveis de ofício (de ordem pública, assim reconhecidas pela própria lei, como as condições da ação e pressupostos processuais, nulidades e prescrição); como também ao (amplo) sistema recursal montado; e, por fim, à técnica preclusiva (aplicada de maneira significativa especialmente perante as partes, admitida a possibilidade de existirem matérias não preclusivas ao julgador – como as de ordem pública).

Da mesma forma, a onda reformista (1994-2010), embora tenha concedido peso demasiado ao princípio da efetividade (em detrimento da segurança jurídica), justifica-se em razão da série de transformações pelas quais passou a sociedade brasileira e mundial, desde 1973. A busca pela solução dos conflitos coletivos – em leis esparsas – e a preocupação – dentro do Código – pela agilização/desburocratização na prestação jurisdicional, com a implantação da tutela de urgência (reformas de 1994) e a aproximação das linhas ordenadoras do processo de execução e de conhecimento (reformas de 2006) são marcos centrais desse movimento de retificação; embora entendamos que não foram alterados substancialmente os pilares antes repisados que deram sustentação ao diploma processual originário.

Ratificamos, por todo o exposto, o nosso entendimento de que, no atual estágio da ciência processual no Brasil, permanece sólida a viabilidade de interpretação do Código Buzaid (reformado) com os ditames contidos na carta constitucional, sendo mais oportuno que se prosseguisse no estudo das reformas do CPC/1973, pautando-se a investigação pela preocupação com questões da efetividade do rito, mas sem deixar de levar em consideração a segurança jurídica – tudo a permitir a razoável duração do processo sem que fosse, no entanto, relegado a segundo plano a importância que a legitimidade de robusta/justa decisão de mérito com o selo do Poder Judiciário possui para os jurisdicionados.

Referências doutrinárias

ALVARO DE OLIVEIRA, Carlos Alberto. A garantia do contraditório. In: *Revista da Faculdade de Direito Ritter dos Reis* 1(1998): 7/27
——. *Do formalismo no processo civil*. 2ª ed. São Paulo: Saraiva, 2003.
——. "Os direitos fundamentais à efetividade e à segurança em perspectiva dinâmica". In: *AJURIS* n° 35 (2008): 57/71.
ALVIM, Arruda. "Lei n° 11.280, de 16.02.2006: análise dos arts. 112, 114 e 305 do CPC e do § 5° do art. 219 do CPC". In: *Revista de Processo* n° 143 (2007): 13/25.
AMARAL, Guilherme Rizzo. *Cumprimento e execução da sentença sob a ótica do formalismo-valorativo*. Porto Alegre: Livraria do advogado. 2008.
ARAGÃO, E. D. Moniz de. *Sentença e coisa julgada*. Rio de Janeiro: AIDE, 1992.
——. "Reforma processual: 10 anos". In: *Revista Forense* n° 362 (2002):15/23.
ARRUDA, Samuel Miranda. *O direito fundamental à razoável duração do processo*. Brasília: Brasília Jurídica, 2006.

BARBOSA MOREIRA, J. C. "La igualdad de las partes em el proceso civil". *In: Temas de direito processual*, Quarta série. São Paulo: Saraiva, 1989.

BARROSO, Luis Roberto. "A segurança jurídica na era da velocidade e do pragmatismo". *In: Revista do Instituto dos Advogados Brasileiros* n° 94 (2000): 79/97.

BEDAQUE, José Roberto dos Santos. *Poderes instrutórios do juiz*. 3ª ed. São Paulo: RT, 2001.

BUZAID, Alfredo. Da apelação "ex officio" no sistema do código do processo civil. São Paulo: Saraiva, 1951.

——. "Linhas fundamentais do sistema do código de processo civil brasileiro". *In: Estudos e pareceres de direito processual civil*. Notas de Ada Pellegrini Grinover e Flávio Luiz Yarshell. São Paulo: RT, 2002. p. 31/48.

CALMON DE PASSOS, J. J. *Esboço de uma teoria das nulidades aplicada às nulidades processuais*. Rio de Janeiro: Forense, 2005.

CRUZ E TUCCI, José Rogério. *A causa petendi no processo civil*. São Paulo: RT, 1993.

DINAMARCO, Cândido Rangel. *A instrumentalidade do processo*. 4ª ed. São Paulo: RT, 1994.

FAZZALARI, Elio. "Procedimento e processo (teoria generale)". *In: Enciclopedia del diritto*, n° 35 (1986): 819/835.

FISS, Owen. *Um novo processo civil: estudos norte-americanos sobre jurisdição, constituição e sociedade*. Coordenação de trad. de Carlos Alberto de Salles. São Paulo: RT, 2004.

FURTADO COELHO, Marcus Vinícius. "O anteprojeto de código de processo civil: a busca por celeridade e segurança" in *Revista de Processo* n° 185 (2010): 146/50.

GONÇALVES, Aroldo Plínio. *Técnica processual e teoria do processo*. Rio de Janeiro: AIDE, 1992.

LACERDA, Galeno. *Do despacho saneador*. Porto Alegre: La Salle, 1953.

MARINONI, Luiz Guilherme. "Ideias para um renovado direito processual" in *Bases científicas para um renovado direito processual*. 2ª ed. São Paulo: Juspodium. 2009. p. 125/146.

MITIDIERO, Daniel. "O processualismo e a formação do Código Buzaid". *In: Revista de Processo* n° 183 (2010): 165/194.

MOREIRA PINTO JÚNIOR, Alexandre. *Sistemas rígidos e flexíveis: a questão da estabilização da demanda in Causa de pedir e pedido no processo civil*. Coordenadores José Rogério Cruz e Tucci e José Rogério dos Santos Bedaque. São Paulo: RT, 2002.

NICOLITT, André Luiz. *A duração razoável do processo*. Rio de Janeiro: Lúmen Júris. 2006.

REALE, Miguel. *Fontes e modelos do direito*. Para um novo paradigma hermenêutico. São Paulo: Saraiva, 1994.

RODRIGUES NETTO, Nelson. "O vai e vem do recurso de agravo: uma nova modalidade de sua interposição – o agravo nos autos do processo". *In: Revista Dialética de Processo Civil* n° 94 (2011): 89/98.

RUBIN, Fernando. "A preclusão na dinâmica do processo civil". *In: Coleção Alvaro de Oliveira – Estudos de Processo e Constituição*, n. 3. Porto Alegre: Livraria do Advogado, 2010.

——. "O contraditório na visão cooperativa do processo". *In: Revista Dialética de Processo Civil* n° 94 (2011): 28/44.

——. "Preclusão: Constituição e Processo". *In: Revista Magister de direito civil e processo civil* n° 38 (2010): 79/96.

——. SCHMITT, Cristiano Heineck. "Observações ao projeto do novo código de processo civil: (des)necessidade do movimento de reforma e inovações no sistema recursal". *In: Revista AJURIS* n° 120 (2010).

SCARPINELLA BUENO, Cássio. *Curso sistematizado de direito processual civil*. Volume I – Teoria geral do direito processual civil. 4ª ed. São Paulo: Saraiva, 2010.

TALAMINI, Eduardo. *Tutela monitória*. 2ª ed. São Paulo: RT, 2001.

THEODORO JR., Humberto. "A onda reformista do direito positivo e suas implicações com o princípio da segurança jurídica". *In: Revista Magister de direito civil e processual civil* n° 11 (2006):5/32.

——. Um novo código de processo civil para o Brasil in *Revista Magister de direito civil e processo civil* n° 37 (2010): 86/97.

ZAVASCKI. Teori Albino. *Antecipação de tutela*. São Paulo: Saraiva, 1997.

— 3 —

Observações ao Projeto do Novo Código de Processo Civil: (des)necessidade do movimento de reforma e inovações no sistema recursal[1]

Sumário: 1. Introdução; 2. A onda reformista – 1992/2010 – e a perspectiva de um novo Código de Processo Civil; 3. Inovações na estrutura recursal pelo projeto para um novo Código de Processo Civil; 3.a) Aspectos gerais; 3.b) Os recursos suprimidos; 3.c) Recursos com o uso expandido; 3.d) Outras inovações recursais relevantes; 4. Conclusão; Referências doutrinárias.

1. Introdução

Estamos vivenciando nesse período de entrada do ano de 2013, a perspectiva de aprovação de um novo Código de Processo Civil – de acordo com o texto do Projeto de Lei n° 166/2010. O objetivo central do Projeto é estabelecer uma nova sistemática processual, voltada para a simplificação do procedimento e, consequentemente, para uma menor duração da lide.[2]

---

[1] Escrito em coautoria com CRISTIANO HEINECK SCHMITT, Advogado, Doutor e Mestre em Direito pela UFRGS, Pós-graduado pela Escola da Magistratura do Rio Grande do Sul-AJURIS, Professor da Graduação e da Pós-Graduação do Centro Universitário Ritter dos Reis, Professor do Curso de Especialização em Direto do Consumidor e Direitos Fundamentais da Faculdade de Direito da UFRGS, Professor do Curso IDC – Instituto de Desenvolvimento Cultural, Professor do Curso Verbo Jurídico, Professor do Curso de Especialização Contratos e Responsabilidade Civil da UNISINOS.

[2] Pelo Projeto, há opção pela simplificação e rapidez de um "procedimento sumário de cognição" em oposição a um rito de "cognição plena e exauriente"; situação que se deu, no direito comparado, pela introdução da lei processual italiana 69/2009 (que tratou da última grande reforma ao CPC italiano/1940 – *sul procedimento sommario di cognizione e prevalenti caratteri di simplificazione della trattazione o dell´instruzione della causa Versus la cosidetta cognizione piena ed esauriente*). Ao que parece, então, o modelo italiano que já havia sido uma forte inspiração para a constituição do Código Buzaid, passa a ser também para a sua retificação, de acordo com o texto da reforma introduzida pela Lei 69/2009. A respeito desta recente alteração significativa no CPC italiano/1940, consultar: PUNZI, Carmine. *Le riforme del processo civile e degli instrumenti alternativi per la soluzione delle controversie. In: Rivista di diritto processuale*, Ano 64, segunda série, n° 5 (2009): 1197/1239; CAPPONI, Bruno. *Note sul procedimento sommario di cognizione*. Extraído do site Judicium Saggi. Acesso em: 08 nov. 2010.

Nesse diapasão, o objetivo do presente ensaio é o de discorrer brevemente a respeito da trajetória legislativa de reformas parciais do Código Buzaid (CPC/1973), trazendo a nossa posição sobre a necessidade ou não de um "novo CPC", e fundamentalmente de discorrer a respeito de algumas centrais inovações do Projeto em matéria recursal – que certamente trarão muitas discussões entre a doutrina e a jurisprudência especializada (caso passemos realmente a contar com um novo diploma processual).

2. A onda reformista – 1992/2010 – e a perspectiva de um novo Código de Processo Civil

O Código Buzaid (CPC/1973), substituindo o modelo defasado de 1939, foi enaltecido desde o seu surgimento pela cientificidade de suas disposições.[3] A partir dele, restou construído sistema coerente e racional, de acordo com a melhor doutrina e legislação alienígena – notadamente alemã e italiana –, embebidas nas concepções do *Processualismo* (corrente científica que destacava a autonomia do direito processual na Europa), vigentes no Velho Continente do final do século XIX e início do século XX.[4]

Tanto é verdadeira a assertiva que passou a se cogitar de reformas estruturais no sistema processual pátrio somente em 1994, com o desenvolvimento das tutelas de urgência, objeto de alteração do art. 273 do CPC, a partir do seu *caput* – sendo que em período próximo seguiram-se alterações na seara recursal (com destaque ao regime do Agravo), nas obrigações de fazer (de não fazer e de entrega de coisa, com introdução dos arts. 461 e 461-A no CPC), seguindo para mudanças na parte de execução (especialmente a partir da implementação dos arts. 475-A e ss.) e aproximação das linhas de contato das cautelares com as tutelas de antecipação do mérito (com a introdução do § 7° no já aludido art. 273 do CPC).

Passaram-se, então, mais de vinte anos do Código Buzaid e a própria modificação da sociedade, repercutindo no processo, determinava a obrigatoriedade de retificações no modelo originário. É de se reparar que essas grandes alterações no CPC/1973 não se deram imediatamente após a entrada em vigor da novel Carta Constitucional, em 1988, o que

---

[3] SCARPINELLA BUENO, Cássio. *Curso sistematizado de direito processual civil.* Vol. I – Teoria geral do direito processual civil. 4ª ed. São Paulo: Saraiva, 2010, p. 52/53.

[4] MITIDIERO, Daniel. O processualismo e a formação do Código Buzaid. *In: Revista de Processo* n° 183 (2010): 165/194.

aponta, s.m.j., para certa naturalidade do fenômeno de compatibilização da ordem infraconstitucional processual com a ordem constitucional que emergia – tudo a depor favoravelmente ao modelo vigente a partir da década de 70. E, de fato, principalmente pelo art. 5º da CF/88 foram positivados determinados valores/princípios processuais que não estavam, quem sabe, devidamente explicitados no Código Buzaid, mas que nem por isso eram solenemente ignorados em período anterior à vigência da última Carta Magna.

Não houve, portanto, qualquer ruptura dramática no CPC/1973 com a entrada em vigor da CF/88, e nem mesmo com as reformas ao Código desenvolvidas posteriormente. Grosso modo, o que se presenciou foi uma adaptação do modelo Buzaid, com forte carga de defesa à segurança jurídica (*rectius*: certeza jurídica), às reivindicações contemporâneas de um processo efetivo, mais preocupado com o resultado do que com a forma utilizada.

Na grande e eterna tensão entre Segurança e Efetividade,[5] ao que parece formou-se a convicção de que o CPC/1973 tinha um sistema processual bem acabado/articulado, mas demasiadamente burocrático (com as suas estanques fases de conhecimento, execução e cautelares) – e que, por isso, não atingia em boa parte dos casos os seus propósitos derradeiros, em tempo útil.

Assim, a referida onda reformista, implementada já na primeira metade da década de 90, voltava-se para a busca incessante da efetividade – o que, ao fim e ao cabo, confirmou-se com a inclusão, já em 2004, do inciso LXXVIII no art. 5º da CF/88 (a tratar do direito do cidadão brasileiro à razoável duração do processo).[6]

Por certo, cabe neste momento o registro, a onda reformista que continua a pleno vapor, merece tópica crítica, ao passo que, ultrapassando certos limites, se joga desenfreadamente à busca da efetividade, tra-

---

[5] BARROSO, Luis Roberto. A segurança jurídica na era da velocidade e do pragmatismo. In: *Revista do Instituto dos Advogados Brasileiros* nº 94 (2000): 79/97; FURTADO COELHO, Marcus Vinícius. O anteprojeto de código de processo civil: a busca por celeridade e segurança. In: *Revista de Processo* nº 185 (2010): 146/50.

[6] O processo tem seu tempo, seja ele o civil, seja ele o penal. Não se pretende advogar por uma prestação jurisdicional que, de tão célere, promova injustiças, uma vez que possa alijar o julgador da possibilidade de reflexão acerca dos elementos trazidos aos autos, prejudicando o contraditório, a ampla defesa, enfim, o devido processo legal. No entanto, nem por isto, a atividade judicial, considerando-se a atuação de todos os indivíduos e órgãos atrelados ao Poder Judiciário, pode ser transformada em uma fonte de injustiça. De nada adiantará a tentativa de recomposição de situações ilegais que, há muito, deveriam estar definidas e apaziguadas. Como aduz Nicolitt, "o direito a um processo em tempo razoável é um direito correlato ao direito ao devido processo ou ao processo justo e eqüitativo" (NICOLITT, André Luiz. *A duração razoável do processo*. Rio de Janeiro: Lumen Juris. 2006, p. 8). Ainda a respeito: ARRUDA, Samuel Miranda. *O direito fundamental à razoável duração do processo*. Brasília: Brasília Jurídica, 2006, p. 31.

zendo prejuízos sensíveis, e indevidos, à segurança jurídica – entendida com maior certeza do direito a ser reconhecido judicialmente. Na mesma linha, aliás, segue o Projeto do novo CPC, que na sua primeira grande parte principiológica (arts. 1º a 11) confere evidente maior prestígio à linha da efetividade, nos termos explícitos do art. 4º: "as partes têm direito de obter em prazo razoável a solução integral da lide, incluída a atividade satisfativa". Se, em um extremo, podemos dizer que o CPC/1973 não tinha como princípio central a efetividade, por outro lado, não é exagero afirmar que as reformas propostas ao modelo Buzaid não demonstram maiores preocupações com a segurança jurídica, impondo como consequência que a decisão judicial prolatada pelo Estado-juiz tenha maiores chances de não contribuir decisivamente para a pacificação social e para a própria garantia de legitimidade do *decisum* perante os jurisdicionados – entendendo-se que a segurança jurídica, no processo, determinaria uma maior investigação da matéria em debate, impondo uma maior certeza do direito a ser declarado/constituído pelo agente político do Estado.[7]

Exemplo oportuno desse movimento de retificação, acolhido pelo Projeto do novo CPC, em que se privilegia, frise-se, a efetividade em detrimento da segurança, encontra-se no trato da matéria prescricional. Passou a ser matéria de ordem pública, a partir de 2006 (art. 219, § 5º, do CPC), autorizando assim que o juiz pudesse declará-la a qualquer tempo, mesmo que não requerida pela parte-ré em peça defensiva. O prisma da modificação é todo direcionado para a efetividade e para a consequente célere extinção do processo, com julgamento de mérito (art. 269, IV do CPC). Agora, pensando no princípio da segurança jurídica, não se poderia cogitar no interesse do réu em não ter reconhecida, de plano, a prescrição e sim em ter, após adequada instrução, uma sentença de mérito propriamente dita, favorável as suas pretensões (art. 269, I do CPC)? Sim, pois haveria, ao menos, um substrato ético (questão moral) que indicaria para o interesse do réu de ver analisado o mérito da causa pelo Poder Judiciário, a fim de ter publicada uma sentença de improcedência (art. 269, I, *versus* art. 269, IV, CPC).

Pois bem. Com a devida ressalva feita ao movimento de retificação, entendemos que as reformas são indispensáveis e legitimam a manutenção da estrutura processual montada em 1973. Ademais, não nos parece que o Código Buzaid reformado tenha se tornado uma verdadeira "con-

---

[7] Isto sem contar com o efeito prospectivo que se espera de boa parte das decisões de mérito com o selo do Poder Judiciário. A propósito, explica Owen Fiss que modelos extrajudiciais podem representar risco a uma maior efetivação da atuação do poder jurisdicional, ao qual caberia julgar a fundo as controvérsias, lavrando justa decisão de mérito, em face do caráter prospectivo do *decisum*, servindo o julgado como eventual paradigma para outros futuros casos semelhantes (FISS, Owen. *Um novo processo civil*: estudos norte-americanos sobre jurisdição, constituição e sociedade. Coordenação de trad. Carlos Alberto de Salles. São Paulo: RT, 2004, p. 152 e 202).

cha de retalhos",[8] a fim de induzir a criação de um novo CPC, mesmo porque não há qualquer dado estatístico que aponte para o anacronismo do sistema processual motivado pelo texto da lei, e inclusive que um suposto anacronismo possa ser resolvido simplesmente com a implementação de novel código processual. Nesse sentir, vale transcrever a lúcida manifestação de Moniz de Aragão, quando da investigação do movimento de reformas do Código Buzaid:[9]

> (...) O que nos move é o desejo de enfatizar que não é recomendável reformar a lei com base em dados concebidos apenas teoricamente ou apoiados em meras experiências pessoais, empiricamente avaliadas. O que propomos é a imediata adoção de métodos confiáveis – a investigação estatística, por exemplo –, para diagnosticar adequadamente o mal a remediar e só então, com amparo em dados objetivamente confiáveis, proceder à reformulação (...)

Eis a razão pela qual não acreditamos que houvesse a necessidade de um novo Código, já que permanece viável a interpretação do sistema processual montado diante da realidade/contemporaneidade constitucional[10] – e mesmo porque na própria exposição de motivos não aparecem dados objetivos que apontem para a necessidade de movimento de absoluta retificação.[11] Seria mais indicado, no nosso sentir, prosseguir o estudo das reformas do CPC/1973, pautando-se o estudo pela preocupação com questões da efetividade do rito, mas sem deixar de levar em consideração a segurança jurídica – entendida em sintonia com o devido processo legal, o que trataria de garantir, em última instância, a legitimidade da decisão a ser pronunciada pelo Estado-juiz.

Por fim, não nos animamos sobremaneira com a mudança de código processual porque entendemos que os reais fatores que determinam a lentidão na prestação jurisdicional não estão na estrutura da lei (*rectius*: na letra do código de processo). Sem o objetivo de esgotar a matéria, há de se deixar registrado que a prática forense realmente nos revela que "os prazos mortos" são um dos grandes, senão o maior, responsável pela angustiante paralisia dos feitos, em qualquer grau de jurisdição – estando eles diretamente relacionados com a falta de verbas orçamentárias para o judiciário, bem como a má administração daquelas repassadas dentro mesmo desse poder estatal, daí resultando uma relação inversa-

---

[8] "(...) Se muitas reformas fugiram dos padrões idealizados pelos responsáveis pelo texto original do CPC, só por isso não se pode qualificar como implantação de uma 'concha de retalhos' despida de coerência e sistema" (THEODORO JR., Humberto. Um novo código de processo civil para o Brasil. In: *Revista Magister de direito civil e processo civil* n° 37 (2010): 86/97).

[9] ARAGÃO, E. D. Moniz de. Reforma processual: 10 anos. In: *Revista Forense* n° 362 (2002):15/23.

[10] MARINONI, Luiz Guilherme. Ideias para um renovado direito processual. In: *Bases científicas para um renovado direito processual*. 2ª ed. São Paulo: Juspodium. 2009, p. 125/146.

[11] Dentre alguns recentes artigos em que se já feitas críticas ao modelo proposto pelo Projeto, menciona-se: PAULA ATAÍDE JR., Vicente de. O novo CPC: Escrito com tinta escura e indelével. In: *Revista Magister de direito civil e processo civil* n° 37 (2010): 102/106; PINTO, Almir Pazzianotto. *Novo código de processo?* Extraído do site Migalhas. Acesso em 12 nov. 2010.

mente proporcional entre o número de juízes e serventuários admitidos e o número de demandas que inundam os foros.[12] Vê-se, nesses contornos, que o verdadeiro problema, obstaculizador da efetividade do processo, é antes político/administrativo do que técnico/jurídico,[13] sendo certo, a partir dessa premissa, que não se obterão melhorias significativas em termos de agilização da prestação jurisdicional com reformas processuais tópicas ou mesmo implementação de um novo texto processual.[14]

3. Inovações na estrutura recursal pelo projeto para um novo Código de Processo Civil

3.a) Aspectos gerais

Mesmo salientado a nossa posição a respeito da (desnecessidade) de substituição do modelo processual de 1973, devemos partir para uma análise propedêutica do Projeto, diante da real possibilidade de sua conversão em lei, em tempo expedito. A escolha pela matéria recursal decorre da relevância do ponto para a ciência processual e principalmente está fulcrada na quantidade significativa de alterações propostas pela comissão liderada por Luiz Fux.

Em tempo ainda de discussão do Projeto pelo Congresso Nacional, atual/oportuna a discussão crítica de alguns fatores, sem deixarmos de enaltecer também novidades que, a princípio, vêm para a melhoria do sistema. Há, indubitavelmente, uma linha central de simplificação na matéria, com redução de recursos e detalhamento do cabimento de irresignações. Todavia, podem ser discutidas eventuais incongruências nas lançadas inovações, sendo polêmicas mesmo as alterações que apontam

---

[12] Como disserta Carlos Alberto Alvaro de Oliveira: "a adequação da tutela deve ser considerada como a aptidão desta para realizar a eficácia prometida pelo direito material, com a maior efetividade e segurança possíveis" (ALVARO DE OLIVEIRA, Carlos Alberto. *Teoria e prática da tutela jurisdicional*. Rio de Janeiro: Forense, 2008, p.136). A respeito do tema, cabível ainda consultar: ALVARO DE OLIVEIRA, Carlos Alberto. Os direitos fundamentais à efetividade e à segurança em perspectiva dinâmica. *In: AJURIS* n° 35 (2008): 57/71; PICARDI, Nicola. *Jurisdição e Processo*. Organização e revisão de tradução: Carlos Alberto Alvaro de Oliveira. Rio de Janeiro: Forense. 2008, p. 12/13. Assim, na esteira do que é preconizado pelo renomado mestre da escola gaúcha de processo, indagamo-nos: como se obter uma tutela adequada, se demorada? Efetivamente, justificativas para a longa solução de feitos em nosso país, demanda um estudo sobre questões sociais e opções políticas.

[13] Sobre a problemática, bem tratou o mestre Barbosa Moreira: BARBOSA MOREIRA, J. C. A justiça no limiar do novo século. *In: Revista Forense* (319): 69/75; Efetividade do processo e técnica processual. *In: Ajuris* (64): 149/161.

[14] Em maiores linhas, com dados estatísticos a respeito, consultar: RUBIN, Fernando. A preclusão na dinâmica do processo civil. *In: Coleção Alvaro de Oliveira – Estudos de Processo e Constituição*, n. 3. Porto Alegre: Livraria do Advogado, 2010, p. 237/241.

para a minoração de medidas recursais – no caso em destaque a supressão dos embargos infringentes.

Nesses contornos, é-nos imperioso analisar o desenho atual de nossa estrutura recursal, para podermos traçar um perfil futuro, positivo ou negativo, acerca da operabilidade do novo Código de Processo Civil, cuja promulgação se avizinha.

Sobre o atual sistema recursal, consubstanciado no CPC de 1973, o artigo 496 aponta oito tipos recursais cabíveis: apelação, agravo, embargos infringentes, embargos de declaração, recurso ordinário, recurso especial, recurso extraordinário e embargos de divergência em recurso especial e em recurso extraordinário. Deve ser registrado, ainda, que o recurso de agravo admite, no âmbito do atual CPC, três formas de interposição, que remetem o mesmo às seguintes denominações: agravo de instrumento, agravo retido e agravo interno.[15] Ressalta-se, ainda, acerca do agravo, a sua admissibilidade na forma de agravo regimental, que, como indica a nomenclatura, resta prevista em regimentos internos de tribunais pátrios variados.[16]

---

[15] De acordo com o artigo 522 do CPC vigente, "das decisões interlocutórias caberá agravo, no prazo de 10 (dez) dias, na forma retida, salvo quando se tratar de decisão suscetível de causar à parte lesão grave e de difícil reparação, bem como nos casos de inadmissão da apelação e nos relativos aos efeitos em que a apelação é recebida, quando será admitida a sua interposição por instrumento". Outrossim, sobre o agravo interno, também identificado como agravo legal, cita-se, como situação para sua aplicabilidade, aquela preconizada no artigo 557, *caput* e parágrafos: "O relator negará seguimento a recurso manifestamente inadmissível, improcedente, prejudicado ou em confronto com súmula ou com jurisprudência dominante do respectivo tribunal, do Supremo Tribunal Federal, ou de Tribunal Superior. § 1º-A Se a decisão recorrida estiver em manifesto confronto com súmula ou com jurisprudência dominante do Supremo Tribunal Federal, ou de Tribunal Superior, o relator poderá dar provimento ao recurso. § 1º Da decisão caberá agravo, no prazo de cinco dias, ao órgão competente para o julgamento do recurso, e, se não houver retratação, o relator apresentará o processo em mesa, proferindo voto; provido o agravo, o recurso terá seguimento. § 2º Quando manifestamente inadmissível ou infundado o agravo, o tribunal condenará o agravante a pagar ao agravado multa entre um e dez por cento do valor corrigido da causa, ficando a interposição de qualquer outro recurso condicionada ao depósito do respectivo valor".

[16] Referido recurso cumpre função muito similar a desempenhada pelo agravo interno, servindo para impugnar decisões unipessoais prolatadas no âmbito de cortes colegiadas. Neste sentido, no âmbito do Supremo Tribunal Federal, encontra-se a menção desta formatação em vários dispositivos do regimento interno desta corte, entre eles, o artigo 317, cuja redação de seu *caput* é a seguinte: "Ressalvadas as exceções previstas neste Regimento, caberá agravo regimental, no prazo de cinco dias de decisão do Presidente do Tribunal, de Presidente de Turma ou do Relator, que causar prejuízo ao direito da parte". Em que pese a previsão do anteprojeto de contemplar a existência apenas do agravo na sua forma interna ou instrumental, a questão sobre a eficácia do agravo regimental resta submetida à apreciação da corte que o insere em seu regimento interno. Embora o inciso I do artigo 22 da Constituição Federal de 1988 acentue ser a competência para legislar sobre processo aspecto privativo na União, entende-se que a figura do agravo regimental é legítima, tendo-se em vista que o artigo 24 da carta maior preconiza ser caso de competência concorrente a atividade de legislativa no âmbito da previsão de procedimentos em matéria processual. Assim, o que não contrariar o CPC, acaba sendo convalidado, especialmente no que tange á ampliação das possibilidades de contraditório. E, neste sentido, o agravo regimental não se trata de novo tipo recursal, mas apenas de forma de interposição do recurso de agravo, ampliando a perspectiva de ampla defesa dos jurisdicionados. Sobre o tema, Araken de Assis sustenta que a figura do agravo regimental carece de imprescindível

Ainda, podemos acrescentar que o recurso de embargos de declaração é, por vezes, também admitido sob a roupagem de embargos de declaração com efeitos infringentes (ou modificativos), introduzindo um uso distinto para além dos três casos anunciados nos incisos I e II do artigo 535 do CPC/73, circunstância que expande a operação com este meio recursal.[17]

Por outro lado, de acordo com o Anteprojeto de Novo CPC, dispõe o artigo 907 que são cabíveis os recursos de apelação, agravo de instrumento, agravo interno, embargos de declaração, recurso ordinário, recurso especial, recurso extraordinário e embargos de divergência.[18]

Embora não se trate de um recurso propriamente dito, porque lhe falta a voluntariedade, não contendo razões de irresignação, servindo apenas para a elevação ao plano da eficácia de determinadas decisões contrárias à Fazenda Pública, é de ser questionado, por exemplo, se ainda persiste alguma razoabilidade na previsão do reexame necessário, seja em sede de CPC/73, ou mesmo no anteprojeto de novo CPC.

O reexame necessário tem sua origem próxima junto ao Código de Processo Civil de 1939, especificamente em seu artigo 822, *caput*, quando era designado de "apelação necessária", ou de apelação *ex officio*. Debruçando-se sobre a história, veríamos a apelação *ex officio* sendo utilizada nas Ordenações Afonsinas, Manuelinas e Filipinas.[19] A apelação *ex officio* deve sua criação singular ao gênio português, o qual previu a mesma direcionado-a ao processo penal. Segundo o mencionado autor, o instituto funcionava com um "contrapeso aos desvios do processo tipo inquisitório".[20] Assim, diante de uma sentença que julgara crimes, cuja apuração se dera com base em devassa acerca da vida do acusado, haveria a possi-

---

previsão na lei processual, infringindo o princípio da taxatividade recursal, passando a ser inserir no já ampliado grupo dos chamados sucedâneos recursais (MENDONÇA JÚNIOR, Delosmar Domingos de. *Agravo Interno*. São Paulo: Revista dos Tribunais, 2009, p. 200).

[17] Sob esta formatação, os embargos escapam a sua função tradicional, de integrar a decisão embargada, para então focarem-se sobre a o objetivo de promover a alteração substancial desta decisão. Neste sentido, ensinam Wambier e Medina que os embargos de declaração podem ter efeito modificativo em três circunstâncias, ou seja, quando interpostos dentro das hipóteses normais do artigo 535, o suprimento de eventual lacuna acarrete a insubsistência do resto do julgado, quando houver correção de erro material, ou quando se tratar de decretação de ofício de determinada nulidade absoluta não observada anteriormente pelo julgador (WAMBIER, Teresa Arruda Alvim; MEDINA, José Miguel Garcia. *Recursos e ações autônomas de impugnação*. São Paulo: Revista dos Tribunais, 2008, p. 204).

[18] *Novo Código de Processo Civil: comparativo entre o novo CPC e o CPC de 1973*. Organizadores: Jefferson Carús Guedes, Felipe Camilo Dall'Alba, Guilherme Beaux Nassif Azem, Liliane Maria Busato Batista. Prefácio de Dias Tofolli. Belo Horizonte: Fórum, 2010, p. 247

[19] ARAKEN DE ASSIS. *Manual dos recursos*. São Paulo: Revista dos Tribunais, 2007, p. 843.

[20] Ibidem.

bilidade do recurso, a fim de atenuar os exageros eventualmente decorrentes do inquisitório.[21]

No Brasil, o instituto tomou rumo diverso, passando a ser adotado no processo civil a partir de lei de 04.10.1831, cabendo ao juiz interpor o mesmo contra sentenças prolatadas contra a Fazenda Pública.[22]

O porquê da manutenção do reexame necessário pelo legislador brasileiro poderia ser uma incógnita, ainda mais quando observamos uma série constante de modificações normativas pautadas justamente para operar a celeridade processual e desafogar o Poder Judiciário acerca de demandas repetitivas.

Constatamos, no instituto ainda remanescente, certo fascínio pela fiscalização da qualidade das sentenças expedidas em primeira instância, exclusivamente aquelas prejudiciais ao ente estatal. E é neste sentido que nos chama atenção a abalizada opinião de Frederico Marques, ao referir que este meio impugnativo se constituía em instrumento de centralização monárquica de que se serviram os dinastas portugueses para a instauração paulatina do absolutismo, e em detrimento das Justiças locais.[23]

Contudo, para algumas partes, dependendo do pólo da demanda em que se encontrem, é bastante lucrativo poder usufruir de demora na finalização da prestação judicial que lhe é prejudicial, retardando *ad infinitum* eventual pagamento decorrente de condenações aplicadas. De qualquer sorte, ainda subsiste, entre nós, o malfado reexame necessário.[24] Por força da Lei n° 10.352/01, o artigo 475 do CPC ficou com a seguinte redação:

> Está sujeita ao duplo grau de jurisdição, não produzindo efeito senão depois de confirmada pelo tribunal, a sentença: I – proferida contra a União, o Estado, o Distrito Federal, o Município, e as respectivas autarquias e fundações de direito público; II – que julgar procedentes, no todo ou em parte, os embargos à execução de dívida ativa da Fazenda Pública (art. 585, VI). § 1º Nos casos previstos neste artigo, o juiz ordenará a remessa dos autos ao tribunal, haja ou não apelação; não o fazendo, deverá o presidente do tribunal avocá-los. § 2º Não se aplica o disposto neste artigo sempre que a condenação, ou o direito controvertido, for de valor certo não excedente a 60 (sessenta) salários mínimos, bem como no caso de procedência dos embargos do devedor na execução de dívida ativa do mesmo valor. § 3º Também não se aplica o disposto neste artigo quando a sentença estiver fundada em jurisprudência do plenário do Supremo Tribunal Federal ou em súmula deste Tribunal ou do tribunal superior competente.

---

[21] ARAKEN DE ASSIS. *Manual dos recursos*. São Paulo: Revista dos Tribunais, 2007, p. 843.

[22] Idem, p. 844.

[23] Idem, p. 843.

[24] Isto sem contar a posição majoritária adotada no Brasil, de acordo com a Súmula n° 45 do STJ, que prega a impossibilidade de utilização do reexame necessário para reformar o julgado em desfavor da Fazenda Pública, posição que não acolhemos. A respeito, consultar: RUBIN, Fernando. A preclusão na dinâmica do processo civil. Op. cit., p. 111/113.

Assim, nada mais é o reexame necessário do que uma condição de eficácia e de trânsito em julgado da sentença prejudicial à Fazenda Pública e a entidades abrangidas pelo mencionado artigo 475.

Não nos esqueçamos que, em primeira instância, em feitos envolvendo a Fazenda Pública e outros abrangidos pelo artigo 475 do diploma processual, além do julgador, é possível contar, via de regra, com a presença de um representante do Ministério Púbico, seja ele federal ou estadual, além do próprio defensor do ente estatal. Portanto, não é de se duvidar que já exista uma estrutura satisfatoriamente concebida para a proteção do Estado. Assim, vemos como demasiado e desnecessária a necessidade de confirmação de certas decisões pelos tribunais de segunda instância, acerca de determinadas sentenças indicadas no artigo 475 apontado, quando não houver recurso das partes,[25] sendo, portanto, um expediente bastante dispensável.

Em análise comparativa, o artigo 478 do Projeto, com a nomenclatura de "remessa necessária", fora esculpido com a seguinte formatação:

> Está sujeita ao duplo grau de jurisdição, não produzindo efeito senão depois de confirmada pelo tribunal, a sentença: I – proferida contra a União, os Estados, o Distrito Federal, os Municípios e as respectivas autarquias e fundações de direito público; II – que julgar procedentes, no todo ou em parte, os embargos à execução de dívida ativa da Fazenda Pública. § 1º Nos casos previstos neste artigo, o juiz ordenará a remessa dos autos ao tribunal, haja ou não apelação; não o fazendo, deverá o presidente do tribunal avocá-los. § 2º Não se aplica o disposto neste artigo sempre que a condenação ou o direito controvertido for de valor certo não excedente a mil salários mínimos, bem como no caso de procedência dos embargos do devedor na execução de dívida ativa do mesmo valor. § 3º Também não se aplica o disposto neste artigo quando a sentença estiver fundada em jurisprudência do plenário do Supremo Tribunal Federal, em súmula desse Tribunal ou de tribunal superior competente, bem como em orientação adotada em recurso representativo da controvérsia ou incidente de resolução de demandas repetitivas. § 4º Quando na sentença não se houver fixado valor, o reexame necessário, se for o caso, ocorrerá na fase de liquidação.[26]

Em relação ao plano atual que prevê a necessidade do uso deste expediente para condenações superiores a sessenta salários mínimos, este patamar, com o anteprojeto, passa para valores superiores a mil salários mínimos. Embora sua disposição fique mais remota, o ponto negativo, a nosso ver, é a sua continuidade, a qual não se compatibiliza com a ideia de celeridade, estandarte anunciado pelos redatores do anteprojeto de CPC.[27]

---

[25] Poderíamos cogitar, até mesmo, se referido benefício não se institui como ofensa ao princípio da isonomia de tratamento. Além do art. 475 da lei adjetiva, o reexame necessário também consta do artigo 12 da Lei 1.533/51 (Lei do Mandado de Segurança), assim como o artigo 17 da Lei 4.717/65 (Lei da Ação Popular).

[26] *Novo Código de Processo Civil: comparativo entre o novo CPC e o CPC de 1973*. Organizadores: Jefferson Carús Guedes, Felipe Camilo Dall'Alba, Guilherme Beaux Nassif Azem, Liliane Maria Busato Batista. Prefácio de Dias Tofolli. Belo Horizonte: Fórum, 2010, p. 139-141.

[27] Nas palavras de Luiz Fux, Presidente da Comissão de Juristas encarregada da elaboração do Anteprojeto de Novo CPC: "Queremos justiça!!! Prestem-na com presteza; dizem os cidadãos. Sob o ecoar

Em verdade, resta evidente que a regra da igualdade está subordinada a tratar com desigualdade os desiguais. Assim, para que exista um suporte legal consubstanciado em um verdadeiro *favor debilis*, há que se verificar, na prática, a efetiva ocorrência de uma condição de hipossuficiência de uma das partes.[28] No entanto, se esta suposta desigualdade não se faz presente na prática, e, mesmo assim, concedem-se benefícios a uma das partes, isto nos faz questionar se não estaria havendo uma violação à isonomia de tratamento, a exigir um exame de razoabilidade, como também de constitucionalidade destas normas contemplativas.

Nesse sentido também, no CPC/1973, alguns benefícios são mantidos, como se observa no artigo 188 desta lei, o qual determina o cômputo do prazo em quádruplo o prazo para contestar, e em dobro para recorrer quando a parte for a Fazenda Pública[29] ou o Ministério Público. Justificar tal medida levaria a concluir sobre uma falência total, ou bastante intensa junto aos órgãos encarregados da defesa da Administração Pública. Somente assim se poderia crer que o direito à desigualdade previsto no artigo 188 indicado seria aceitável diante de uma real desigualdade material entre as partes envolvidas. Não se pode admitir que a falta de contratação de um número adequado de servidores seja salvaguardada pela lei processual. Menos aceitável é imaginar que esta mazela será

---

dessas exigências decantadas pelas declarações universais dos direitos fundamentais do homem, e pelas aspirações das ruas, lançou-se a comissão nesse singular desafio, ciente de que todo o poder emana do povo, inclusive o poder dos juízes, e em nome de nossa gente é exercido. A metodologia utilizada pela comissão visou a um só tempo vencer o problema e legitimar a sua solução. Para esse desígnio, a primeira etapa foi a de detectar as barreiras para a prestação de uma justiça rápida; a segunda, legitimar democraticamente as soluções. No afã de atingir esse escopo deparamo-nos com o excesso de formalismos processuais, e com um volume imoderado de ações e de recursos. Mergulhamos com profundidade em todos os problemas, ora erigindo soluções genuínas, ora criando outras oriundas de sistema judiciais de alhures, optando por instrumentos eficazes, consagrados nas famílias da *civil law e da common law*, sempre prudentes com os males das inovações abruptas mas cientes em não incorrer no mimetismo que se compraz em repetir, ousando sem medo ... O Brasil clama por um processo mais ágil, capaz de dotar o país de um instrumento que possa enfrentar de forma célere, sensível e efetiva, as misérias e as aberrações que passam pela Ponte da Justiça". (*Novo Código de Processo Civil: comparativo entre o novo CPC e o CPC de 1973*. Organizadores: Jefferson Carús Guedes, Felipe Camilo Dall'Alba, Guilherme Beaux Nassif Azem, Liliane Maria Busato Batista. Prefácio de Dias Tofolli. Belo Horizonte: Fórum, 2010, p. 13).

[28] Como exemplo desta hipossuficiência processual, que redunda em inversão do ônus probatório, segundo o entendimento do magistrado, há o inciso VIII do artigo 6° do Código de Defesa do Consumidor.

[29] Na expressão "Fazenda Pública", está designada a administração direta da União, Estados, Distrito Federal e Municípios, bem como seus respectivos órgãos dotados de personalidade processual, assim como as autarquias e fundações públicas. Restam excluídas do benefício do artigo 188 da lei processual as empresas públicas, as sociedades de economia mista e as fundações instituídas pelo poder público, mas com personalidade de direito privado. Assim: ARAKEN DE ASSIS. *Manual dos recursos*. São Paulo, Revista dos Tribunais, 2007, p. 186.

solucionada a partir de benefícios como o apontado, dilatando-se prazos processuais de forma exagerada.[30]

Na realidade, a concessão de um prazo de sessenta dias para a elaboração de uma peça processual, por exemplo, acaba justificando uma "estratégia de utilização do tempo como instrumento de barganha e intimidação perante a generalidade dos litigantes".[31] É uma situação que, provavelmente, incentivará ainda mais o administrador público a não investir na melhora da defesa do órgão que ele comanda.

Quando a morosidade passa a ser uma estratégia da guerra judicial, a lei passa a ser subvertida, e aqueles credores de obrigações variadas, que estão a depender de uma resolução judicial justa, terão que conviver com a angústia e descaso, implementando sua desconfiança sob as instituições estatais. Não bastasse isto, a protelação indefinida do feito força a parte que seria beneficiada por uma tutela jurisdicional completa a aderir a acordos injustos, onde impera a má-fé do pagador, que usará do processo como técnica de intimidação e barganha,[32] impondo condições leoninas. É o que vemos, por exemplo, no caso dos precatórios e os leilões destas dívidas que estão sendo autorizados.

Portanto, a nosso ver, o artigo 188 da lei processual poderia ser considerado inconstitucional se analisado à luz do já destacado inciso LXXVIII do artigo 5° da CF/88.[33] Se cabe festejar a redução do prazo em quádruplo para a Fazenda Pública poder contestar, ainda remanesce, sem sentido ao nosso ver, a perspectiva do prazo dobrado para recorrer e praticar outros atos no processo, como se observa do artigo 95 do Anteprojeto:

---

[30] Arruda aponta que nem a assertiva de supostos vultos dos negócios do Estado seriam suficientes para justificar a manutenção do beneplácito legal. Existem corporações e outros entes privados que tratam com cifras muito maiores (poderíamos dizer seguramente, que superam a arrecadação de vários municípios, e até mesmo estados da federação), que impõem intensa complexidade probatória, mas que ainda assim não usufruem de prazo em dobro ou em quádruplo para manifestações processuais (ARRUDA, Samuel Miranda. *O direito fundamental à razoável duração do processo*. Brasília: Brasília Jurídica, 2006, p. 221).

[31] Idem, p. 220.

[32] Ibidem. Neste sentido, como nos lembra CRUZ e TUCCI, "mais vale um mau acordo do que uma boa demanda": CRUZ E TUCCI, José Rogério. *Tempo e Processo:* uma análise empírica das repercussões do tempo na fenomenologia processual (civil e penal). São Paulo: Revista dos Tribunais, 1997, p. 112.

[33] Muito embora nossa opinião, o Supremo Tribunal Federal tenha decidido pela constitucionalidade do dispositivo, no julgamento da Ação Direta de Constitucionalidade n° 1.910-MC/DF, Relator Ministro Sepúlveda Pertence, publicado no Diário da Justiça de 27.02.04, p. 19, referido por ARAKEN DE ASSIS. *Manual dos recursos*. São Paulo: Revista dos Tribunais, 2007, p. 186.

A União, os Estados, o Distrito Federal, os Municípios e suas respectivas autarquias e fundações de direito público gozarão de prazo em dobro para todas as suas manifestações processuais, cuja contagem terá início a partir da vista pessoal dos autos, mediante carga ou remessa.[34]

Ainda, sobre as recentes modificações processuais, no âmbito do CPC atual, com o advento da Emenda Constitucional nº 45/04, houve uma série de modificações na estrutura jurisdicional do país, como o fato de algumas causas de competência da justiça estadual, bastante atribulada, passaram para a competência da Justiça do Trabalho – sendo que esta mesma emenda é que inseriu o inciso LXXVIII ao artigo 5º da nossa Constituição Federal, já referido.

Esta nova orientação para o processo civil, que sempre deveria ser guiado pela necessidade de resolução dos litígios em tempo hábil, serviu para abrir margem, por exemplo, à adoção do artigo 103-A da Constituição Federal. Diante desse dispositivo, restou acentuado que o Supremo Tribunal Federal poderá:

> De ofício ou por provocação, mediante decisão de dois terços dos seus membros, após reiteradas decisões sobre matéria constitucional, aprovar súmula que, a partir de sua publicação na imprensa oficial, terá efeito vinculante em relação aos demais órgãos do Poder Judiciário e à administração pública direta e indireta, nas esferas federal, estadual e municipal, bem como proceder à sua revisão ou cancelamento, na forma estabelecida em lei.[35]

O objetivo desta técnica processual, concebida como "súmula vinculante", denota o objetivo de uniformização jurisprudencial, a partir da interpretação, pelo Supremo Tribunal Federal, acerca da validade e da eficácia de normas atreladas à matéria constitucional, proporcionando maior segurança e certeza jurídica, com redução de multiplicação de processos sobre questão idêntica. Como ensina Rodolfo Mancuso, súmula vinculante:

> É a potencialização da eficácia das súmulas do STF, as quais até a EC 45/2004 (CF, art. 103-A e parágrafos) tinham força tão só persuasiva perante os órgãos jurisdicionais brasileiros, além do efeito de dispensarem, perante o STF, "a referência a outros julgados no mesmo sentido" (RISTF, § 4º do art. 102).[36]

No que se trata do recurso extraordinário, a Emenda Constitucional nº 45/04 trouxe nova redação ao § 3º do artigo 102 da Carta política, dispondo que, neste recurso, o recorrente deverá demonstrar a *repercussão geral* das questões constitucionais discutidas no caso, nos termos da lei, a fim de que o Tribunal examine a admissão do recurso, somente podendo recusá-lo pela manifestação de dois terços de seus membros. Esse dis-

---

[34] *Novo Código de Processo Civil:* comparativo entre o novo CPC e o CPC de 1973. Organizadores: Jefferson Carús Guedes, Felipe Camilo Dall'Alba, Guilherme Beaux Nassif Azem, Liliane Maria Busato Batista. Prefácio de Dias Tofolli. Belo Horizonte: Fórum, 2010, p. 60.

[35] Referido dispositivo encontra-se regulamentado pela Lei nº 11.417/06.

[36] MANCUSO, Rodolfo de Camargo. *Divergência jurisprudencial e súmula vinculante.* 3ª ed. São Paulo: Revista dos Tribunais, 2007, p. 360.

positivo fora, então, regulado, em termos de Código de Processo com a redação do artigo 543-A, que, por força da Lei nº 11.418/06, dispõe que o Supremo Tribunal Federal, em decisão irrecorrível, não conhecerá do recurso extraordinário, quando a questão constitucional nele versada não oferecer repercussão geral, nos termos deste artigo.

Ou seja, com a modificação operada na estrutura do recurso extraordinário, resta difícil imaginar que uma causa de cunho individualizado possa ser levada à apreciação do Supremo Tribunal por meio desta via. Portanto, houve manifesta redução das hipóteses de uso deste meio de impugnação. Quanto a eventuais perdas dos cidadãos na restrição deste recurso, somente o tempo poderá demonstrar. Não podemos deixar de assinalar, no entanto, que a alteração provocada pela Emenda Constitucional nº 45/04 contribui para a confirmação do Supremo Tribunal Federal em legítima corte constitucional, como ocorre com a Suprema Corte Americana (*Supreme Court*) e com Tribunal Constitucional Federal alemão (Bundesverfassungsgericht), os quais são voltados para casos socialmente relevantes, que lhes chegam em número compatível com uma estrutura de prestação jurisdicional eficiente.

No âmbito do Superior Tribunal de Justiça, adotou-se rumo bastante similar, ao contemplar-se a técnica dos *recursos repetitivos* (que também poderíamos designar de *recurso por amostragem*), regulada a partir do artigo 543-C do Código de Processo Civil, inserido pela Lei 11.672/08. Conforme informação veiculada no *site* do Superior Tribunal de Justiça, acerca dos primeiros efeitos desta mudança:

> Em pouco menos de três meses de vigência da Lei dos Recursos Repetitivos, o STJ já tem um indicativo de sua eficácia com o registro da redução em 40% de recursos especiais recebidos. No mês de outubro, chegaram 5.590 recursos especiais, volume 40,32% menor do que o registrado no mesmo período do ano passado.[37]

No que tange ao anteprojeto de novo CPC, as técnicas concebidas para julgamento de questões de temática idêntica no âmbito do recurso especial e do recurso extraordinário são mantidas, justamente com a técnica denominada de "recursos repetitivos", focada sobre o acórdão paradigma que julga o mérito do recurso selecionado. Neste sentido, veja-se o texto dos artigos 953 e 954 do anteprojeto:

> Art. 953. Sempre que houver multiplicidade de recursos com fundamento em idêntica questão de direito, o recurso extraordinário ou o recurso especial será processado nos termos deste artigo, observado o disposto no regimento interno do Supremo Tribunal Federal e do Superior Tribunal de Justiça. Art. 954. Caberá ao presidente do tribunal de origem selecionar um ou mais recursos representativos da controvérsia, os quais serão encaminhados ao Supremo Tribunal Federal ou ao Superior Tribunal de Justiça independentemente de juízo de admissibilidade, ficando suspensos os demais recursos até o pronunciamento definitivo do tribunal superior. § 1º Não adotada a providência

---

[37] Informação disponível em: <http://www.stj.gov.br/portal_stj/publicacao/engine.wsp>. Acesso em 3 nov. 2008.

descrita no *caput*, o relator, no tribunal superior, ao identificar que sobre a questão de direito já existe jurisprudência dominante ou que a matéria já está afeta ao colegiado, poderá determinar a suspensão dos recursos nos quais a controvérsia esteja estabelecida. § 2º Os processos em que se discute idêntica controvérsia de direito e que estiverem em primeiro grau de jurisdição ficam suspensos por período não superior a doze meses, salvo decisão fundamentada do relator. § 3º Ficam também suspensos, no tribunal superior e nos de segundo grau de jurisdição, os recursos que versem sobre idêntica controvérsia, até a decisão do recurso representativo da controvérsia.[38]

Contudo, no atual CPC, caso o tribunal *a quo* entenda por manter determinada decisão, mesmo contrária àquela definida pelo Supremo Tribunal Federal, ao apreciar o recurso paradigma, uma vez que seja recebido o recurso extraordinário interposto contra o acórdão da instância recorrida, poderá o Pretório Excelso cassar ou reformar, liminarmente, o acórdão contrário à orientação firmada, nos termos do parágrafo do artigo 543-B do diploma adjetivo. No caso de recurso especial, resolução similar é aplicável por força do artigo 543-C, § 8º, do CPC.

No entanto, no que tange ao anteprojeto, peculiaridades distintas se apresentam. Neste sentido, veja-se o texto dos artigos 956, 957 e 958 do mesmo:

Art. 956. Sendo decidido o recurso representativo da controvérsia, os demais órgãos fracionários ou declararão prejudicados os recursos versando sobre idêntica controvérsia ou os decidirão aplicando a tese. Art. 957. Publicado o acórdão, os recursos sobrestados na origem: I – não terão seguimento se o acórdão recorrido coincidir com a orientação da instância superior; ou II – serão novamente julgados pelo tribunal de origem, observando-se a tese firmada, independentemente de juízo de admissibilidade, na hipótese de o acórdão recorrido divergir da orientação da instância superior. Art. 958. Sobrevindo, durante a suspensão dos processos, decisão da instância superior a respeito do mérito da controvérsia, o juiz proferirá sentença e aplicará a tese firmada. *Parágrafo único*. A parte poderá desistir da ação em curso no primeiro grau de jurisdição, se a questão nela discutida for idêntica à resolvida pelo recurso representativo da controvérsia. Se a desistência ocorrer antes de oferecida a contestação, a parte ficará isenta do pagamento de custas e de honorários de sucumbência.[39]

Assinala-se que, pelo anteprojeto, desaparece a possibilidade de o órgão *a quo* desconsiderar a decisão prolatada no âmbito do recurso paradigma, devendo a instância recorrida, necessariamente, declarar prejudicados os recursos versando sobre idêntica controvérsia, ou decidir novamente a contenda, aplicando a tese gerada pelo Supremo Tribunal Federal ou pelo Superior Tribunal de Justiça, mesmo que eventual recurso especial ou extraordinário interposto, cujo julgamento restara suspenso, contenha irregularidades acerca do juízo de admissibilidade. Inclusive, as novas incumbências foram estendidas ao julgador de pri-

---

[38] *Novo Código de Processo Civil*: comparativo entre o novo CPC e o CPC de 1973. Organizadores: Jefferson Carús Guedes, Felipe Camilo Dall'Alba, Guilherme Beaux Nassif Azem, Liliane Maria Busato Batista. Prefácio de Dias Tofolli. Belo Horizonte: Fórum, 2010, p. 258.

[39] *Novo Código de Processo Civil*: comparativo entre o novo CPC e o CPC de 1973. Organizadores: Jefferson Carús Guedes, Felipe Camilo Dall'Alba, Guilherme Beaux Nassif Azem, Liliane Maria Busato Batista. Prefácio de Dias Tofolli. Belo Horizonte: Fórum, 2010, p. 259.

meira instância, o qual, ao sentenciar, deverá considerar os parâmetros fixados pela tese firmada por Brasília.

Não pretendemos adentrar na discussão sobre a redução da liberdade de decisão dos julgadores, muito embora reste bastante latente o desiderato, com o Projeto 166/2010, de limitar a atividade interpretativa nas cortes judiciais inferiores – medida essa que se afigura, *prima facie*, bastante preocupante.

Vamos em diante. Além destas premissas incorporadas no anteprojeto, há alterações que na nova sistemática recursal, que apresentam disciplina distinta daquela já vigente, razão pela qual abrimos tópico próprio para apreciação.

3.b) Os recursos suprimidos

Pelo Projeto para um novo CPC, restam suprimidos os recursos de embargos infringentes e de agravo na forma retida.

Sobre a necessidade de exclusão do recurso de embargos infringentes da sistemática processual pátria, já se manifestava Alfredo Buzaid, ao relatar que:

> A existência de um voto vencido não basta por si só para justificar a criação de tal recurso; porque, por tal razão, se devia admitir um segundo recurso de embargos toda vez que houvesse mais de um voto vencido; desta forma poderia arrastar-se a verificação por largo tempo, vindo o ideal de justiça a ser sacrificado pelo desejo de aperfeiçoar a decisão.[40]

Por outro prisma, Athos Gusmão Carneiro entende que anda bem o CPC/1973 ao dispor sobre a necessidade dos embargos infringentes; figurando-se a proposta de supressão como altamente inconveniente:

> Não é por causa deste recurso que os tribunais estão com imenso acúmulo de serviço, pois se cuida de recurso estatisticamente limitado. Mas, embora pouco numerosos, os embargos são relevantes para a certeza e estabilidade do direito. (...) Vale referir que mestre Barbosa Moreira, antes contrário à subsistência deste recurso, mudou de opinião quando de sua 'experiência judicante' como Desembargador no TJRJ, passando então a preconizar a manutenção dos embargos quando, em matéria de mérito, houver sido reformada a sentença; e assim constou da Lei n° 10.352/01, que atribuiu nova redação ao art. 530 do CPC vigente.[41]

Por estas manifestações antagônicas percebe-se quão polêmica figura-se a supressão dos embargos infringentes, já que esse é o último recurso que a parte possui para discutir, a fundo, a totalidade das questões de fato perante o Judiciário – dada a vedação tradicional de levar tal matéria às superiores instâncias, conforme prevê a Súmula n° 7 do STJ.

---

[40] *Novo Código de Processo Civil:* comparativo entre o novo CPC e o CPC de 1973. Organizadores: Jefferson Carús Guedes, Felipe Camilo Dall'Alba, Guilherme Beaux Nassif Azem, Liliane Maria Busato Batista. Prefácio de Dias Tofolli. Belo Horizonte: Fórum, 2010, p. 25.

[41] CARNEIRO, Athos Gusmão. Primeiras observações ao projeto de novo código de processo civil – PL 166/2010 – Senado. In: *Revista Magister de direito civil e processo civil* n° 37 (2010): 56/85.

No anteprojeto, como dito, não estão previstos os embargos infringentes, no entanto, o § 3º do artigo 861 refere que o voto vencido, que, no CPC/73, é elemento essencial para a interposição deste recurso (artigo 530 do atual diploma), deverá ser necessariamente declarado, sendo considerada parte integrante do acórdão, com função inclusive de prequestionamento.[42]

Sobre a exclusão da forma retida do recurso de agravo, esta modalidade, dentro da sistemática do CPC/73, aufere um objetivo explicitamente antipreclusivo.[43]

Sua apreciação pela superior instância somente verifica-se se, aquele recorrente que sucumbiu diante da sentença exarada no processo, interpuser recurso de apelação, apresentando uma preliminar através da qual postule seja apreciado o recurso de agravo retido anteriormente ajuizado, consoante se observa da leitura do artigo 523, § 1º, do diploma adjetivo. Ainda, este formato do agravo fora vislumbrado pelo legislador ordinário como o único meio de impugnação de decisões interlocutórias proferidas na audiência de instrução e julgamento, durante o processamento de primeira instância. Neste caso, deverá ser interposto oral e imediatamente, constando do respectivo termo, nele sendo expostas sucintamente as razões do agravante, como dispõe o § 3º do artigo 523 do CPC/73.

Por outro lado, resta amenizada a ideia da preclusão para as partes, ao dispor o parágrafo único do artigo 929 do anteprojeto, que as decisões interlocutórias, produzidas incidentemente antes da sentença, poderão ser impugnadas pela parte sucumbente, em preliminar, em sede de razões ou de contrarrazões de apelação.[44] Claro que essa mitigação dos efeitos preclusivos é relativa, já que as decisões interlocutórias sujeitas a Agravo de Instrumento seguem a regra tradicional de preclusão – como também seguem as regras tradicionais de preclusão as decisões prolatadas pelo Estado-juiz, o qual não pode voltar atrás após publicações de posicionamento seu (art. 471 do CPC/1973; art. 486 do Projeto).[45]

---

[42] No atual sistema processual, a inexistência de regra clara a respeito do "peso" do voto vencido incentiva o causídico a embargar de declaração o acórdão em que restou vencido o seu cliente por maioria, tudo a fim de garantir o prequestionamento da matéria de direito e o consequente acesso às instâncias extraordinárias.

[43] No entanto, não há qualquer necessidade de apresentação de protesto antipreclusivo diante de uma decisão gravosa, como ocorre na Justiça do Trabalho; o modelo proposto pelo Projeto é ainda mais simples, na linha seguida pelos Juizados Especiais Cíveis.

[44] *Novo Código de Processo Civil:* comparativo entre o novo CPC e o CPC de 1973. Organizadores: Jefferson Carús Guedes, Felipe Camilo Dall'Alba, Guilherme Beaux Nassif Azem, Liliane Maria Busato Batista. Prefácio de Dias Tofolli. Belo Horizonte: Fórum, 2010, p. 251.

[45] A respeito de estudo aprofundado sobre preclusão para atos das partes e do Estado-juiz, consultar: RUBIN, Fernando. A preclusão na dinâmica do processo civil. *In: Coleção Alvaro de Oliveira – Estudos*

Destaca-se também que, diante do recurso de apelação, o órgão *a quo*, segundo o CPC/73, é o competente para realizar o primeiro juízo de admissibilidade, como se observa do artigo 518 deste diploma:

> Art. 518. Interposta a apelação, o juiz, declarando os efeitos em que a recebe, mandará dar vista ao apelado para responder... § 1º: O juiz não receberá o recurso de apelação quando a sentença estiver em conformidade com súmula do Superior Tribunal de Justiça ou do Supremo Tribunal Federal. § 2º Apresentada a resposta, é facultado ao juiz, em cinco dias, o reexame dos pressupostos de admissibilidade do recurso.

Por força do texto do artigo 926 do anteprojeto, esta regra é afastada, remetendo-se a análise da admissibilidade do recurso de apelação para o tribunal competente para julgar o mérito do mesmo: "A apelação será interposta e processada no juízo de primeiro grau; intimado o apelado e decorrido o prazo para resposta, os autos serão remetidos ao tribunal, onde será realizado o juízo de admissibilidade".[46] Tal medida é digna de aplausos, pois supre a interposição do recurso de agravo de instrumento para fins exclusivos de destrancamento de recurso de apelação (previsão constante no atual artigo 522 do CPC), o que acaba aumentando excessivamente o trabalho da instância recursal.

3.c) Recursos com o uso expandido

Quanto aos recursos com uso expandido, no Projeto de CPC, cumpre referir a normatização dos embargos declaratórios com efeitos modificativos, o que até então subsistente somente por previsão doutrinária e jurisprudencial. Assim, o disposto no parágrafo único do artigo 937 do anteprojeto atende a exigência do contraditório no âmbito deste meio de impugnação: "eventual efeito modificativo dos embargos de declaração somente poderá ocorrer em virtude da correção do vício, desde que ouvida a parte contrária no prazo de cinco dias".[47] Seguindo o padrão já reclamado pelos tribunais, o anteprojeto aclara a prerrogativa de a parte embargada, em face da possibilidade de alteração substancial do julgado, tecer também suas razões.[48]

---

de Processo e Constituição, n. 3. Porto Alegre: Livraria do Advogado, 2010; RUBIN, Fernando. Preclusão: Constituição e Processo. In: *Revista Magister de direito civil e processo civil* n° 38 (2010): 79/96.

[46] *Novo Código de Processo Civil:* comparativo entre o novo CPC e o CPC de 1973. Organizadores: Jefferson Carús Guedes, Felipe Camilo Dall'Alba, Guilherme Beaux Nassif Azem, Liliane Maria Busato Batista. Prefácio de Dias Tofolli. Belo Horizonte: Fórum, 2010, p. 250.

[47] Idem, p. 253.

[48] Seguindo lógica já trilhada na Justiça do Trabalho: o entendimento pacífico do E. TST é no sentido de que o acolhimento dos embargos de declaração com efeito modificativo ao julgado deve ser precedido de concessão de vista à parte contrária para manifestação, sob pena de nulidade (*Orientação Jurisprudencial 142 da SBDI-1*).

Acerca do agravo de instrumento, este continua cabível contra decisões interlocutórias. No entanto, ao invés do prazo atual de dez dias (artigo 522 do CPC/73), passa a usufruir do prazo de quinze dias, consoante regra explicitada no parágrafo único do artigo 907 do anteprojeto.[49] Aliás, frente a esta novel legislação, somente o recurso de embargos de declaração conserva seu prazo original, qual seja, cinco dias para interposição. Ainda, acerca do agravo de instrumento interposto de decisão interlocutória que versar sobre o mérito da causa, este, em face do § 1º do artigo 857 do anteprojeto, defere a possibilidade de sustentação oral perante o órgão *ad quem*,[50] o que é vedado pelo artigo 554 do atual diploma adjetivo.

3.d) Outras inovações recursais relevantes

Encerrando essa primeira aproximação dos temas relevantes que integram o Projeto para um novo código de processo, cabe ser feito destaque a três situações recursais: honorários de ofício repactuados pela superior instância; possibilidade de interposição de recurso antes do prazo legal; e a previsão de decisões, especialmente de ofício, pelo Tribunal serem encaminhadas após prévio contraditório entre as partes litigantes.

Os ilustres juristas que formataram o Projeto, seguramente preocupados com a rápida solução da demanda (fio condutor da reforma, já devidamente explicitado neste ensaio), trataram de positivar polêmica solução para tentar diminuir o fluxo da interposição de recursos. Vem previsto no art. 73, § 6º, que:

> Quando o acórdão proferido pelo tribunal não admitir ou negar, por unanimidade, provimento a recurso interposto contra sentença ou acórdão, a instância recursal, de ofício ou a requerimento da parte, fixará nova verba honorária advocatícia, observando-se o disposto no § 2º e o limite total de vinte e cinco por cento.

Embora se compreenda a intenção do Projeto, tal inovação esbarra em dois grandes princípios processuais: 1º) o duplo grau de jurisdição é direito das partes, não sendo oportuno que a verba honorária seja majorada simplesmente em razão de interposição do recurso de apelação, até mesmo porque o Projeto não diferencia a hipótese de o recurso vir a ser ou não declarado manifestamente protelatório pelo Tribunal; 2º) a

---

[49] *Novo Código de Processo Civil:* comparativo entre o novo CPC e o CPC de 1973. Organizadores: Jefferson Carús Guedes, Felipe Camilo Dall'Alba, Guilherme Beaux Nassif Azem, Liliane Maria Busato Batista. Prefácio de Dias Tofolli. Belo Horizonte: Fórum, 2010, p. 247.

[50] *Novo Código de Processo Civil: comparativo entre o novo CPC e o CPC de 1973*. Organizadores: Jefferson Carús Guedes, Felipe Camilo Dall'Alba, Guilherme Beaux Nassif Azem, Liliane Maria Busato Batista. Prefácio de Dias Tofolli. Belo Horizonte: Fórum, 2010, p. 236. Registramos, contudo, que a definição de mérito da causa trata-se de tormentoso desafio à doutrina processual, fato sobre o qual não nos debruçaremos neste trabalho.

repactuação dos honorários de ofício, hipótese confirmada pelo teor do art. 922 do Projeto, fere claramente o princípio da *reformatio in pejus*, sendo a questão, de natureza pecuniária, dos ônus sucumbências elevada abusivamente ao patamar de matéria de ordem pública, o que, *a priori*, nos parece ser inadequado.

A problemática envolvendo a possibilidade de interposição de recurso antes do prazo legal, conforme prevê o art. 174, parágrafo único, do Projeto, já era uma reivindicação antiga da doutrina que prega a manutenção tão somente dos formalismos úteis ao processo, sendo extirpados os formalismos "perniciosos".[51] Se a parte já teve conhecimento do resultado da decisão e deseja interpor recurso, pode agora tomar a medida de apresentação da irresignação sem receio de ser declarada a intempestividade da peça. É de se frisar que a inovação se projeta pelo reconhecimento de que, através da internet, as partes e advogados tomam conhecimento das decisões muitas vezes antes mesmo do *decisum* estar publicado, o que autorizaria que a peça de irresignação pudesse ser montada e apresentada ao tempo do conhecimento do teor do resultado gravoso, mesmo que não publicado oficialmente.

Por fim, medida inovadora a ser ressaltada, trata-se do contraditório prévio a ser implementada pelo Tribunal antes de decidir a contenda com base em fundamento a respeito do qual não tenha dado às partes oportunidade de se manifestar, ainda que se trate de matéria sobre a qual tenha que decidir de ofício (art. 10 c/c 110, parágrafo único, do Projeto). Fica claro, pelo texto do Projeto, que as partes não podem ser surpreendidas, sendo oportunizado que se manifestem sobre qualquer tema, de ordem pública ou não, antes que o Estado-juiz decida a respeito.[52]

Especialmente quanto às matérias de ordem pública, o julgador deve então sinalizar para qual tema pode vir a reconhecer *ex officio*, abrindo prazo para as partes se manifestarem a respeito desse novel possível encaminhamento – *v.g.*: matéria prescricional, conforme já trabalhado neste ensaio, de acordo com art. 469, parágrafo único, do Projeto. Ainda, quando do trato dos recursos em espécie, o Projeto, no seu art. 937, parágrafo único, explicita mais uma vez a linha do "contraditório prévio", ao tratar de eventual efeito modificativo do julgado em declaratórios: "Eventual

---

[51] Sobre as noções fundamentais do que se entende pelo "Formalismo Valorativo": ALVARO DE OLIVEIRA, Carlos Alberto. O formalismo-valorativo no confronto com o formalismo excessivo. *In: Revista de Processo* nº 137 (2006): 7/31; AMARAL, Guilherme Rizzo. *Cumprimento e execução da sentença sob a ótica do formalismo-valorativo*. Porto Alegre: Livraria do Advogado. 2008.

[52] A respeito, em defesa desse nível profundo de contraditório: ALVARO DE OLIVEIRA, Carlos Alberto. A garantia do contraditório. *In: Revista da Faculdade de Direito Ritter dos Reis* 1(1998): 7/27; RUBIN, Fernando. O contraditório na visão cooperativa do processo. *In: Revista Eletrônica Lex Magister*. Disponível em: <http://www.editoramagister.com/doutrina_ler.php?id=853>. Acesso em 4 dez. 2010.

efeito modificativo dos embargos de declaração somente poderá ocorrer em virtude de correção do vício, desde que ouvida a parte contrária no prazo de cinco dias".

4. Conclusão

Convivemos com a ideia da proximidade da aprovação de um novo diploma processual entre nós, que, segundo capitulam seus redatores, sintetizaria princípios processuais qualificados na CF/88, muito embora esta orientação já de fizesse presente na dogmática processual pré e pós-constitucional. De acordo com o anúncio da comissão de juristas responsável pela confecção do novo CPC, os trabalhos desta forma pautados por cinco objetivos: "1°) estabelecer expressa e implicitamente verdadeira sintonia fina com a Constituição Federal; 2°) criar condições para que o juiz possa proferir decisão de forma mais rente à realidade fática subjacente à causa; 3°) simplificar, resolvendo problemas e reduzindo a complexidade de subsistemas, como, por exemplo, o recursal; 4°) dar todo o rendimento possível a cada processo em si mesmo considerado; e, 5°) finalmente, sendo talvez este último objetivo parcialmente alcançado pela realização daqueles mencionados antes, imprimir maior grau de organicidade ao sistema, dando-lhe, assim, mais coesão".[53]

A adequada tutela jurisdicional deve concretizar a eficácia do direito invocado, e isto deve ser obtido com segurança, em prazo razoável, com respeito ao devido processo legal. Não se pode tolerar a falta de pacificação social, ou o descrédito do Estado, diante a ineficiência da máquina estatal voltada à solução de pleitos. Embora não se possa falar em um único critério capaz de aferir a razoabilidade temporal, também não podemos deixar de crer que a possibilidade de processo de tramitação infinita acaba desestimulando os recursos a soluções pacíficas. Esta situação fatalmente acabará ocasionado drásticos desdobramentos sociais. Seria, de qualquer forma, ingênuo imputar ao Código Buzaid a maior responsabilidade pela situação da morosidade da justiça brasileira, quando é percebido também que determinadas orientações políticas destinam parcos recursos à administração judiciária. É de se registrar, da mesma forma, a falta de cooperação de certos auxiliares da justiça, procuradores e partes, que se utilizam da lentidão processual como estratégia de defesa.

---

[53] *Novo Código de Processo Civil:* comparativo entre o novo CPC e o CPC de 1973. Organizadores: Jefferson Carús Guedes, Felipe Camilo Dall'Alba, Guilherme Beaux Nassif Azem, Liliane Maria Busato Batista. Prefácio de Dias Tofolli. Belo Horizonte: Fórum, 2010, p. 17.

Neste sentido, sendo o CPC/73 uma obra sempre memorável, não imaginamos que a alteração da norma central do eixo do processo civil brasileiro terá o condão de sanar problemas de cunho cultural e social. Por certo, o novo Código deve vir acompanhado de investimentos em cartórios judiciais, com autorização para o aumento do número de julgadores e de servidores do Poder Judiciário, para que se possa bem atender à população que clama pela realização da justiça.

Até o fim deste trabalho, faltaram-nos argumentos para compreender por que ainda restam mantidos prazos dilatados concedidos à Fazenda Pública, e assemelhados, bem como a persistência do reexame necessário. Consideramos tais facetas incompatíveis com a redação do inciso LXXVIII do artigo 5° da Constituição Federal. Tais regras deveriam desigualar diferenças materiais que não mais se verificam na realidade. Assim, o que era para ser um ponto de equilíbrio, constitui-se em privilégio não mais justificável, que perdurará na novel legislação.

Ainda em crítica análise, dentre outras novidades do Projeto, destacamos as polêmicas propostas para extinção dos embargos infringentes e a autorização que se pretende conceder à Superior Instância para o reexame de ofício dos honorários sucumbências fixados pelo Juízo *a quo*.

Por outro lado, necessário foi reconhecer alguns avanços interessantes propostos pelo Projeto, como a admissibilidade do recurso de apelação a cargo tão somente do tribunal competente para julgar a irresignação, a eventual possibilidade de interposição de recurso antes do prazo legal, e a previsão de decisões, especialmente de ofício, pelo Tribunal serem encaminhadas sempre após prévio contraditório entre as partes litigantes.

Enfim, o tema está longe de ser esgotado, sejam as considerações sobre as linhas gerais do novo diploma processual, seja a orientação para uma atividade processual mais célere desde que resguardados os princípios concernentes ao devido processo legal, ou mesmo as discussões tópicas pertinentes a melhor sistematização dos mecanismos recursais. Esperamos que o "novo CPC", caso realmente venha a entrar em vigor, possa concretizar o direito fundamental à razoável duração do processo, inspirando a todos, de forma a garantir pautas racionais de realização da justiça, amenizando severos problemas sociais que afetam a nossa nação, muitas vezes somente resolvidos com a intervenção corretiva do Poder Judiciário.

Referências doutrinárias

AGUIAR JÚNIOR, Ruy Rosado de. "A boa-fé na relação de consumo". In: *Revista de Direito do Consumidor*. São Paulo, v. 14, p. 20

ALVARO DE OLIVEIRA, Carlos Alberto. "A garantia do contraditório". In: *Revista da Faculdade de Direito Ritter dos Reis* 1(1998): 7/27.

——. "O formalismo-valorativo no confronto com o formalismo excessivo". In: *Revista de Processo* n° 137 (2006):7/31.

——. "Os direitos fundamentais à efetividade e à segurança em perspectiva dinâmica". In: *AJURIS* n° 35 (2008): 57/71.

——. *Teoria e prática da tutela jurisdicional*. Rio de Janeiro: Forense, 2008.

AMARAL, Guilherme Rizzo. *Cumprimento e execução da sentença sob a ótica do formalismo-valorativo*. Porto Alegre: Livraria do Advogado. 2008.

ARAGÃO, E. D. Moniz de. "Reforma processual: 10 anos". In: *Revista Forense* n° 362 (2002):15/23.

ARAKEN DE ASSIS. *Manual dos recursos*. São Paulo: Revista dos Tribunais, 2007.

ARRUDA, Samuel Miranda. *O direito fundamental à razoável duração do processo*. Brasília: Brasília Jurídica, 2006.

BARBOSA MOREIRA, J. C. "A justiça no limiar do novo século". In: *Revista Forense* (319):69/75.

——. "Efetividade do processo e técnica processual". In *Ajuris* (64): 149/161.

BARROSO, Luis Roberto. A segurança jurídica na era da velocidade e do pragmatismo. In: *Revista do Instituto dos Advogados Brasileiros* n° 94 (2000): 79/97.

CAPPONI, Bruno. Note sul procedimento sommario di cognizione. Extraído do *site* Judicium Saggi. Acesso em: 8 nov. 2010.

CARNEIRO, Athos Gusmão. "Primeiras observações ao projeto de novo código de processo civil – PL 166/2010 – Senado". In: *Revista Magister de direito civil e processo civil* n° 37 (2010): 56/85.

CRUZ E TUCCI, José Rogério. "Garantia constitucional do contraditório no projeto do CPC: análise e proposta". In: *Revista Magister de direito civil e processo civil* n° 38 (2010): 05/33.

——. *Tempo e Processo:* uma análise empírica das repercussões do tempo na fenomenologia processual (civil e penal). São Paulo: Revista dos Tribunais, 1997.

DINAMARCO, Cândido Rangel. *A instrumentalidade do processo*. 13ª ed. São Paulo: Malheiros. 2008.

FISS, Owen. *Um novo processo civil*: estudos norte-americanos sobre jurisdição, constituição e sociedade. Coordenação de trad. de Carlos Alberto de Salles. São Paulo: RT, 2004.

FURTADO COELHO, Marcus Vinícius. "O anteprojeto de código de processo civil: a busca por celeridade e segurança". In: *Revista de Processo* n° 185 (2010): 146/50.

GUEDES, Jefferson Carús; DALL´ALBA, Felipe Camillo; NASSIF AZEM, Guilherme Beux; BATISTA, Liliane Maria Busato (organizadores). *Novo código de processo civil. Comparativo entre o projeto do novo CPC e o CPC de 1973*. Belo Horizonte: Fórum, 2010.

HOFFMAN, Paulo. *Princípio da razoável duração do processo*. In *Princípios processuais civis na Constituição*. Organização de Olavo de Oliveira Neto e Maria Elizabeth de Castro Lopes. 2ª tiragem. Rio de Janeiro: Elsevier, 2008, p. 321 a 346.

MANCUSO, Rodolfo de Camargo. *Divergência jurisprudencial e súmula vinculante*. 3ª ed. São Paulo: Revista dos Tribunais, 2007.

MARINONI, Luiz Guilherme. "Ideias para um renovado direito processual". In: *Bases científicas para um renovado direito processual*. 2ª ed. São Paulo: Juspodium. 2009. p. 125/146.

MENDONÇA JÚNIOR, Delosmar Domingos de. *Agravo Interno*. São Paulo: Revista dos Tribunais, 2009. p.200).

MITIDIERO, Daniel. "O processualismo e a formação do Código Buzaid". In: *Revista de Processo* n° 183 (2010): 165/194.

NICOLITT, André Luiz. *A duração razoável do processo*. Rio de Janeiro. Lumen Juris. 2006.

RUBIN, Fernando. "A preclusão na dinâmica do processo civil". In: *Coleção Alvaro de Oliveira – Estudos de Processo e Constituição*, n. 3. Porto Alegre: Livraria do Advogado, 2010.

——. "O contraditório na visão cooperativa do processo". In: *Revista Eletrônica Lex Magister*. Disponível em: <http://www.editoramagister.com/doutrina_ler.php?id=853>. Acesso em 4 dez. 2010.

——. Preclusão: Constituição e Processo. In: *Revista Magister de direito civil e processo civil* n° 38 (2010): 79/96.

PAULA ATAÍDE JR., Vicente de. "O novo CPC: escrito com tinta escura e indelével". In: *Revista Magister de direito civil e processo civil* n° 37 (2010): 102/106.

PICARDI, Nicola. *Jurisdição e Processo*. Organização e revisão de tradução de Carlos Alberto Alvaro de Oliveira. Rio de Janeiro: Forense. 2008.

PINTO, Almir Pazzianotto. *Novo código de processo?*. Extraído do *site* Migalhas. Acesso em 12 nov. 2010.

PUNZI, Carmine. "Le riforme del processo civile e degli instrumenti alternativi per la soluzione delle controversie". In: *Rivista di diritto processuale*, Ano 64, segunda série, n° 5 (2009): 1197/1239.

SCARPINELLA BUENO, Cássio. *Curso sistematizado de direito processual civil*. Volume I – Teoria geral do direito processual civil. 4ª ed. São Paulo: Saraiva, 2010.

THEODORO JR., Humberto. "Um novo código de processo civil para o Brasil". *In: Revista Magister de direito civil e processo civil* n° 37 (2010): 86/97.

WAMBIER, Teresa Arruda Alvim; MEDINA, José Miguel Garcia. *Recursos e ações autônomas de impugnação*. São Paulo: Revista dos Tribunais, 2008.

— 4 —

Do Código Buzaid ao Projeto para um novo Código de Processo Civil: uma avaliação do itinerário de construções/alterações e das perspectivas do atual movimento de retificação

Sumário: 1. Introdução; 2. O Modelo do Código Buzaid; 2.1. Linhas centrais do CPC/1973 frente ao modelo de 1939; 2.2. Respeito ao princípio dispositivo; limites à relativização da causa de pedir/pedido; e matérias reconhecíveis de ofício; 2.3. Sistema recursal; 2.4. Técnica preclusiva; 3. A Onda reformista – 1992/2010 – e a perspectiva de um novo CPC; 3.1. Objetivos das reformas ao CPC/1973; 3.2. Temas centrais objeto de reformas ao CPC/1973; 3.3. Crítica à onda reformista e à necessidade de um novo CPC; 3.4. Quadro comparativo com as reformas do CPC italiano/1940; o modelo da lei italiana 69/2009 e o Projeto de Lei 166/2010 para um novo CPC brasileiro; 4. O Projeto do Novo Código de Processo Civil; 4.1. Linhas inovadoras do Projeto; a sistematização de uma Teoria Geral de Processo Constitucional; 4.2. Relativização do princípio dispositivo; flexibilização no marco de alteração da causa de pedir/pedido; e o destaque para as matérias reconhecíveis de ofício; 4.3. Simplificação do sistema recursal; 4.4. Minoração na aplicação da técnica preclusiva; 5. Conclusão; Referências bibliográficas.

1. Introdução

Vivenciando período de relativa proximidade com a entrada em vigor de um novo Código de Processo civil (tendo já sido aprovado, pelo Senado, o Projeto 166 no recente dezembro/2010), temos com o presente ensaio o objetivo de detalhar criticamente a trajetória legislativa processual pátria.

Iniciaremos pelo estudo da construção do CPC/1973 (substituindo o modelo anterior de 1939), passando pelas reformas estruturais ao Código Buzaid (no período de 1992-2010), e chegando nas linhas centrais inovadoras do novo CPC que se projeta (com a aprovação definitiva pelo Congresso Nacional do comentado Projeto 166/2010).

Buscaremos, em inúmeras oportunidades neste ensaio, trazer um paralelo entre as disposições do CPC/1973 e do Projeto para um novo CPC, a fim de estabelecermos as devidas críticas ao movimento de retificação, mas também a fim de concordarmos topicamente com algumas soluções condizentes com o nosso contemporâneo estágio – de acordo ainda com exemplos do direito comparado, notadamente Itália (e sua mais recente lei processual 69/2009).

Trataremos, oportunamente, da grande tensão entre os princípios da Efetividade e da Segurança Jurídica, os quais se figuram claramente como importantes fios condutores presentes nas reformas – sendo inclusive analisado se pela onda reformista 1992-2010 e pelo Projeto há uma evidente inclinação na satisfação prioritária de um deles.

Em tom conclusivo, formularemos algumas linhas a respeito das perspectivas do atual movimento de retificação, o qual, por certo, não se encontra estagnado. Ousaremos discutir algumas indagações que nos parecem apropriadas, tais como: Seguirá, nesse ano que inicia, a onda reformista ao CPC/1973 paralelamente ao estudo da viabilidade do Projeto de novo CPC junto ao Congresso Nacional? O novo CPC, caso efetivamente comece a viger, sobreviverá por 50 anos, conforme acreditam alguns dos seus projetistas?

A partir dessas grandes premissas, cremos que uma análise mais ampla da problemática possa ser construída, auxiliando o estudo para melhor reflexão a respeito dos pontos negativos e positivos das reformas que vêm sendo implementadas na legislação adjetiva brasileira, bem como a respeito da real eficácia que as informadas reformas podem alcançar.

2. O modelo do Código Buzaid

2.1. Linhas centrais do CPC/1973 frente ao modelo de 1939

O Código Buzaid (CPC/1973), substituindo o modelo defasado de 1939, foi enaltecido desde o seu surgimento pela cientificidade de suas disposições. A partir dele, restou construído sistema coerente e racional, de acordo com a melhor doutrina e legislação alienígena – notadamente alemã e italiana –, embebidas nas concepções do *Processualismo* (corrente científica que destacava a autonomia do direito processual na Europa), vigentes no Velho Continente do final do século XIX e início do século XX.[1]

---

[1] MITIDIERO, Daniel. O processualismo e a formação do Código Buzaid. In: *Revista de Processo* n° 183 (2010): 165/194.

Nesse diapasão, destaca Scarpinella Bueno que o Código de 39 não espelhou o grau científico que o processo civil na Europa já havia alcançado, sendo, além disso, teórico demais, o que acarretava extrema complexidade na sua aplicação prática.[2] Acrescenta Humberto Theodoro Jr. que o Código de 39 acumulava termos ambíguos aplicados indistintamente a institutos e fenômenos processuais heterogêneos, tornando imprecisas muitas de suas conceituações e preceitos.[3] Por fim, Moniz de Aragão, com menção a discurso do próprio Buzaid, completa o rol de críticas ao Código de 39, apontando que o sistema processual pretérito mantinha uma série exaustiva de ações especiais (do art. 298 ao art. 807) e englobava, nesses quinhentos artigos (que compreendiam quase a metade do Código), processos de jurisdição contenciosa e voluntária, dispostos sem ordem, sem unidade, sem sistemática.[4]

Eis algumas das principais razões pelas quais se fazia importante a construção de um novel modelo processual, sendo, em 1964, entregue por Alfredo Buzaid o Anteprojeto do Código de Processo Civil – que viria, após muita discussão, a ser encaminhado ao Congresso Nacional em 1972, sendo sancionado no ano seguinte.

O Código Buzaid, efetivamente vigendo no Brasil desde 1974, restou dividido, em termos de esquema para tutela dos direitos, em processo de conhecimento, processo de execução e processo cautelar. A relativa autonomia dos títulos é evidente, cabendo destaque central ao processo de conhecimento, já que a execução e a própria medida cautelar mantêm vinculação direta com o resultado esperado daquele – tudo repercutindo na ordem lógica e cronológica seguida pelo Código. E dentro do processo de conhecimento, embora previsto o rito comum sumário, destaca-se o rito comum ordinário, especialmente projetado para prolação de sentença de mérito pelo Estado-juiz após cognição plena e exauriente – ultrapassadas, na sequencia, a fase postulatória, saneadora e instrutória.[5]

A respeito dessa estrutura geral montada pelo Código Buzaid, é oportuna a detida investigação elaborada por Daniel Mitidiero, em que, ao qualificá-lo como "individualista, patrimonialista, dominado pela ideologia da liberdade e da segurança jurídica", explicita que o rito comum ordinário do processo de conhecimento só permite a decisão da

---

[2] SCARPINELLA BUENO, Cássio. *Curso sistematizado de direito processual civil.* Vol. I – Teoria geral do direito processual civil. 4ª ed. São Paulo: Saraiva, 2010, p. 52/53.

[3] THEODORO JR., Humberto. Um novo código de processo civil para o Brasil. In: *Revista Magister de direito civil e processo civil* n° 37 (2010): 86/97.

[4] ARAGÃO, E. D. Moniz de. Reforma processual: 10 anos. In: *Revista Forense* n° 362 (2002):15/23.

[5] BUZAID, Alfredo. Linhas fundamentais do sistema do código de processo civil brasileiro. In: *Estudos e pareceres de direito processual civil.* Notas de Ada Pellegrini Grinover e Flávio Luiz Yarshell. São Paulo: RT, 2002, p. 31/48.

causa após amplo convencimento de certeza a respeito das alegações das partes; sendo que tal concepção formatada pelo Código, na sua parte central, presta tributo a uma das ideias centrais das codificações oitocentistas, qual seja, a *certeza jurídica*, imaginada a partir de expedientes processuais lineares e com possibilidade de amplo debate das questões envolvidas no processo.[6]

2.2. Respeito ao princípio dispositivo;
limites à relativização da causa de pedir/pedido;
e matérias reconhecíveis de ofício

A própria posição do art. 2° do Código Buzaid revela a importância do princípio dispositivo para o sistema montado, vigente a partir da década de 70. O Estado-juiz não inicia o processo, cuja atribuição é da parte (cidadão) que se sentiu lesado no âmbito dos seus direitos, e que deve trazer ao Poder Judiciário a sua pretensão (pedido), como também os correspondentes fundamentos de fato e de direito (causa de pedir).[7]

Confirma o art. 262 do Código Buzaid que o processo civil começa por iniciativa da parte, acrescentando, no entanto, que o feito desenvolve-se por impulso oficial. Ou seja, a parte requer a prestação jurisdicional (princípio dispositivo em sentido próprio ou material) e depois de proposta a demanda cabe ao Estado-juiz conduzir o processo para a rápida solução do litígio, inclusive propondo de ofício a produção de prova que entende necessária para dirimir a controvérsia (princípio dispositivo em sentido impróprio ou processual)[8] – situação que não exclui, por óbvio, que as partes participem diretamente na condução do feito, requerendo ao juízo os impulsionamentos nos termos que, no entender de cada litigante, são mais apropriados.[9]

Da passagem supra percebe-se que não há espaço no Código Buzaid para relativizações do princípio dispositivo, quando se refere ao ato vital de propositura da demanda, com a devida limitação pela parte da causa de pedir e pedido[10] – eis a razão pela qual se defende que o princípio dispositivo em sentido próprio ou material representa o grande limitador para o agir do Estado-juiz no processo.[11] Quanto ao princípio dispositi-

---

[6] MITIDIERO, Daniel. O processualismo e a formação do Código Buzaid. *In: Revista de Processo* n° 183 (2010): 165/194.

[7] CRUZ E TUCCI, José Rogério. *A causa petendi no processo civil.* São Paulo: RT, 1993.

[8] DINAMARCO, Cândido Rangel. *A instrumentalidade do processo.* 4ª ed. São Paulo: RT, 1994.

[9] Nesses termos, as disposições conjugadas do art. 125, II e art. 130, ambos do Código Buzaid.

[10] GONÇALVES, Aroldo Plínio. *Técnica processual e teoria do processo.* Rio de Janeiro: AIDE, 1992.

[11] ALVARO DE OLIVEIRA, Carlos Alberto. *Do formalismo no processo civil.* 2ª ed. São Paulo: Saraiva, 2003.

vo em sentido impróprio ou processual, já houve acompanhamento pelo Código Buzaid, do contemporâneo pensamento mundial, no sentido de que o impulsionamento do feito não deve ser deixado a cargo exclusivo das partes,[12] a fim de que iniquidades e demoras injustificadas se perpetuem no transcorrer do *iter*.[13]

Mas, se uma das marcas do Código Buzaid, no seu tradicional rito comum ordinário do processo de conhecimento, é a rigidez quanto à aplicação do princípio dispositivo em sentido próprio ou material, outra virtude flagrante de rigidez no procedimento vem insculpida no art. 264, ao impossibilitar a alteração da causa de pedir/pedido após o saneamento do feito.[14] A parte final do dispositivo, ao deixar claro que "em nenhuma hipótese" será permitida a alteração dos limites da lide após o despacho saneador, inviabiliza, nesse estágio, a relativização da causa de pedir/pedido mesmo que o Estado-juiz e o próprio réu estejam de acordo com a medida.

Já quanto às matérias reconhecíveis de ofício, outra importante base do Código Buzaid, em ainda incipiente posição já se admite que o julgador, sem intervenção direta das partes, tome determinadas medidas oficiosas, desde que devidamente catalogadas. Trata-se de matérias específicas apontadas expressamente pelo Código como de interesse "supra partes", em que se admite então que o julgador possa sobre elas se manifestar de plano, sem requerimento específico dos litigantes – como a temática probatória, de acordo com a primeira parte do art. 130. Assim também, cabe menção ao art. 267, § 3°, ao autorizar que o juízo conheça de ofício, em qualquer tempo e grau de jurisdição, as condições da ação e os pressupostos processuais;[15] ao art. 245, parágrafo único, ao apontar

---

[12] Sobre o ponto, já tivemos a oportunidade de nos manifestar em outro ensaio, esclarecendo que com o passar do tempo (*rectius*: a partir de meados do século XX) "sobrelevou-se a necessidade de maior ativismo do Estado-Juiz, que deve comandar o processo, promovendo efetivamente o contraditório, incentivando constante diálogo entre as partes, em todas as fases do feito, convencendo-se melhor, dessa forma, da viável solução a ser definida no caso concreto (justiça), legitimando assim a decisão (paz social), já que será 'construída' (desenvolvida) pelos três integrantes da relação jurídica processual e não 'ditada' (outorgada) arbitrariamente por figura investida em cargo público, hierarquicamente em posição superior aos cidadãos (partes) que discutem direitos perante aquele" (RUBIN, Fernando. O contraditório na visão cooperativa do processo. *In*: *Revista Dialética de Processo Civil* n° 94 (2011): 28/44. Mais informações, consultar: BEDAQUE, José Roberto dos Santos. *Poderes instrutórios do juiz*. 3ª ed. São Paulo: RT, 2001.

[13] BARBOSA MOREIRA, José Carlos. La igualdad de las partes en el proceso civil. *In*: *Temas de direito processual*, Quarta série. São Paulo: Saraiva, 1989.

[14] MOREIRA PINTO JÚNIOR, Alexandre. Sistemas rígidos e flexíveis: a questão da estabilização da demanda. *In*: *Causa de pedir e pedido no processo civil*. Coordenadores José Rogério Cruz e Tucci e José Rogério dos Santos Bedaque. São Paulo: RT, 2002.

[15] LACERDA, Galeno. *Do despacho saneador*. Porto Alegre: La Salle, 1953.

que as nulidades absolutas não estão sujeitas as penas preclusivas;[16] e, mais recentemente, cabe registro ao art. 219, § 5°,[17] ao anunciar que o juiz pronunciará, de ofício, a prescrição.

2.3. Sistema recursal

O Código Buzaid, observando dentro do possível os avanços científicos do processo civil moderno, vinha estruturado com uma fase ampla de conhecimento, com apêndices autônomos importantes (execução e cautelar); preocupava-se com a consagração do princípio do devido processo legal (ao prever fases bem nítidas e duradouras – postulatória, saneadora e instrutória), previa com rigidez a forma de impulsionamento inicial do Judiciário (sempre a cargo da parte/cidadão – princípio dispositivo em sentido próprio ou material), bem como previa com rigidez a impossibilidade de qualquer um dos atores processuais (partes e Estado-juiz) modificar a causa de pedir e pedido a partir do saneamento do feito, sendo, no entanto, embrionariamente admitida maior participação ativa do juiz no controle do processo, sendo previstas hipóteses legais de reconhecimento de ofício em matérias elencadas como de ordem pública (temática probatória, condições e pressupostos, nulidade, e, mais recentemente, prescrição).

Pois bem. Em matéria recursal, a preocupação do Código Buzaid com a certeza da decisão a ser pronunciada leva a formação de sistema com uma gama enorme de medidas recursais, seja diante da sentença, seja diante das decisões interlocutórias. Assim, se em virtude da extensão do rito comum ordinário do processo de conhecimento, há ampla investigação da matéria *sub judice* para a prolação da esperada legítima decisão final; por outro lado, em virtude específica do sistema recursal, há também ampla possibilidade de a parte levar às superiores instâncias a sua irresignação quanto ao teor desta decisão de mérito bem como quanto ao teor das anteriores que, direta ou indiretamente, tratam de afetá-la.[18]

Sobre o atual sistema recursal, consubstanciado no CPC de 1973, o artigo 496 aponta oito tipos recursais cabíveis: apelação, agravo, embargos infringentes, embargos de declaração, recurso ordinário, recurso especial, recurso extraordinário e embargos de divergência em recurso especial e em recurso extraordinário. Deve ser registrado, ainda, que o

---

[16] CALMON DE PASSOS, J. J. *Esboço de uma teoria das nulidades aplicada às nulidades processuais*. Rio de Janeiro: Forense, 2005.

[17] ALVIM, Arruda. Lei n° 11.280, de 16.02.2006: análise dos arts. 112, 114 e 305 do CPC e do § 5° do art. 219 do CPC. *In: Revista de Processo* n° 143 (2007): 13/25.

[18] ARAGÃO, E. D. Moniz de. *Sentença e coisa julgada*. Rio de Janeiro: AIDE, 1992.

recurso de agravo admite, no âmbito do atual CPC, três formas de interposição, que remetem o mesmo às seguintes denominações: agravo de instrumento, agravo retido e agravo interno. Ressalta-se, ainda, acerca do agravo, a sua admissibilidade na forma de agravo regimental, que, como indica a nomenclatura, resta prevista em regimentos internos de tribunais pátrios variados.

Cabe ainda constar que em defesa da certeza da decisão pronunciada exclusivamente contra a Fazenda Pública, o art. 475 do Código Buzaid prevê que a sentença de primeiro grau só produzirá efeitos depois de confirmada pelo Tribunal – instituto denominado de reexame necessário ou *recurso ex officio*.[19]

Embora se visualize, diante da complexidade do sistema recursal supra apresentado, uma preocupação com a (i)legitimidade da decisão tomada por um julgador (de primeiro grau) supostamente menos ambientado com o fenômeno jurídico, sobrelevasse, de qualquer forma, a busca angustiante na superação de eventuais injustiças dos julgamentos, mesmo em se tratando de decisões não essenciais ao derradeiro encerramento da lide (caso típico das decisões interlocutórias) – o que ao fim e ao cabo tratou de reduzir a possibilidade de interposição de mandado de segurança (previsto em lei especial) contra atos judiciais, já que sempre prevista medida recursal própria, dentro do sistema do Código, para eventual irresignação contra qualquer decisão de cunho minimamente gravoso à parte litigante.[20]

2.4. Técnica preclusiva

Por fim, fechando a estrutura nuclear do Código Buzaid, ao lado do sistema recursal, faz-se imprescindível o estudo da figura da preclusão, aplicada de forma bastante frequente ao longo de todo o iter procedimental. A aplicação acentuada da técnica preclusiva envolve diretamente a dinâmica no controle dos prazos para os atos das partes ao longo do procedimento (conhecimento, execução e cautelar), seja para fins de impulsionamento do feito, seja para fins de apresentação de recurso a determinada decisão gravosa – eis a razão pela qual se defende que a preclusão representa o grande limitador para o agir das partes no processo.[21]

---

[19] BUZAID, Alfredo. *Da apelação "ex officio" no sistema do código do processo civil*. São Paulo: Saraiva, 1951.

[20] Nesse sentido, compreende-se o verbete n° 267 do Pretório Excelso, ao dispor que não cabe mandado de segurança contra ato judicial passível de recurso ou correição.

[21] RUBIN, Fernando. Preclusão: Constituição e Processo. In: *Revista Magister de direito civil e processo civil* n° 38 (2010): 79/96.

Mesmo assim, como já tivemos a oportunidade de descrever em miúdos, em escrito de maior fôlego,[22] a técnica preclusiva aplica-se também ao Estado-juiz, já que o julgador, por regra, não pode voltar atrás em decisão, interlocutória ou final, já prolatada.[23]

De qualquer forma, pela sua relevância para as partes, cabível mais algumas linhas sobre o fenômeno nesse particular. O Código Buzaid, de fato, apresenta rigidez na aplicação da técnica, à medida que a grande maioria das decisões judiciais e dos atos de impulsionamento estão submetidos à preclusão – as exceções seriam, respectivamente, os despachos de mero expediente e os prazos meramente dilatórios. Desse modo, presencia-se a atuação da preclusão sobre as sentenças e as decisões interlocutórias – sujeitas a agravo de instrumento ou retido; bem como diante dos centrais atos de impulsionamento do processo – como na apresentação de contestação e documentos, quesitos, laudo do perito assistente, rol de testemunhas, impugnação à ata de audiência, impugnação a cálculo de execução, dentre outros.

Sendo constante no processo, mesmo após o trânsito em julgado do feito, e produzindo efeitos, muitas vezes, graves e imodificáveis, a preclusão acelera a marcha do processo, atuando decisivamente na moldagem dos julgamentos – levando-se sempre em conta que o ato processual final é a sequencia válida e lógica dos atos processuais anteriores.[24]

3. A onda reformista – 1992/2010 – e a perspectiva de um novo CPC[25]

3.1. Objetivos das reformas ao CPC/1973

Passando-se mais de vinte anos da entrada em vigor do Código Buzaid, operou-se natural modificação da sociedade, o que repercutindo no processo acabou por determinar a obrigatoriedade de retificações

---

[22] RUBIN, Fernando. A preclusão na dinâmica do processo civil. In: *Coleção Alvaro de Oliveira – Estudos de Processo e Constituição*, n. 3. Porto Alegre: Livraria do Advogado, 2010.

[23] Excepcionalmente, admite-se que o Estado-juiz possa voltar atrás em decisão já prolatada, quando a matéria for de ordem pública (matérias não preclusivas) – com as já referidas, em mais de uma oportunidade nesse ensaio: condições da ação e pressupostos processuais, nulidades absolutas e prescrição.

[24] FAZZALARI, Elio. Procedimento e processo (teoria generale). In: *Enciclopedia del diritto*, n° 35 (1986): 819/835.

[25] Essa especial passagem do ensaio foi objeto de nossa análise mais detida em outro estudo: RUBIN, Fernando; SCHMITT, Cristiano Heineck. Observações ao projeto do novo código de processo civil: (des)necessidade do movimento de reforma e inovações no sistema recursal. In: *Revista AJURIS* n° 120 (2010).

no modelo originário. É de se reparar que essas grandes alterações no CPC/1973 não se deram imediatamente após a entrada em vigor da novel carta constitucional, em 1988, o que aponta, *s.m.j.*, para certa naturalidade do fenômeno de compatibilização da ordem infraconstitucional processual com a ordem constitucional que emergia – tudo a depor favoravelmente ao modelo vigente a partir da década de 70.[26]

Não houve, portanto, qualquer ruptura dramática no CPC/1973 com a entrada em vigor da CF/88, e nem mesmo com as reformas ao código desenvolvidas posteriormente. Grosso modo, o que se presenciou foi uma adaptação do modelo Buzaid, com forte carga de defesa à segurança jurídica (*rectius*: certeza jurídica), às reivindicações contemporâneas de um processo efetivo, mais preocupado com o resultado do que com a forma utilizada.

Na grande e eterna tensão entre Segurança e Efetividade,[27] ao que parece formou-se a convicção de que o CPC/1973 tinha um sistema processual bem acabado/articulado, mas demasiadamente burocrático (com as suas estanques e prolongadas fases de conhecimento, execução e cautelares) – e que, por isso, não atingia em boa parte dos casos os seus propósitos derradeiros, em tempo útil. Assim, a referida onda reformista, implementada já na primeira metade da década de 90, voltava-se para a busca incessante da efetividade – o que, ao fim e ao cabo, se confirmou com a inclusão, já em 2004, do inciso LXXVIII no art. 5° da CF/88 (a tratar do direito do cidadão brasileiro à razoável duração do processo).[28]

Nesse diapasão, entendemos que as reformas implementadas no originário Código Buzaid foram indispensáveis e legitimam a manutenção da estrutura processual montada em 1973. Ademais, não nos parece que o Código Buzaid reformado tenha se tornado uma verdadeira "concha de retalhos",[29] a fim de induzir a criação de um novo CPC, mesmo porque não há qualquer dado estatístico que aponte para o anacronismo do sistema processual motivado pelo texto da lei, e inclusive que um su-

---

[26] De fato, principalmente pelo art. 5° da CF/88 foram positivados determinados valores/princípios processuais que não estavam, quem sabe, devidamente explicitados no Código Buzaid, mas que nem por isso eram solenemente ignorados em período anterior à vigência da última Carta Magna.

[27] BARROSO, Luis Roberto. A segurança jurídica na era da velocidade e do pragmatismo. *In: Revista do Instituto dos Advogados Brasileiros* n° 94 (2000): 79/97; FURTADO COELHO, Marcus Vinícius. O anteprojeto de código de processo civil: a busca por celeridade e segurança. *In: Revista de Processo* n° 185 (2010): 146/50.

[28] NICOLITT, André Luiz. *A duração razoável do processo*. Rio de Janeiro: Lumen Juris. 2006, p. 8; ARRUDA, Samuel Miranda. *O direito fundamental à razoável duração do processo*. Brasília: Brasília Jurídica, 2006, p. 31.

[29] "(...) Se muitas reformas fugiram dos padrões idealizados pelos responsáveis pelo texto original do CPC, só por isso não se pode qualificar como implantação de uma 'concha de retalhos' despida de coerência e sistema" (THEODORO JR., Humberto. Um novo código de processo civil para o Brasil. *In: Revista Magister de direito civil e processo civil* n° 37 (2010): 86/97).

posto anacronismo possa ser resolvido simplesmente com a implementação de novel código processual.[30]

3.2. Temas centrais objeto de reformas ao CPC/1973

As reformas estruturais no sistema processual pátrio de 1973 começaram realmente a se definir em meados da década de 90, com o desenvolvimento das tutelas de urgência, objeto de alteração do art. 273 do CPC, a partir do seu *caput* – sendo que, em período próximo, se seguiram alterações na seara recursal (com destaque ao regime do Agravo), deu-se a criação da ação monitória (com a construção do art. 1102-A e ss.), seguiram-se alterações nas obrigações de fazer (de não fazer e de entrega de coisa, com introdução dos arts. 461 e 461-A no CPC), passando por mudanças na parte de execução (especialmente a partir da implementação do art. 475-A e ss.), na admissibilidade de recursos repetitivos pelas últimas instâncias (com a criação dos conceitos de repercussão geral e seleção de recursos representativos da controvérsia, nos termos do art. 543-A e ss.) e aproximação das linhas de contato das cautelares com as tutelas de antecipação do mérito (com a introdução do § 7° no já aludido art. 273 do CPC).

Certo que reformas pontuais ao Código foram verificadas em momento até anterior, sendo constantemente lembradas as alterações em matéria de perícia judicial, ocorrida em 1992.[31] De qualquer forma, 1994 foi ano extremamente importante pelo acolhimento pela legislação adjetiva da tutela antecipada de mérito, ocorrendo depois reformas múltiplas, como as acima narradas. Ainda nesse contexto, merece especial realce as reformas estruturais ocorridas em 2006, especialmente na execução de sentença – tratando-se de mais um delicado tema que veio para trazer modificação substancial ao sistema arquitetado por Buzaid. Explique-se: pela reforma de 1994, cogita-se de ser relativizada a segurança jurídica em nome da efetividade do direito pleiteado (sendo concedida prestação de mérito, em fase procedimental ainda inicial – postulatória,

---

[30] "(...) O que nos move é o desejo de enfatizar que não é recomendável reformar a lei com base em dados concebidos apenas teoricamente ou apoiados em meras experiências pessoais, empiricamente avaliadas. O que propomos é a imediata adoção de métodos confiáveis – a investigação estatística, por exemplo –, para diagnosticar adequadamente o mal a remediar e só então, com amparo em dados objetivamente confiáveis, proceder à reformulação" (ARAGÃO, E. D. Moniz de. Reforma processual: 10 anos. *In: Revista Forense* n° 362 (2002):15/23).

[31] "(...) Tão logo esse novo diploma – muito elogiado no Brasil e no exterior – entrou em vigência, começou o movimento crítico que, afora correções tópicas surgidas entrementes, desaguou na reforma iniciada em 1992, com a Lei n° 8.455, seguida de outras, que submeteram o Código a marcante revisão, revisão esta que também foi muito elogiada, no Brasil e no exterior" (ARAGÃO, E. D. Moniz de. Reforma processual: 10 anos. *In: Revista Forense* n° 362 (2002):15/23).

muito longe da fase de cognição exauriente – decisória);[32] e pela reforma de 2006, cogita-se de ser relativizada a grande divisão dos processos em conhecimento e execução,[33] passando esta a ser um incidente daquele (com a minoração do leque de defesas/recursos do executando, sendo inclusive substituída a robusta expressão "embargos à execução" pela menos sintomática "impugnação à execução").[34]

Por fim, não podemos deixar de lembrar que fora do âmbito do CPC/1973 foram também construídas alterações, via legislações esparsas, que passaram a modificar a estrutura arquitetada por Buzaid. Um Código com visão marcantemente individualista (voltado à proteção dos direitos individuais), forjado para a solução de litígio de A contra B, seguradamente haveria de ser complementado com disposições (*rectius*: procedimentos especiais) que tratassem de processos envolvendo a defesa de direitos coletivos e difusos. Disposições referentes aos *processos coletivos lato sensu*, previstos, *v.g.*, no Código de Defesa do Consumidor (Lei n° 8.078/1990) e na Ação Civil Pública (Lei n° 7.347/1985) são exemplos expressivos desse movimento retificador.[35]

Apresentadas, em breves linhas, as principais reformas que moldaram o originário Código Buzaid, é imperioso o registro de que, mesmo em 2010 – ano em que aprovado no Senado o Projeto para um Novo Código de Processo Civil – continuaram sendo implementadas modificações no CPC/1973. A última grande modificação de que se tem notícia diz respeito a questão extremamente relevante na prática forense, qual seja, a desnecessidade de cópias autenticadas para a formação do Agravo de Instrumento manejado às superiores instâncias em razão da não admissibilidade de recurso especial e/ou extraordinário – Lei n° 12.322/2010 (construção do denominado "Agravo nos autos do processo").[36]

---

[32] ZAVASCKI. Teori Albino. *Antecipação de tutela*. São Paulo: Saraiva, 1997.

[33] Se bem que certos abalos na separação firme entre os processos de conhecimento e de execução já haviam começado a ser estabelecidos em meados da década de 90, com o acolhimento pelo ordenamento brasileiro da ação monitória – Lei n° 9.079/1995. A respeito do tema, consultar: TALAMINI, Eduardo. *Tutela monitória*. 2ª ed. São Paulo: RT, 2001.

[34] AMARAL, Guilherme Rizzo. *Cumprimento e execução da sentença sob a ótica do formalismo-valorativo*. Porto Alegre: Livraria do Advogado. 2008.

[35] "(...) Criticava-se, a certa altura, o Código de 1973, por se voltar apenas para os conflitos individuais, nada dispondo acerca dos conflitos coletivos ou de massa. Mas, de fato, não poderia tê-lo feito, já que, antes do instrumento processual há de existir o direito material a ser por ele remediado" (THEODORO JR., Humberto. Um novo código de processo civil para o Brasil. *In: Revista Magister de direito civil e processo civil* n° 37 (2010): 86/97).

[36] RODRIGUES NETTO, Nelson. O vai e vem do recurso de agravo: uma nova modalidade de sua interposição – o agravo nos autos do processo. *In: Revista Dialética de Processo Civil* n° 94 (2011): 89/98.

3.3. Crítica à onda reformista e à necessidade de um novo CPC

Por certo, cabe neste momento o registro, a onda reformista que continua então a pleno vapor, merece tópica crítica, ao passo que, ultrapassando certos limites, joga-se desenfreadamente à busca da efetividade, trazendo prejuízos sensíveis, e indevidos, à segurança jurídica – entendida com maior certeza do direito a ser reconhecido judicialmente. Na mesma linha, aliás, segue o Projeto do novo CPC, que na sua primeira grande parte principiológica (arts. 1° a 11) confere evidente maior prestígio à linha da efetividade, nos termos explícitos do art. 4°: "as partes têm direito de obter em prazo razoável a solução integral da lide, incluída a atividade satisfativa". Nesse contexto, vale desde já o registro, concordamos plenamente com Luiz Guilherme Marinoni ao registrar que "é equivocado pensar que reformas processuais possam, apenas por si, tornar a tutela jurisdicional efetiva e o processo justo".[37]

Podemos afirmar que se, em um extremo, o CPC/1973 não tinha como princípio central a efetividade; por outro lado, não é exagero afirmar que as reformas propostas ao modelo Buzaid não demonstram maiores preocupações com a segurança jurídica, impondo como consequência que a decisão judicial prolatada pelo Estado-juiz tenha maiores chances de não contribuir decisivamente para a pacificação social e para a própria garantia de legitimidade do *decisum* perante os jurisdicionados[38] – entendendo-se que a segurança jurídica, no processo, determinaria uma maior investigação da matéria em debate, impondo uma maior certeza do direito a ser declarado/constituído pelo agente político do Estado.[39]

Exemplo oportuno desse movimento de retificação, acolhido pelo Projeto do novo CPC, em que se privilegia, frise-se, a efetividade em detrimento da segurança, encontra-se no trato da matéria prescricional. Passou a ser matéria de ordem pública, a partir de 2006, autorizando assim que o juiz pudesse declará-la a qualquer tempo, mesmo que não requerida pela parte ré em peça defensiva. O prisma da modificação é todo direcionado para a efetividade e para a consequente célere extinção do processo, com julgamento de mérito (art. 269, IV, do CPC). Agora,

---

[37] MARINONI, Luiz Guilherme. Ideias para um renovado direito processual. In: *Bases científicas para um renovado direito processual*. 2ª ed. São Paulo: Juspodium. 2009, p. 125/146.

[38] THEODORO JR., Humberto. A onda reformista do direito positivo e suas implicações com o princípio da segurança jurídica. In: *Revista Magister de direito civil e processual civil* n° 11 (2006):5/32.

[39] Isto sem contar com o efeito prospectivo que se espera de boa parte das decisões de mérito com o selo do Poder Judiciário. A propósito, explica Owen Fiss que modelos extrajudiciais podem representar risco a uma maior efetivação da atuação do poder jurisdicional, ao qual caberia julgar a fundo as controvérsias, lavrando justa decisão de mérito, em face do caráter prospectivo do *decisum*, servindo o julgado como eventual paradigma para outros futuros casos semelhantes (FISS, Owen. *Um novo processo civil:* estudos norte-americanos sobre jurisdição, constituição e sociedade. Coordenação de trad. por Carlos Alberto de Salles. São Paulo: RT, 2004, p. 152 e 202).

pensando no princípio da segurança jurídica, não se poderia cogitar no interesse do réu em não ter reconhecida, de plano, a prescrição, e sim, em ter, após adequada instrução, uma sentença de mérito propriamente dita, favorável as suas pretensões (art. 269, I, do CPC)? Sim, pois haveria, ao menos, um substrato ético (questão moral) que indicaria para o interesse do réu de ver analisado o mérito da causa pelo Poder Judiciário, a fim de ter publicada uma sentença de improcedência (art. 269, I, *Versus* art. 269, IV, CPC).

Com a devida ressalva feita ao movimento de retificação, confirmamos que as reformas tópicas são indispensáveis e legitimam a manutenção da estrutura processual vigente, diante da transformação pela qual passou o mundo e o Brasil desde 1973. Já quanto à necessidade de um novo CPC, a crítica deixa de ser pontual, apresentando elementos mais complexos.

Ocorre que, no nosso sentir, antes de qualquer outro argumento, permanece viável a interpretação do sistema processual montado diante da realidade/contemporaneidade constitucional[40] – não existindo na própria exposição de motivos do Projeto dados objetivos que apontem para a necessidade de movimento de absoluta retificação, especialmente em face de um suposto desajuste incorrigível do modelo infraconstitucional com os comandos contidos na Lei Fundamental. Nesse contexto, encaixa-se a precisa concepção jusfilosófica de Miguel Reale ao expor que, enquanto possível, a norma jurídica deve ser mantida, não apenas em razão do princípio de economia de meios, mas sobretudo porque as longas pesquisas sobre a interpretação e a aplicação de uma lei, sobretudo quando fundamental, representam um cabedal de experiência e de conhecimentos doutrinários que deve ser preservado.[41]

Seria mais indicado, de acordo com a exposição contida nesse ensaio, prosseguir o estudo das reformas do CPC/1973, pautando-se a in-

---

[40] "(...) quando a lei processual é posta à luz do direito material e interpretada a partir da Constituição, uma primeira impressão de incapacidade da regra processual para lidar com determinada situação de direito substancial, ou mesmo eventual omissão da legislação processual diante de uma real necessidade de tutela do direito material, pode ser facilmente contornada e suprida sem que se torne necessário propor qualquer alteração da lei processual ou ainda a inserção de nova norma no Código de Processo Civil" (MARINONI, Luiz Guilherme. Ideias para um renovado direito processual. *In: Bases científicas para um renovado direito processual.* 2ª ed. São Paulo: Juspodium. 2009, p. 125/146). No mesmo diapasão, já no final do séc. XIX, referência expressa sobre a valiosa contribuição da Lei Fundamental na compreensão/utilização do ordenamento infraconstitucional pode ser pesquisada: BARBOSA, Rui. *A constituição e os atos inconstitucionais do congresso e do executivo ante a justiça federal.* 2ª ed. Rio de Janeiro: Atlântida.

[41] Acrescenta o renomado jurista que "é esse espírito que dá à Ciência do Direito a qualidade de Jurisprudência, não significando a prudência mero apego ao vetusto ou superado, mas antes a consciência de promover a novidade na medida de sua real correspondência a reais anseios da comunidade" (REALE, Miguel. *Fontes e modelos do direito. Para um novo paradigma hermenêutico.* São Paulo: Saraiva, 1994, p. 32).

vestigação pela preocupação com questões da efetividade do rito, mas sem deixar de levar em consideração a segurança jurídica – entendida em sintonia com o devido processo legal, o que trataria de garantir, em última instância, a legitimidade da decisão a ser pronunciada pelo Estado-juiz.

Além disso, ao que parece não há um amplo projeto para construção de um novo CPC que conte com a adesão de expressivo número de juristas e segmentos da sociedade.[42] As oposições à aprovação do Projeto, na forma em que redigido, são inúmeras, inclusive da OAB,[43] sendo usualmente comentada a incrível falta de debate com a sociedade política para encaminhamento do Projeto ao Senado[44] – mesmo porque há evidente necessidade de maturação de alguns (*rectius:* vários) aspectos polêmicos (honorários *ex officio* no Tribunal, extinção dos embargos infringentes e do procedimento cautelar, sustentação oral em Agravo de Instrumento, dentre outros).

A própria "esquizofrenia legislativa" em processo civil – com reformas ao CPC/1973 e perspectiva de um novo CPC simultaneamente – aponta que sequer no legislativo federal há sintonia a respeito do caminho a ser seguido. De fato, causa perplexidade que, em 2010, sendo encaminhado o Projeto ao Congresso com incrível rapidez e sendo aprovado o Projeto pelo Senado em regime de urgência, continuemos com reformas ao CPC/1973, como aquela que implementou o "Agravo nos autos do processo".

Mais: especialmente dos operadores do direito que atuam na Justiça Federal já são levantadas críticas à falta de maior regulamentação, pelo Projeto, do processo eletrônico. Conforme aponta o magistrado federal Vicente de Paula Ataíde Jr. no espírito do novo CPC o processo eletrônico ainda é exceção, o que vai de encontro à busca por uma gestão administrativa profissional, ágil e de qualidade – tudo a mostrar que a nova codificação poderá já nascer velha.[45]

Por fim, não nos animamos sobremaneira com a mudança de código processual porque entendemos que os reais fatores que determinam a

---

[42] Dentre alguns recentes artigos em que se já feitas críticas ao modelo proposto pelo Projeto, menciona-se: PINTO, Almir Pazzianotto. *Novo código de processo?* Extraído do *site* Migalhas. Acesso em 12 nov. 2010.

[43] *Manifesto contra o novo CPC da OAB SP*. Extraído do *site* da OAB/SP. Acesso em 12 nov. 2010.

[44] CARNEIRO, Athos Gusmão. Primeiras observações ao projeto de novo código de processo civil – PL 166/2010 – Senado. In: *Revista Magister de direito civil e processo civil* n° 37 (2010): 56/85.

[45] Eis a razão pela qual o jurista afirma que não haveria condições técnicas do novo CPC durar 50 anos, conforme acredita especialmente Luiz Fux, Presidente da Comissão do Projeto 166/2010 (PAULA ATAÍDE JR., Vicente de. O novo CPC: Escrito com tinta escura e indelével. In: *Revista Magister de direito civil e processo civil* n° 37 (2010): 102/106).

lentidão na prestação jurisdicional não estão na estrutura da lei (*rectius*: na letra do código de processo). Sem o objetivo de esgotar a matéria, há de se deixar registrado que a prática forense realmente nos revela que "os prazos mortos" são um dos grandes, senão o maior, responsável pela angustiante paralisia dos feitos, em qualquer grau de jurisdição – estando eles diretamente relacionados com a falta de verbas orçamentárias para o judiciário, bem como a má administração daquelas repassadas dentro mesmo desse poder estatal, daí resultando uma relação inversamente proporcional entre o número de juízes e serventuários admitidos e o número de demandas que inundam os foros.[46]

Vê-se, nesses contornos, que o verdadeiro problema, obstaculizador da efetividade do processo, é antes político/administrativo do que técnico/jurídico,[47] sendo certo, a partir dessa premissa, que não se obterão melhorias significativas em termos de agilização da prestação jurisdicional com reformas processuais tópicas ou mesmo implementação de um novo texto processual.[48] Nesse sentir, oportuno o manifesto da OAB/SP contra o novo CPC, ao deixar consignado que antes de se pensar em um novo diploma processual, devemos nos ocupar, no mínimo, com sete problemas que emperram nosso Judiciário e que nada têm a ver com os defeitos do CPC: 1. Ausência da vontade política para criar um Judiciário eficiente; 2. Falta de investimento de recursos orçamentários para o aparelhamento da Justiça; 3. Falta de informatização completa dos órgãos jurisdicionais e administrativos do Poder Judiciário; 4. Falta de capacitação, motivação e remuneração do pessoal da Justiça; 5. Número relativamente baixo de juízes; 6. Falta de capacitação específica dos nossos magistrados para administrar cartórios e secretarias; 7. Ausência de padronização da rotina administrativo-cartorária.[49]

---

[46] Como disserta Carlos Alberto Alvaro de Oliveira "a adequação da tutela deve ser considerada como a aptidão desta para realizar a eficácia prometida pelo direito material, com a maior efetividade e segurança possíveis" (ALVARO DE OLIVEIRA, Carlos Alberto. *Teoria e prática da tutela jurisdicional*. Rio de Janeiro: Forense, 2008, p. 136). A respeito do tema, cabível ainda consultar: ALVARO DE OLIVEIRA, Carlos Alberto. Os direitos fundamentais à efetividade e à segurança em perspectiva dinâmica. In: *AJURIS* n° 35 (2008): 57/71; PICARDI, Nicola. *Jurisdição e Processo*. Organização e revisão de tradução de Carlos Alberto Alvaro de Oliveira. Rio de Janeiro: Forense. 2008, p. 12/13. Assim, na esteira do que é preconizado pelo renomado mestre da escola gaúcha de processo, indagamo-nos: como se obter uma tutela adequada, se demorada? Efetivamente, justificativas para a longa solução de feitos em nosso país, demanda um estudo sobre questões sociais e opções políticas.

[47] Sobre a problemática, bem tratou o mestre Barbosa Moreira: BARBOSA MOREIRA, J. C. A justiça no limiar do novo século. *In: Revista Forense* (319):69/75; Efetividade do processo e técnica processual. *In: Ajuris* (64): 149/161.

[48] Em maiores linhas, com dados estatísticos a respeito, consultar: RUBIN, Fernando. A preclusão na dinâmica do processo civil. *In: Coleção Alvaro de Oliveira – Estudos de Processo e Constituição*, n. 3. Porto Alegre: Livraria do Advogado, 2010, p. 237/241.

[49] *Manifesto contra o novo CPC da OAB SP*. Extraído do *site* da OAB/SP. Acesso em 12 nov. 2010.

3.4. Quadro comparativo com as reformas do CPC italiano/1940; o modelo da lei italiana 69/2009 e o Projeto de Lei 166/2010 para um novo CPC brasileiro

Começando a tratar mais detidamente do Projeto de Lei 166/2010 para um novo CPC brasileiro importante o registro inicial de que há algumas similitudes da proposta pátria com o modelo de reforma implementada na Itália, através da Lei 69/2009.

Pelo Projeto há opção pela simplificação e rapidez de um "procedimento sumário de cognição" em oposição a um rito de "cognição plena e exauriente"; situação exata que se deu, no direito comparado, pela introdução da lei processual italiana 69/2009 – que tratou da última grande reforma ao CPC italiano/1940 – *sul procedimento sommario di cognizione e prevalenti caratteri di simplificazione della trattazione o dell´instruzione della causa Versus la cosidetta cognizione piena ed esauriente.*[50]

Ao que parece, então, o modelo italiano que já havia sido uma forte inspiração para a constituição e remodelação do Código Buzaid (lembrando que as grandes alterações do Código italiano de 1940 deram-se justamente entre 1990-1995),[51] passa a ser também para a sua mais ampla retificação, de acordo com o texto da reforma introduzida pela Lei 69/2009.

Mas as similaridades não param por aí. Também na Itália, como ocorre por aqui, vem se sucedendo reação firme da doutrina em razão do teor da reforma do sistema processual – sendo por lá da mesma forma denunciada a esquizofrenia legislativa *che non aiuta gli operatori del diritto e che non reca certo beneficio al funzionamento della gistizia civile* bem como criticada a rapidez exagerada na implementação de reformas importantes *senza un adeguato approfondimento e un serio confronto, che deve coinvolgere non solo la dottrina, ma tutti gli operatori del diritto.*[52]

---

[50] CAPPONI, Bruno. *Note sul procedimento sommario di cognizione.* Extraído do *site* Judicium Saggi. Acesso em: 8 nov. 2010.

[51] A respeito, consultar especialmente em: TARUFFO, Michele. *Le preclusioni nella riforma del processo civile* In: Rivista di Diritto Processuale Civile n° 68 (1992): 296/310; TARZIA, Giuseppe. O novo processo civil de cognição na Itália. Trad. por Clayton Maranhão *In: Revista de Processo* n° 79 (1995): 51/64.

[52] PUNZI, Carmine. Le riforme del processo civile e degli instrumenti alternativi per la soluzione delle controversie In: *Rivista di diritto processuale*, Ano 64, segunda série, n° 5 (2009): 1197/1239.

4. O Projeto do Novo Código de Processo Civil

4.1. Linhas inovadoras do Projeto; a sistematização de uma Teoria Geral de Processo Constitucional

Mesmo deixando clara a nossa posição a respeito da (desnecessidade de) substituição do modelo processual de 1973, devemos partir para uma análise geral do Projeto de Lei 166/2010, diante da real possibilidade de sua conversão em lei, em tempo expedito. Mesmo porque, devemos também reconhecer, há evidentemente pontos positivos trazidos pelo Projeto, muitos dos quais passaremos a elencar nesta passagem.

Além de algumas novidades que terão seu devido espaço nos itens seguintes deste capítulo, salientemos, por ora, relevantes inovações como: a possibilidade de apresentação de peça recursal mesmo antes do prazo legal (sem riscos para o causídico de ser declarada a intempestividade da irresignação) – art. 174, parágrafo único, do Projeto; a possibilidade do voto vencido servir expressamente para fins de prequestionamento (o que evita que o procurador tenha que interpor embargos de declaração diante de acórdão para o fim específico de prequestionamento) – art. 861, § 3°, do Projeto; a explicitação dos limites restritivos da eficácia preclusiva da coisa julgada material (sendo superada anterior indefinição que rondava a interpretação do atual art. 474 do CPC/1973) – art. 489 do Projeto; a explicitação da possibilidade real de participação do revel na instrução do processo (sendo superada anterior indefinição que rondava a interpretação do art. 330, II, c/c art. 319, ambos do CPC/1973) – art. 347 do Projeto; e a determinação de que o juízo de admissibilidade recursal só ocorra perante o *Tribunal ad quem* (sendo liberado o *Juízo a quo* de responsabilidade prévia a respeito, como ocorria nos termos do atual art. 518 do CPC/1973) – art. 926 do Projeto.

Entendemos ainda como positiva a apresentação inicial de uma sistematização da teoria geral do processo, nos onze primeiros artigos do Projeto, com disposições claras de processo constitucional (em capítulo denominado "Dos princípios e das garantias fundamentais do processo civil"), resultado do "profundo amadurecimento do tema que hoje se observa na doutrina processualista brasileira".[53]

A partir desses dispositivos é explicitado o contemporâneo pensamento processual a respeito da proximidade do texto adjetivo com a lei maior, além de serem externadas exigências mais atuais no processo civil

---

[53] Passagem extraída da Exposição de Motivos do Projeto (GUEDES, Jefferson Carús; DALL'ALBA, Felipe Camillo; NASSIF AZEM, Guilherme Beux; BATISTA, Liliane Maria Busato (organizadores). *Novo código de processo civil. Comparativo entre o projeto do novo CPC e o CPC de 1973*. Belo Horizonte: Fórum, 2010, p. 27).

como a da formação de contraditório prévio anterior à decisão judicial sobre ponto ainda não discutido entre as partes, ainda que se trate de matéria sobre a qual possa o julgador decidir de ofício (art. 10 c/c art. 110, parágrafo único, do Projeto).

Fica claro, pelo texto do Projeto, que as partes não podem ser surpreendidas, sendo oportunizado que se manifestem sobre qualquer tema, de ordem pública ou não, antes que o Estado-juiz decida a respeito[54] – situação fundamental para a proteção das partes, que já vinha sendo denunciada anteriormente pela doutrina.[55] Especialmente quanto às matérias de ordem pública, o julgador deve então sinalizar para qual tema pode vir a reconhecer *ex officio*, abrindo prazo para as partes se manifestarem a respeito desse novel possível encaminhamento – *v.g.*: matéria prescricional, conforme já trabalhado neste ensaio (art. 469, parágrafo único, do Projeto); ainda, quando do trato dos recursos em espécie, o Projeto (art. 937, parágrafo único), explicita mais uma vez a linha do "contraditório prévio", ao tratar de eventual efeito modificativo do julgado em declaratórios.

4.2. Relativização do princípio dispositivo; flexibilização no marco de alteração da causa de pedir/pedido; e o destaque para as matérias reconhecíveis de ofício

Avançando para a exposição de determinados temas que realmente sofreram alteração digna de nota, pelo Projeto para um novo CPC, destacamos inicialmente aqueles que se colocam no sentido de aumento do poder do Estado-juiz na condução do processo.

Houve relativização ao princípio dispositivo ao ser anunciado pelo art. 2º do Projeto que podem ser admitidas exceções, previstas em lei, para a máxima de que "o processo começa por iniciativa da parte". Ou seja, expressamente se admite que o Estado-juiz possa propor a ação, o que contraria o consagrado princípio da demanda; decorrendo desta premissa a real possibilidade de o juiz conceder de ofício medidas de urgência – situação, aliás, que vem regulamentada no art. 284 do mesmo Projeto.[56]

---

[54] CRUZ E TUCCI, José Rogério. Garantia constitucional do contraditório no projeto do CPC: análise e proposta *In: Revista Magister de direito civil e processo civil* nº 38 (2010): 05/33.

[55] A respeito, em defesa desse nível profundo de contraditório: ALVARO DE OLIVEIRA, Carlos Alberto. A garantia do contraditório *In: Revista da Faculdade de Direito Ritter dos Reis* 1(1998): 7/27; RUBIN, Fernando. O contraditório na visão cooperativa do processo *In: Revista Dialética de Processo Civil* nº 94 (2011): 28/44.

[56] Em respeito ao princípio dispositivo, aplicado no modelo do Código Buzaid, já tivemos a oportunidade de explicitar que o juiz não pode conceder de ofício e nem mesmo revogar de ofício uma tutela de urgência, ainda mais se se tratar de tutela antecipatória do mérito (RUBIN, Fernando. *A preclusão na dinâmica do processo civil*. Porto Alegre: Livraria do Advogado, 2010. Esp., p. 136/139).

Além de considerarmos a sintonia entre os arts. 2° e 284 do Projeto, também nos traz preocupação a cláusula aberta criada no primeiro dispositivo ("exceções previstas em lei"), viabilizando que futuramente possam novas leis desenvolver hipóteses de início do processo por iniciativa exclusiva do órgão judicial, o que traria aumento considerável e, quem sabe perigoso, do poder do Estado-juiz no processo – sempre lembrando que o princípio dispositivo sempre esteve diretamente vinculado à preservação da imparcialidade e justeza de comportamento que se espera do Poder Judiciário.

Outra mudança importante nas linhas do processo civil no Brasil é a previsão de flexibilização no marco de alteração da causa de pedir/pedido. Prevê o Projeto, no seu art. 314, que o autor poderá, enquanto não proferida a sentença, aditar ou alterar o pedido e a causa de pedir, desde que o faça de boa-fé e que não importe em prejuízo ao réu, assegurado o contraditório e facultada a produção de prova suplementar.

Nesse caso, temos que a inovação é digna de aplauso, ao passo que é deveras rigorosa a previsão do atual art. 264 do CPC, ao impedir qualquer alteração da causa de pedir/pedido após o saneamento do feito. No entanto, conforme estudo de direito comparado que já tivemos a oportunidade de realizar, pode-se discutir o marco fixado pelo Projeto – já que poderia ser colocado em momento um pouco anterior, a fim de que não seja criada uma celeuma processual, com modificações de pontos sensíveis da demanda à beira da prolação de sentença de mérito.[57]

Assim, de acordo ainda com destacada lição de Carlos Alberto Alvaro de Oliveira,[58] defendemos que conquanto a fixação e estabilização do pedido e da causa de pedir constituam, nos sistemas processuais modernos, limites formais intransponíveis para o órgão judicial, seria mais recomendável para o processo brasileiro que se abrisse a possibilidade de *modificação da demanda na primeira audiência de debates* (audiência prevista no atual art. 331 do CPC), depois de esclarecidos os fatos da causa em diálogo mantido pelo órgão judicial com as partes.

Como ocorre no direito comparado, embora o juiz não deva determinar *ex officio* qualquer alteração na causa de pedir/pedido, pode, em meio ao feito, incentivar o diálogo para esse fim diante do permissivo legal flexibilizante – o que, mesmo que indiretamente, acarreta em aumento do poder do Estado-juiz na condução do processo. Nesse caso, ratificamos o nosso entendimento, eventual acréscimo de poder do agente

---

[57] RUBIN, Fernando. A preclusão na dinâmica do processo civil. Op. cit., especialmente p. 216/225.
[58] ALVARO DE OLIVEIRA, Carlos Alberto. Poderes do juiz e visão cooperativa do processo. *In: Ajuris* n° 90 (2003): 55/83.

político justifica-se, situação diversa daquela que envolve a relativização do princípio dispositivo.

Por derradeiro, nessa conjectura, cabe registro ao destaque empregado pelo Projeto para as matérias reconhecíveis de ofício. Em novel redação, o art. 107, II, do Projeto disciplina genericamente que o juiz dirigirá o processo, incumbindo-lhe prevenir ou reprimir qualquer ato contrário à dignidade da justiça e indeferir postulações impertinentes ou meramente protelatórias, "aplicando de ofício as medidas e as sanções previstas em lei".

Tal dispositivo é o mais direto no que toca à caracterização de fortes poderes ao Estado-juiz como diretor do processo, sendo incentivado sobremaneira, como podemos visualizar, a participação direta e constante do magistrado na condução do feito – dispondo, inclusive, de medidas oficiosas para aumentar a eficácia da medida.

Comparado com o texto do CPC/1973, nota-se, portanto, o interesse do Projeto em determinar certo incremento na participação oficiosa do magistrado no processo, até mesmo porque não existe no Código Buzaid disposição genérica a respeito do assunto, no art. 125 (paralelo do art. 107 do Projeto) – sendo que essa iniciativa, s.m.j., tende a conceder poderes excessivos ao juiz na gestão do processo.[59]

4.3. Simplificação do sistema recursal

Em busca da tão aguardada efetividade/celeridade na prestação jurisdicional, foram suprimidos do sistema recursal os embargos infringentes e o agravo retido.

Sobre a exclusão da forma retida do recurso de agravo, esta modalidade, dentro da sistemática do CPC/73, auferia um objetivo explicitamente antipreclusivo, que na prática em pouco repercutia, dada a ínfima reversão de recursos em que se sustentava a preliminar. Pelo texto do Projeto, diante de decisão interlocutória de menor gravidade, que não desafia o agravo de instrumento, não há sequer a necessidade de apresentação de protesto antipreclusivo, como ocorre na Justiça do Trabalho; o modelo proposto pelo Projeto é ainda mais simples, na linha seguida pelos Juizados Especiais Cíveis, em que se deve apresentar a irresignação com a decisão interlocutória como preliminar em razões recursais, caso no mérito efetivamente tenha sido lavrada também decisão contrária aos interesses da parte.

---

[59] Em busca da rapidez com segurança jurídica. In: *Revista da Ordem dos Advogados do Brasil*, Seccional do Distrito Federal, ano 5, n° 8, setembro de 2010, p. 35.

Já a respeito da exclusão dos embargos infringentes, entendemos que se figura realmente polêmica a sua supressão, ao passo que esse é o último recurso que a parte possui para discutir, a fundo, a totalidade das questões de fato perante o Judiciário – dada a vedação tradicional de levar tal matéria às superiores instâncias, conforme prevê a consagrada Súmula n° 7 do STJ.[60]

Por outro lado, tendo em vista o interesse na simplificação do sistema recursal, a manutenção do reexame necessário pelo legislador brasileiro poderia ser uma incógnita, ainda mais quando observamos uma série constante de modificações normativas pautadas justamente para operar a celeridade processual e desafogar o Poder Judiciário acerca de demandas repetitivas.

Ademais, outro ponto polêmico que se pode comentar em relação ao Projeto em matéria recursal diz respeito ao novel teor do art. 954, §§ 2° e 3°. Prevê o dispositivo que diante de recursos repetitivos encaminhados às instâncias extraordinárias, os processos nas instâncias inferiores, em que se discute idêntica controvérsia de direito, devem ficar suspensos. Não pretendemos adentrar a fundo na discussão sobre a redução da liberdade de decisão dos julgadores, muito embora reste bastante latente o desiderato, com o Projeto 166/2010, de limitar a atividade interpretativa nas cortes judiciais inferiores[61] – medida essa que se afigura, *prima facie*, bastante preocupante.[62]

4.4. Minoração na aplicação da técnica preclusiva

A simplificação do sistema recursal com a extinção do agravo retido tem como pano de fundo a minoração na aplicação da técnica preclusiva, ao passo que as decisões interlocutórias de menor gravidade (*rectius:* não sujeitas a agravo de instrumento) passam a não serem cobertas pelo manto da preclusão, devendo a irresignação ser diretamente encaminha-

---

[60] STJ Súmula n° 07 – DJ 03.07.1990 – Reexame de Prova – Recurso Especial: "A pretensão de simples reexame de prova não enseja recurso especial".

[61] RUBIN, Fernando; SCHMITT, Cristiano Heineck. Observações ao projeto do novo código de processo civil: (des)necessidade do movimento de reforma e inovações no sistema recursal. In: *Revista AJURIS* n° 120 (2010).

[62] Já na década de 90 Miguel Reale apontava justificada preocupação com a questão da estabilização absoluta dos entendimentos jurisprudenciais em matéria de direito: "as súmulas, como modelos jurisdicionais, tendem a adquirir certa estabilidade, e não há nada nessa adoção oblíqua do *stare decisis*, importada no *Common Law*, desde que não se resvale para a rotina. Dever dos juristas, tendo à frente a categoria pugnaz dos advogados, é zelar para que não se enferruje o mecanismo jurisdicional, de maneira que os modelos jurisdicionais sejam constantemente revistos, em razão de mutações supervenientes no sistema legal, ou, o que não é menos importante, em virtude da emergência de novos valores socioeconômicos, ou, por melhor dizer, culturais" (REALE, Miguel. *Fontes e modelos do direito. Para um novo paradigma hermenêutico*. São Paulo: Saraiva, 1994, p. 72).

da ao Tribunal, se houver necessidade, como preliminar ao mérito de apelação.

Resta então amenizada a ideia da preclusão para as partes, ao dispor o parágrafo único do art. 929 do Projeto que as decisões interlocutórias, produzidas incidentemente antes da sentença, poderão ser impugnadas pela parte sucumbente, em preliminar, em sede de razões ou de contrarrazões de apelação.[63]

Claro que essa mitigação dos efeitos preclusivos é relativa, já que as decisões interlocutórias sujeitas a Agravo de Instrumento, ratifique-se, seguem a regra tradicional de preclusão – informando o *caput* do art. 929 que cabe esse último recurso contra decisões que: versarem sobre tutelas de urgência ou da evidência; versarem sobre o mérito da causa; proferidas na fase de cumprimento de sentença ou no processo de execução; em outros casos referidos em lei.

Mais: em relação à decisão final também não há qualquer relativização da técnica preclusiva perante as partes, já que, conforme dispõem os arts. 923 e ss. do Projeto, da sentença cabe apelação no prazo de quinze dias, sob pena de imediato trânsito em julgado da demanda.

Ainda: a preclusão para as partes no que toca aos atos de impulsionamento da demanda seguem inalterados, permanecendo vigentes os prazos para, v.g., defesa, apresentação de quesitos, juntada de laudo do perito assistente, os quais se não cumpridos criam determinado ônus para a parte, operando-se o desenvolvimento do feito sem a medida tempestivamente apropriada.

Por fim: seguem as regras tradicionais de preclusão as decisões prolatadas pelo Estado-juiz, o qual não pode, por regra, voltar atrás após publicações de posicionamento seu (art. 471 c/c 521 do CPC/1973; art. 486 c/c 928 do Projeto).[64]

Portanto, devemos tomar cuidado na análise da alteração da técnica preclusiva imposta pelo Projeto, já que, em verdade, só há uma pequena alteração na sistemática, especificamente em relação à preclusão para as partes envolvendo decisão interlocutória de menor monta; não havendo substancial alteração em relação à preclusão para as partes envolvendo as principais decisões interlocutórias e a decisão final, em relação à pre-

---

[63] *Novo Código de Processo Civil*: comparativo entre o novo CPC e o CPC de 1973. Organizadores: Jefferson Carús Guedes, Felipe Camilo Dall'Alba, Guilherme Beaux Nassif Azem, Liliane Maria Busato Batista. Prefácio de Dias Tofolli. Belo Horizonte: Fórum, 2010, p. 251.

[64] A respeito de estudo aprofundado sobre preclusão para atos das partes e do Estado-juiz, consultar: RUBIN, Fernando. A preclusão na dinâmica do processo civil. In: *Coleção Alvaro de Oliveira – Estudos de Processo e Constituição*, n. 3. Porto Alegre: Livraria do Advogado, 2010; RUBIN, Fernando. Preclusão: Constituição e Processo. In: *Revista Magister de direito civil e processo civil* n° 38 (2010): 79/96.

clusão para as partes envolvendo os atos de impulsionamento da demanda, bem como em relação à preclusão para o Estado-juiz.

5. Conclusão

O momento histórico de confecção do Código Buzaid apontava para a necessidade de sua vigência, dado o grau de cientificidade e organização que pautam a sua estrutura – quando comparado com o modelo de 1939.

Da mesma forma, a onda reformista (1992-2010), embora tenha concedido peso demasiado ao princípio da efetividade (em detrimento da segurança jurídica), justifica-se em razão da série de transformações pelas quais passaram a sociedade brasileira e mundial, desde 1973.

A busca pela solução dos conflitos coletivos – em leis esparsas – e a preocupação – dentro do Código – pela agilização/desburocratização na prestação jurisdicional, com a implantação da tutela de urgência (reformas de 1994) e a aproximação das linhas ordenadoras do processo de execução com as do processo de conhecimento (reformas de 2006) são marcos significativos e importantes desse movimento de retificação.

No entanto, o Projeto 166/2010 para um novo CPC, ao que parece, vem de encontro a esta tentativa de aprimoramento do Código/1973, ainda mais se há certa convicção da viabilidade de interpretação do Código reformado a partir da realidade constitucional.

Justamente a denunciada "esquizofrenia legislativa" em processo civil – também criticada pela doutrina italiana, em relação às reformas vindas com a mais recente Lei 69/2009 – aponta para a dificuldade de se compreender a simultaneidade da implementação de reformas ao CPC/1973 e de votação de um Projeto para a entrada em vigor de um novo sistema processual. Espera-se que no ano de 2011 haja uma superação do conflito, sendo suspenso um dos dois processos, para que ainda maiores confusões e angústias não povoem a mente dos operadores do direito pátrio.

Ao analisarmos em maiores detalhes o Projeto 166/2010 viu-se que há também pontos positivos, os quais merecem o devido registro – embora perfeitamente pudessem integrar projetos de reformas pontuais ao Código/1973 (integrando, assim, a onda reformista). A sistematização de uma Teoria Geral de Processo Constitucional (com destaque à formulação do contraditório prévio anterior a qualquer decisão judicial sobre ponto relevante ainda não discutido entre as partes litigantes), a flexibilização no marco da alteração da causa de pedir/pedido (sendo superado o atual rígido modelo previsto no art. 264 do Código Buzaid, ao ser admitido, conforme já se sucede no direito comparado, a alteração da causa de pedir/pedido em momento posterior ao do saneamento), e a simplificação do sistema recursal c/c a minoração na aplicação da técnica preclusiva (tudo a partir da extinção do agravo retido, deixando assim de ser matéria preclusiva as decisões interlocutórias menos graves) são exemplos bem oportunos.

Mesmo assim, encerramos o estudo defendendo que sendo o CPC/1973 uma obra memorável, não imaginamos que a alteração da norma central do eixo do processo civil brasileiro terá, por si só, o condão de sanar problemas de cunho cultura e social, tornando a tutela jurisdicional efetiva e o processo justo. Por certo, conforme bem apregoou, por último, o Manifesto contra o novo CPC da OAB/SP, antes de se pensar em mexer novamente na letra da lei, deveria se cogitar de investimentos em cartórios judiciais, com autorização para o aumento do número de julgadores e de servidores do Poder Judiciário, para que fosse, enfim, superado o maior dos problemas do judiciário brasileiro que são os "prazos mortos".

Diga-se, ainda nesse contexto, que há convicção de que o Projeto 166/2010 não foi devidamente debatido pela sociedade política, situação que evidentemente aumenta a possibilidade de, em sendo aprovado, começarem a ser propostas reformas ao possível novo CPC em curto lapso temporal (*v.g.*, em matéria de utilização do processo eletrônico) – tudo a nos fazer crer, neste momento, que é, de certo ponto, utópica a perspectiva de sobrevivência do novo CPC por meia década, como acreditam alguns dos seus projetistas.

Referências bibliográficas

ALVARO DE OLIVEIRA, Carlos Alberto. "A garantia do contraditório". In: *Revista da Faculdade de Direito Ritter dos Reis* 1(1998): 7/27
——. *Do formalismo no processo civil*. 2ª ed. São Paulo: Saraiva, 2003.
——. "Os direitos fundamentais à efetividade e à segurança em perspectiva dinâmica". In: *AJURIS* n° 35 (2008): 57/71.
——. *Teoria e prática da tutela jurisdicional*. Rio de Janeiro: Forense, 2008.
ALVIM, Arruda. "Lei n° 11.280, de 16.02.2006: análise dos arts. 112, 114 e 305 do CPC e do § 5° do art. 219 do CPC". In: *Revista de Processo* n° 143 (2007): 13/25.
AMARAL, Guilherme Rizzo. *Cumprimento e execução da sentença sob a ótica do formalismo-valorativo*. Porto Alegre: Livraria do Advogado. 2008.
ARAGÃO, E. D. Moniz de. *Sentença e coisa julgada*. Rio de Janeiro: AIDE, 1992.
——. "Reforma processual: 10 anos". In: *Revista Forense* n° 362 (2002):15/23.
ARRUDA, Samuel Miranda. *O direito fundamental à razoável duração do processo*. Brasília: Brasília Jurídica, 2006.
BARBOSA, Rui. *A constituição e os atos inconstitucionais do congresso e do executivo ante a justiça federal*. 2ª ed. Rio de Janeiro: Atlântida.

BARBOSA MOREIRA, J. C. "A justiça no limiar do novo século". In: Revista Forense (319):69/75.
———. "Efetividade do processo e técnica processual". In: Ajuris (64): 149/161.
———. "La igualdad de las partes em el proceso civil". In: Temas de direito processual, Quarta série. São Paulo: Saraiva, 1989.
BARROSO, Luis Roberto. "A segurança jurídica na era da velocidade e do pragmatismo". In: Revista do Instituto dos Advogados Brasileiros n° 94 (2000): 79/97.
BEDAQUE, José Roberto dos Santos. Poderes instrutórios do juiz. 3ª ed. São Paulo: RT, 2001.
BUZAID, Alfredo. BUZAID, Alfredo. Da apelação "ex officio" no sistema do código do processo civil. São Paulo: Saraiva, 1951.
———. "Linhas fundamentais do sistema do código de processo civil brasileiro". In: Estudos e pareceres de direito processual civil. Notas de Ada Pellegrini Grinover e Flávio Luiz Yarshell. São Paulo: RT, 2002. p. 31/48.
CALMON DE PASSOS, J. J. Esboço de uma teoria das nulidades aplicada às nulidades processuais. Rio de Janeiro: Forense, 2005.
CAPPONI, Bruno. "Note sul procedimento sommario di cognizione". Extraído do site Judicium Saggi. Acesso em: 8 nov. 2010.
CARNEIRO, Athos Gusmão. "Primeiras observações ao projeto de novo código de processo civil – PL 166/2010 – Senado". In: Revista Magister de direito civil e processo civil n° 37 (2010): 56/85.
CRUZ E TUCCI, José Rogério. A "causa petendi" no processo civil. São Paulo: RT, 1993.
———. "Garantia constitucional do contraditório no projeto do CPC: análise e proposta". In: Revista Magister de direito civil e processo civil n° 38 (2010): 05/33.
DINAMARCO, Cândido Rangel. A instrumentalidade do processo. 4ª ed. São Paulo: RT, 1994.
FAZZALARI, Elio. "Procedimento e processo (teoria generale)". In: Enciclopedia del diritto, n° 35 (1986): 819/835.
FISS, Owen. Um novo processo civil: estudos norte-americanos sobre jurisdição, constituição e sociedade. Coordenação de trad. Carlos Alberto de Salles. São Paulo: RT, 2004.
FURTADO COELHO, Marcus Vinícius. "O anteprojeto de código de processo civil: a busca por celeridade e segurança". In: Revista de Processo n° 185 (2010): 146/50.
GONÇALVES, Aroldo Plínio. Técnica processual e teoria do processo. Rio de Janeiro: AIDE, 1992.
GUEDES, Jefferson Carús; DALL´ALBA, Felipe Camillo; NASSIF AZEM, Guilherme Beux; BATISTA, Liliane Maria Busato (organizadores). Novo código de processo civil. Comparativo entre o projeto do novo CPC e o CPC de 1973. Belo Horizonte: Fórum, 2010.
LACERDA, Galeno. Do despacho saneador. Porto Alegre: La Salle, 1953.
MARINONI, Luiz Guilherme. "Ideias para um renovado direito processual". In: Bases científicas para um renovado direito processual. 2ª ed. São Paulo: Juspodium. 2009. p. 125/146.
MITIDIERO, Daniel. "O processualismo e a formação do Código Buzaid". In: Revista de Processo n° 183 (2010): 165/194.
MOREIRA PINTO, Júnior Alexandre. Sistemas rígidos e flexíveis: a questão da estabilização da demanda in Causa de pedir e pedido no processo civil. Coordenadores José Rogério Cruz e Tucci e José Rogério dos Santos Bedaque. São Paulo: RT, 2002.
NICOLITT, André Luiz. A duração razoável do processo. Rio de Janeiro: Lumen Juris. 2006.
PAULA ATAÍDE JR., Vicente de. "O novo CPC: Escrito com tinta escura e indelével". In: Revista Magister de direito civil e processo civil n° 37 (2010): 102/106.
PICARDI, Nicola. Jurisdição e Processo. Organização e revisão de tradução de Carlos Alberto Alvaro de Oliveira. Rio de Janeiro: Forense. 2008.
PINTO, Almir Pazzianotto. "Novo código de processo?". Extraído do site Migalhas. Acesso em 12 nov. 2010.
PUNZI, Carmine. "Le riforme del processo civile e degli instrumenti alternativi per la soluzione delle controversie". In: Rivista di diritto processuale, Ano 64, segunda série, n° 5 (2009): 1197/1239.
REALE, Miguel. Fontes e modelos do direito: para um novo paradigma hermenêutico. São Paulo: Saraiva, 1994.
RODRIGUES NETTO, Nelson. "O vai e vem do recurso de agravo: uma nova modalidade de sua interposição – o agravo nos autos do processo". In: Revista Dialética de Processo Civil n° 94 (2011): 89/98.
RUBIN, Fernando. "A preclusão na dinâmica do processo civil". In: Coleção Alvaro de Oliveira – Estudos de Processo e Constituição, n. 3. Porto Alegre: Livraria do Advogado, 2010.
———. "O contraditório na visão cooperativa do processo". In: Revista Dialética de Processo Civil n° 94 (2011): 28/44.
———. "Preclusão: Constituição e Processo". In: Revista Magister de direito civil e processo civil n° 38 (2010): 79/96.

———; SCHMITT, Cristiano Heineck. "Observações ao projeto do novo código de processo civil: (des)necessidade do movimento de reforma e inovações no sistema recursal". *In: Revista AJURIS* n° 120 (2010).

SCARPINELLA BUENO, Cássio. *Curso sistematizado de direito processual civil*. Volume I – Teoria geral do direito processual civil. 4ª ed. São Paulo: Saraiva, 2010.

TALAMINI, Eduardo. *Tutela monitória*. 2ª ed. São Paulo: RT, 2001.

TARUFFO, Michele. "Le preclusioni nella riforma del processo civile". *In: Rivista di Diritto Processuale Civile* n° 68 (1992): 296/310.

TARZIA, Giuseppe. "O novo processo civil de cognição na Itália". Trad. Clayton Maranhão. *In: Revista de Processo* n° 79 (1995): 51/64.

THEODORO JR., Humberto. "A onda reformista do direito positivo e suas implicações com o princípio da segurança jurídica". *In: Revista Magister de direito civil e processual civil* n° 11 (2006):5/32.

———. "Um novo código de processo civil para o Brasil" in *Revista Magister de direito civil e processo civil* n° 37 (2010): 86/97.

ZAVASCKI. Teori Albino. *Antecipação de tutela*. São Paulo: Saraiva, 1997.

—5—
A aplicação processual do Instituto da Prescrição

Sumário: Introdução; I – Noções gerais do instituto da prescrição: a prescrição total ou do fundo do direito e a prescrição parcial ou quinquenal; II – O tradicional regramento da aplicação processual da prescrição: a prescrição sujeita ao regime da preclusão e o atual entendimento da matéria no processo trabalhista; III – O novel regramento da aplicação processual da prescrição: a prescrição decretável de ofício no atual processo civil; IV – Limites na aplicação oficiosa do instituto da prescrição: a aplicação do efeito translativo dos recursos, a questão do prequestionamento e a vedação à *reformatio in peius;* V – Notas sobre a incidência da prescrição na execução do julgado: a prescrição intercorrente na fase de cumprimento de sentença; Conclusão; Referências doutrinárias.

Introdução

O instituto da prescrição possui vasta aplicação no direito processual, em maior ou menor escala, dependendo especialmente do ramo do direito material discutido e do próprio procedimento judicial a ser seguido. Em período próximo, vem sendo discutida a sua aplicação de maneira mais acentuada, em razão da entrada em vigor da Lei n° 11.280/2006 e da consequente possibilidade de reconhecimento *ex officio* do instituto, ao menos no âmbito do processo civil (já que maiores dúvidas, como veremos, são constituídas quando da análise da aplicação da prescrição de ofício no processo trabalhista).

Debates em relação a essas circunstâncias contemporâneas, com explicitação das espécies de prescrição (total ou parcial), da sua aplicação oficiosa no processo civil e trabalhista, como também os limites dessa aplicação nas instâncias jurisdicionais superiores e ainda a atuação da prescrição (intercorrente) na execução definitiva são cenários relevantes e que compõem o objeto central de investigação no presente ensaio.

À luz da mais abalizada doutrina e de atuais/paradigmáticos julgados, buscaremos explicar essas diferenciações, sugerindo outros conflitos de difícil resolução, aproximando, de qualquer forma, o estudo da prescrição (como instituto do direito material) com o da preclusão (instituto próprio do direito processual) – temáticas recorrentes na prática do foro, que constantemente geram incidentes e controvérsias entre os operadores do direito.

I – Noções gerais do instituto da prescrição: a prescrição total ou do fundo do direito e a prescrição parcial ou quinquenal

1. A prescrição é instituto de direito material, mas que progressivamente vem ganhando espaço no cenário processual, especialmente após a publicação da Lei nº 11.280/2006 – que tornou possível a decretação de ofício do instituto, equiparando-o à decadência.[1]

Seu escopo é impedir o exame meritório, caso tenha a parte autora retardado em demasia o tempo para ingresso com demanda judicial. Não impede propriamente o ajuizamento da demanda, mas sim, impede a pretensão a um juízo de mérito, em razão do reconhecimento de uma prejudicial, a qual determina a extinção do feito como se o mérito houvesse sido enfrentado (art. 269, IV, do CPC).[2]

Embora os institutos da prescrição e da preclusão digam respeito à sistemática de utilização de prazos para ser tomada determinada medida pela parte interessada, por certo confusão entre elas não pode se suceder. A preclusão extingue o direito de praticar certo ato ou faculdade no processo, enquanto a prescrição extingue a pretensão, inviabilizando o êxito de ação proposta para reconhecimento e realização do direito – embora não se dê, com a prescrição, "a perda da ação no sentido processual, pois, diante dela, haverá julgamento de mérito, de improcedência do pedido, conforme a sistemática do Código".[3]

Em outros termos, a prescrição, direta ou indiretamente, trata de inviabilizar a corporificação do próprio direito material, a pretensão que alguém almeja deduzir em juízo;[4] a preclusão, por seu turno, significa apenas a perda do direito à prática de um determinado ato processual.[5]

---

[1] SICA, Heitor. *O direito de defesa no processo civil brasileiro*: um estudo sobre a posição do réu. São Paulo: Atlas, 2011, p. 117, especialmente o teor da nota de rodapé nº 125.

[2] SCARPINELLA BUENO, Cassio. *Curso sistematizado de direito processual civil*. 3ª ed. Tomo I, Vol. 2. São Paulo: Saraiva, 2010, p. 377/378.

[3] THEODORO JR., Humberto. *Curso de direito processual civil*. V. I. 38ª ed. Rio de Janeiro: Forense, 2002, p. 290.

[4] PONTES DE MIRANDA, Francisco Cavalcanti. *Tratado das ações*. Tomo I. Atualizado por Vilson Rodrigues Alves. Campinas: Bookseller, 1998, p. 128.

[5] FERREIRA FILHO, Manoel Caetano. *A preclusão no direito processual civil*. Curitiba: Juruá, 1991, p. 61.

Trata a prescrição, como a decadência, de verdadeira sanção oposta ao beneficiário da utilização de um direito material, não podendo realmente se falar em sanção quando da análise do instituto da preclusão processual. *A priori*, complemente-se, por oportuno, a prescrição assume caráter sancionatório menos grave do que a decadência, já que esta fulmina *incontinenti* o próprio direito, e aquela não mais do que a pretensão em juízo – podendo se cogitar, assim, de satisfação extrajudicial da pretensão na hipótese, *v.g.*, de o devedor espontaneamente vir a quitar dívida com o credor (não obstante então, no caso, restar "prescrito o crédito"); o pagamento seria válido e não poderia ser repetido. Ademais, comprovando-se tratar-se de sanção menos grave, tão somente a matéria sob a qual incidiu a prescrição pode ser suscitada pelo réu, em matéria contestacional (exceção substantiva indireta, art. 326 do CPC) – exigindo-se do demandado, por exemplo, eventual compensação de crédito líquido e certo (embora "prescrito"); ou seja, a perda da capacidade de exigir a pretensão em juízo não implicaria a perda da capacidade defensiva do direito dentro do processo movido por outrem,[6] o que não se dá com a decadência.

2. Expostas em breves linhas as diferenças da prescrição para o grande instituto de direito processual (a preclusão) e para o outro grande instituto de direito material (a decadência), devemos seguir para diferenciar a prescrição total (ou do fundo do direito) da prescrição parcial (ou quinquenal).

Dependendo do campo do direito material que estivermos tratando, identificaremos a possibilidade de utilização dessas duas modalidades. A prescrição total determina a completa extinção da pretensão (e não parte dela), representando medida extremamente agressiva, penalizadora da demora do demandante na propositura de medida judicial. Daí por que se diz que tal prescrição é do "fundo do direito", já que a sua decretação implica em pulverização absoluta da repercussão financeira que a demanda judicial poderia reverter ao demandante.

---

[6] Embora com alguma imprecisão técnica, aludindo à suposta situação de "prescrição da ação", Ovídio Baptista explicita a hipótese abordada: "Pode acontecer que o direito e a ação existam, mas alguma circunstância exterior faça com que a ação tenha a sua eficácia suspensa, ou até mesmo modificada ou extinta, pense-se no caso que acontece quando ocorre a prescrição da ação. O direito que teve prescrita a ação, não desaparece; continua a existir apenas destituído de acionabilidade. O credor de uma dívida prescrita continua credor, de tal modo que, se o devedor lhe paga o pagamento é válido e não pode ser repetido. Da mesma maneira, embora não sendo acionável o crédito, justamente por ter havido prescrição da ação, o credor poderá opô-lo como defesa para compensá-lo com o eventual crédito contrário que seu devedor tiver contra si. Essas duas manifestações da existência do direito que teve prescrita sua ação, demonstram que a prescritibilidade é algo exterior ao direito e à própria ação" (SILVA, Ovídio Baptista da. *Curso de processo civil*. Vol. 1. 6ª ed. São Paulo: RT, 2003, p. 317).

É a regra no direito civil,[7] em que, *v.g.*, tem a parte autora o prazo de três anos para requerer eventual ressarcimento de danos (materiais/ morais/estéticos) em desfavor de quem agiu em desconformidade com a lei (art. 206, § 3°, V, do CC/02); ou, no direito laboral, o prazo limite de dois anos da extinção do contrato de trabalho para discutir eventual descumprimento das normas trabalhistas em desfavor do empregador (art. 7°, XXIX, da CF/88); ou mesmo, no direito consumeirista, o prazo de um ano da prova inequívoca do sinistro para se requerer eventual indenização securitária devida pela seguradora privada em favor de quem tenha formalizado a contratação da apólice (art. 206, § 1°, II, *b*, do CC/02 c/c CDC/1990).[8]

Já a prescrição parcial é modalidade menos agressiva, em que não se dá a prescrição integral das cifras relacionadas ao direito adquirido do demandante, mas sim, opera-se a perda de determinadas parcelas pretéritas em razão da mesma demora no ajuizamento da demanda judicial. Na verdade, as parcelas perdidas circunscrevem-se ao período de cinco anos anteriores ao ajuizamento da demanda, razão pela qual essa modalidade mais branda é também denominada de "prescrição quinquenal".[9]

Trata-se de típica modalidade prescricional aplicável às demandas previdenciárias (art. 103 da Lei n° 8.213/91). Na hipótese, aplica-se a prescrição parcial ou quinquenal, justamente porque a aplicação do instituto no caso concreto não impede a percepção de benefício, independentemente da demora no ajuizamento da ação previdenciária, mas determina que sejam somente pagas as parcelas vencidas anteriores ao ajuizamento, em lapso não superior a cinco anos.

Em síntese, não se fala em prescrição total para a percepção de benefícios previdenciários junto ao INSS, mas tão somente da sua modalidade parcial, conforme previsão da Súmula 85 do STJ, a qual, ao tratar

---

[7] ANDRADE, Érico. A prescrição das pretensões de acidente de trabalho, o Novo Código Civil e a Emenda Constitucional n° 45/2004. In: *Repertório de Jurisprudência IOB*, n° 4 (2007): 108/114, Vol. II – Trabalhista e Previdenciário.

[8] RUBIN, Fernando. Processo judicial de seguro (privado) em razão de acidente de trabalho. In: *Revista Síntese Direito Empresarial* n° 21 (2011): 105/113.

[9] Esclarecemos o leitor que, em outro sentido, a expressão "prescrição quinquenal" pode ser (anomalamente, no nosso entender) utilizada para se falar na prescrição de fundo do direito, que se corporifica pela inércia do credor no ajuizamento da demanda no transcorrer de cinco anos – como a hipótese de perda de prazo para o advogado cobrar do cliente os honorários, prevista no art. 206, § 5°, do Código Civil de 2002. Nesse sentido a expressão é empregada no ensaio de Eduardo Tomasevicius Filho (A prescrição quinquenal para cobrança de dívidas no Código Civil de 2002. In: *Revista dos Tribunais*. vol. n° 907 (2011): 31/58), sem que o jurista tenha feito a devida ressalva de sua consagrada utilização em campo absolutamente diverso, qual seja, na prescrição que atinge tão somente parte da pretensão deduzida em juízo. Fica, pois, a ressalva e, com a devida vênia, a crítica pela inexistência de uma diferenciação aprofundada, pela doutrina, entre a prescrição total e a prescrição parcial; sendo confirmado que utilizamos a expressão "prescrição quinquenal" para tratarmos da prescrição parcial.

genericamente das relações jurídicas de trato sucessivo em que a Fazenda Pública figure como devedora, registra que a prescrição atinge apenas as prestações vencidas antes do quinquênio anterior à propositura da ação.[10]

Em termos práticos, temos que se um determinado segurado tivesse grave acidente típico em ambiente de labor em 1980 com perda total dos membros superiores e não requeresse o benefício aposentadoria por invalidez acidentária imediatamente, poderia ingressar em juízo posteriormente, por exemplo, no ano 2000 e ter direito, nesse cenário, as parcelas vincendas bem como as parcelas vencidas, mas essas últimas limitadas a 1995 (parcelas integrantes do quinquenio anterior à propositura da ação acidentária). As parcelas entre 1980 e 1995 restariam prescritas, representando esse período a de prescrição parcial a ser reconhecida em juízo.[11]

II – O tradicional regramento da aplicação processual da prescrição: a prescrição sujeita ao regime da preclusão e o atual entendimento da matéria no processo trabalhista

3. Historicamente, a prescrição foi instituto criado para ser exclusivo objeto de defesa pelo réu (*exceção*), descabendo o seu exame de ofício pelo magistrado – já que se não alegada pela parte interessada, restaria preclusa a matéria dentro do processo, devendo-se deduzir que era do seu interesse o exame do mérito propriamente dito da contenda (art. 269, I, CPC), com a prolação de sentença (de improcedência) favorável aos seus interesses.

O art. 219, § 5°, do CPC, na forma determinada pela Lei n° 5.925/73, dispunha que a prescrição poderia ser reconhecida e decretada de ofício caso se tratasse tão somente de direitos não patrimoniais. Com o advento do novo Código Civil, as regras de reconhecimento da prescrição *ex officio* tiveram relativa alteração, à medida que passou a poder ser reconhecida pelo julgador só quando aproveitasse incapaz (art. 194); podendo, no entanto, toda e qualquer matéria prescricional ser alegada em qualquer grau de jurisdição, pela parte a quem aproveite (art. 193).

Agora, com a chegada da Lei n° 11.280/2006, alterando o § 5° do art. 219 CPC, o juiz pode reconhecer a prescrição, mesmo sem provocação da parte interessada, em qualquer grau de jurisdição – e para que não

---
[10] SANTOS, Marisa Ferreira dos. *Direito previdenciário esquematizado*. São Paulo: Saraiva, 2011, p. 321.

[11] RUBIN, Fernando. *Processo Judicial de Concessão de Benefício Acidentário*. Editora Magister – Porto Alegre – RS. Publicado em: 26 ago. 2011. Disponível em: <http://www.editoramagister.com/doutrina_ler.php?id=1069>. Acesso em: 28 ago. 2011.

pairem dúvidas e eventuais conflitos aparentes entre as normas do Código Civil e do Código de Processo Civil, a Lei n° 11.280/2006 revogou expressamente o art. 194 do Código civilista, que tratava diretamente da matéria sobre prescrição.[12]

De qualquer maneira, como entendimento tradicional em relação ao tema prescricional, tem-se que seria matéria propriamente de defesa, a constar expressamente na peça contestacional, daí exigindo-se o seu enfrentamento pelo magistrado, decorrendo a preclusão da matéria quando não ventilada pelo réu ou, mais corriqueiramente, quando não mais cabível recurso da decisão interlocutória que resolvesse o incidente suscitado pela parte demandada.

Nesse sentido, a clássica e precisa lição de Sérgio Pinto Martins, ao dispor que prescrição é matéria de defesa, na qual o réu deve alegar todos os motivos de fato e de direito com que impugna a pretensão do autor (art. 300 do CPC), o que incluiria a prescrição: "logo, a prescrição não pode ser alegada após ser oferecida a defesa, pois viola o contraditório e suprime instância".[13]

4. Esse entendimento tradicional dos limites no reconhecimento da prescrição (a exigir prévia e expressa manifestação do réu no interesse do seu reconhecimento) teve grande ápice justamente no campo do direito do trabalho, já que a prescrição (sempre) é reconhecida em desfavor da parte hipossuficiente (empregado). Falando em tradição histórica da prescrição no nosso ordenamento, registrava o magistrado trabalhista Cláudio de Menezes, no início da década de 90, que a prescrição sempre foi enfrentada como matéria de defesa e elencada como questão de mérito, devendo ser invocada pelo réu com a contestação, sob pena de se tornar preclusa a arguição.[14]

---

[12] Ocorre que com o teor que tinha o art. 194 do Código Civil, quando da sua entrada em vigor, desde 2003, entendia boa parte da jurisprudência – REsp 37217-8/SP (4ª Turma, j. em 19/10/1993, Rel. Min. Dias Trindade); REsp 57534/SP (1ª Turma, j. em 15/05/1995, Rel. Min. Cesar Asfor Rocha) – e doutrina – GOMES JR., Luiz Manoel. *Prescrição – invocação a qualquer tempo art. 193 CC e a preclusão processual.* Disponível em: <http://www.prgo.mpf.gov.br/informativo/info75/corpo.htm>. Acesso em: 20 out. 2007; BARBOSA MOREIRA, J. C. Aspectos da extinção do processo conforme o art. 329 CPC. In: *Estudos em homenagem ao Prof. Galeno Lacerda.* Coordenador Carlos Alberto Alvaro de Oliveira. Porto Alegre: Sergio Fabris, 1989, p. 267/269 – que a prescrição poderia ser invocada a qualquer tempo pela parte, mas uma vez rejeitada, em decisão interlocutória, a ausência de recurso tempestivo, determinaria a preclusão, tanto para parte (que perderia o direito de recorrer), quanto para o juiz e o tribunal (que ficariam impedidos de pronunciá-la, salvo para favorecer absolutamente incapaz).

[13] MARTINS, Sérgio Pinto. *Direito processual do trabalho.* 22ª ed. São Paulo: Atlas, 2004, p. 303.

[14] MENEZES, Cláudio Armando Couce de. A prescrição e os princípios da eventualidade e da efetividade. In: *Repertório IOB de Jurisprudência* n° 40 (1993): 185/186.

A partir da alteração da temática prescricional pelo art. 219, § 5°, do CPC, conforme defende Victor Hugo Nazário Stuchi, não haveria maiores dúvidas de que a regra da declaração de ofício da prescrição é plenamente aplicável ao processo do trabalho, uma vez que o diploma trabalhista consolidado é omisso e não há qualquer incompatibilidade entre este diploma e o Código de Processo Civil.[15]

Em semelhante direção, Gustavo Filipe Barbosa Garcia também destaca que é "inevitável" a aplicação do art. 219, § 5°, do CPC no processo trabalhista, sendo que "as argumentações em sentido contrário, na verdade, estão a discordar do próprio Direito objetivo ora em vigor, situando-se assim, com a devida vênia, no plano da crítica ao Direito legislado".[16]

No entanto, é de se registrar que o tema prescricional, nos estritos limites da esfera laboral, não parece ser tão simples. Ocorre que sob diversa perspectiva, Manoel Carlos Toledo Filho observa que, no âmbito do processo laboral, a decretação da prescrição virá sempre em prol do empregador; será uma vantagem diretamente vinculada à parte mais forte do conflito de interesses submetido à apreciação do órgão jurisdicional – logo, parece claro que seu reconhecimento de ofício pelo magistrado irá colidir, de forma impostergável, com o princípio de proteção.[17]

Justamente ao encontro desse último entendimento, vem defendendo mais recentemente o TST que não se mostra compatível com o processo do trabalho a nova regra processual inserida no art. 219, § 5°, do CPC, que determina a aplicação da prescrição, de ofício, em face da natureza alimentar dos créditos trabalhistas: "Há argumentos contrários à compatibilidade do novo dispositivo com a ordem justrabalhista (arts. 8° e 769 da CLT). É que, ao determinar a atuação judicial em franco desfavor dos direitos sociais laborativos, a novel regra civilista entraria em choque com vários princípios constitucionais, como da valorização do trabalho e do emprego, da norma mais favorável e da submissão da propriedade à sua função socioambiental, além do próprio princípio da proteção".[18]

---

[15] STUCHI, Victor Hugo Nazário. A Prescrição e sua decretação de ofício na Justiça do Trabalho. In: Scientia FAER, Olímpia – SP, Ano 1, Volume 1, 2° Semestre. 2009, p. 82/91. Especialmente p. 90.

[16] BARBOSA GARCIA, Gustavo Filipe. Prescrição de ofício: da crítica ao direito legislado à interpretação da norma jurídica em vigor. In: *Revista de Processo* n° 145 (2007): 163/172. Especialmente p. 167.

[17] TOLEDO FILHO, Manoel Carlos. O novo § 5° do art. 219 do CPC e o processo do trabalho. In: *Rev. TST*, Brasília, vol. 72, n° 2, maio/ago 2006, p. 67/71. Especialmente p. 69.

[18] Ementa do julgado: "RECURSO DE REVISTA. PRESCRIÇÃO. DECLARAÇÃO DE OFÍCIO. NATUREZA ALIMENTAR DOS CRÉDITOS TRABALHISTAS. INCOMPATIBILIDADE COM O PROCESSO DO TRABALHO". (NÚMERO ÚNICO PROC: RR – 86000/2008-0031-23 ... DIG_TXT: 65-0 PUBLICAÇÃO: DJ – 16/04/2010 – Disponível em: <http://www.jurisway.org.br/v2/bancojuris1.asp?pagina=1&idarea=1&idmodelo=19886>, acesso em 27 ago. 2011).

Portanto, embora ainda a questão não esteja devidamente cristalizada na justiça do trabalho, há evidente tendência atual de desconsideração, nesse especializado procedimento, da inovação legal inserida no art. 219, § 5°, do CPC – sendo sedimentado pelo TST que a prescrição continua sendo matéria de defesa do réu, sujeita ao regime preclusivo, não podendo as Superiores Instâncias dela tratar, caso a questão não tenha sido invocada pelo réu ou já tenha sido solucionada em decisão da origem não mais passível de recurso.

III – O novel regramento da aplicação processual da prescrição: a prescrição decretável de ofício no atual processo civil

5. O atual posicionamento no direito processual pátrio (a partir da citada Lei n° 11.280/2006) é de que a prescrição pode ser reconhecida de ofício, a qualquer tempo, desinteressando se houve expressa manifestação do réu a respeito. Se no campo trabalhista, há ainda grandes dúvidas sobre qual o posicionamento a ser seguido – destacando-se contemporaneamente a tese da manutenção da regra tradicional de aplicação da prescrição –, no campo do processo civil ao menos, há disposição legal (novel) a respeito e vem sendo seguida.

Assim, tem-se que com a nova disposição legal, aumenta-se o poder de comando/mobilidade judicial, ao passo que o magistrado terá direito de reapreciar a questão prescricional, vindo a declarar a pretensão em juízo extinta com base no art. 269, IV, do CPC, mesmo que já tenha se manifestado anteriormente no processo, *v.g.* no saneador, pela inexistência da prescrição parcial ou total. O mesmo se dará para o Tribunal, em que, a qualquer tempo, antes de eventual exame de recurso sobre o mérito, poderá o magistrado revisor, *ex officio*, vir a enfrentar a prejudicial de prescrição – extinguindo o feito, caso vislumbre prescrição do fundo de direito.

Ocorre que se admitirmos que a prescrição é matéria de ordem pública, reconhecível de ofício, forçoso também concluir-se que pode ser invocada mesmo que já tenha sido proferida decisão contrária nos próprios autos. Equipara-se, pois, a outras matérias não sujeitas ao regime da preclusão, como as condições da ação/pressupostos processuais, juízo de admissibilidade recursal, nulidades, matéria probatória e erros materiais.[19]

---

[19] RUBIN, Fernando. A preclusão na dinâmica do processo civil. In: *Coleção Alvaro de Oliveira – Estudos de Processo e Constituição*, n. 3. Porto Alegre: Livraria do Advogado, 2010, p. 144.

E o posicionamento atual do Superior Tribunal de Justiça, levando-se como parâmetro o paradigmático REsp n° 836.083/RS (Rel. Min. José Delgado, 1ª Turma, j. em 03/08/2006), inclina-se exatamente para o sentido de reconhecer a prescrição como típica matéria de ordem pública no processo civil.[20]

São, no entanto, inúmeras as críticas de boa parte da doutrina pátria em relação à atual redação do § 5° do art. 219 CPC. Em linhas gerais, reconhece-se, *ab initio*, que "no afã de cumprir o preceito da efetividade, o legislador subverteu o sistema, dando-lhe inadequado tratamento".[21]

Mais especificamente, o descontentamento com a inovação processual recai sobre a viabilidade de o julgador, em matérias de direito patrimonial, vir a decretar a prescrição mesmo que a parte privilegiada (réu) desejasse ter apreciado o mérito da causa – o que o levou a não ter ventilado a matéria prescricional nas oportunidades processuais anteriores (especialmente em matéria preliminar contestacional). Sim, pois haveria um substrato ético (questão moral) que indicaria para o interesse do réu de ver analisado o mérito da causa pelo Poder Judiciário, a fim de ter publicada uma sentença de improcedência (art. 269, I, *versus* art. 269, IV, CPC).

Daí por que abalizada doutrina, à luz de alguns precedentes do Superior Tribunal de Justiça, entende que a prescrição não deva ser decretada de ofício pelo magistrado sem que seja dada vista ao réu, a fim de colher eventual renúncia à prescrição.[22] A questão é que quando não se dá tal renúncia expressa, poderia o magistrado, de acordo com a disposição infraconstitucional, reconhecer a qualquer tempo a prescrição, o que inegavelmente distorce, mesmo que indiretamente, o conceito histórico do instituto.

Adroaldo Furtado Fabrício, em instigante palestra proferida na Faculdade de Direito da UFRGS, em 05/05/2006, alertou para esse ponto, bem como para a desestruturação histórica do instituto (moldada pela jurisprudência e pela doutrina) e incompatibilidade da malfadada novidade com as regras outras do código civilista ainda vigentes (*v.g.* arts. 191 e 882), as quais justamente mantêm a tradição da prescrição como matéria

---

[20] Senão, vejamos os seguintes excertos do julgado: "(...) para ser declarada a prescrição de ofício pelo juiz, basta que se verifique a sua ocorrência, não mais importando se refere-se a direitos patrimoniais ou não (...)"; acrescentando-se que "por ser matéria de ordem pública, a prescrição há de ser declarada de imediato, mesmo que não tenha sido debatida nas instâncias ordinárias".

[21] CIANCI, Mirna. A prescrição na Lei n° 11.280/2006. In: *Revista de Processo* n° 148 (2007): 32/45.

[22] "Consoante já se decidiu, 'a regra do art. 219, § 5°, do CPC pressupõe a convocação do demandado que, apesar de presente à ação, pode pretender adimplir a obrigação natural' (STJ, 1ª Turma, AgRg no Ag 736.990/MG, Rel. Min. Luiz Fux, j. em 03/05/2007). Não sendo o caso, cumpre-lhe sentenciar sobre o mérito da causa (art. 269, IV, CPC)" (MARINONI, Luiz Guilherme; MITIDIERO, Daniel. *Código de processo civil comentado*. 3ª ed. São Paulo: RT, 2011, p. 226).

típica de defesa que pode interessar exclusivamente à parte (ré) invocá-la ou não – fato esse que indicaria para uma exegese restritiva do § 5° do art. 219 CPC.[23]

Do mesmo modo, estabelecendo uma linha nítida de diferenciação da prescrição perante a decadência (matéria reconhecidamente de ordem pública), Arruda Alvim, em ensaio específico sobre as alterações incrementadas pela Lei n° 11.280/2006, comenta: "em relação à modificação do § 5° do art. 219, parece não haver um genuíno interesse público que explique porque a prescrição deveria deixar de ser objeto de exceção. O interessado na prescrição pode não desejar que essa seja decretada, e, esse desejo deve ser respeitado pelo Direito. Diferentemente se passa com a decadência, reconhecidamente matéria de ordem pública, seja quanto à sua existência, seja quanto à atividade oficiosa do seu reconhecimento".[24]

Também criticando a inovação legislativa, Alexandre Freitas Câmara destaca que outros ordenamentos jurídicos persistem vedando categoricamente o reconhecimento *ex officio* da prescrição.[25]

Voltando-se novamente os olhos a nossa estrutura processual, em outra interessante palestra proferida por Adroaldo Furtado Fabrício, desta vez em 04/07/2006,[26] acresceu-se que a decretação da prescrição *ex officio* pelo julgador, especialmente antes de ser estabelecido o contraditório (o que é devidamente permitido pela novel norma), poderia ser uma atitude temerária e contrária à própria efetividade na solução do litígio, à medida que poderiam existir causas suspensivas/extintivas da prescrição ainda não bem delineadas na demanda, diante da forma como pro-

---

[23] Realmente, criticando veementemente a inovação processual, o palestrante chega ao ponto de indicar como única solução devida, para o bem da harmonia do diploma processual com o civilista, a revogação imediata da Lei n° 11.270/2006 no que tange à genérica previsão da prescrição *ex officio* (FABRICIO, Adroaldo Furtado. *Prescrição e sua declaração "ex officio" pelo juiz (Lei n° 11.280/06)*, palestra proferida no Salão Nobre da Faculdade de Direito da UFRGS, em 05/05/2006, na II Jornada de Processo e Constituição – Reformas Processuais – em homenagem ao Ministro do STJ Athos Gusmão Carneiro).

[24] ALVIM, Arruda. Lei n° 11.280, de 16.02.2006: análise dos arts. 112, 114 e 305 do CPC e do § 5° do art. 219 do CPC. In: *Revista de Processo* n° 143 (2007): 13/25.

[25] Assim, por exemplo, o Código Civil italiano, no art. 2.938; o Código Civil francês trata do tema, em seu art. 2.223; o art. 142 do Código de Obrigações da Suíça tem redação análoga; e o Código Civil argentino dispõe sobre o tema em seu art. 3.964. Vale citar, ainda, o Código Civil português, cujo art. 303 estabelece, em maiores linhas, que "o tribunal não pode suprir, de ofício, a prescrição; esta necessita, para ser eficaz, de ser invocada, judicial ou extrajudicialmente, por aquele a quem aproveita, pelo seu representante ou, tratando-se de incapaz, pelo ministério público" (CÂMARA, Alexandre Freitas. *Reconhecimento de ofício da prescrição: uma reforma descabeçada e inócua*. Disponível em: <http://www.flaviotartuce.adv.br/secoes/artigosf/Camara_presc.doc>. Acesso em 18 nov. 2007).

[26] FABRICIO, Adroaldo Furtado. *Prescrição e decadência* palestra proferida no Salão Nobre da Faculdade de Direito da UFRGS, em 04/07/2006, para o curso de especialização em Direito Civil da UFRGS.

posta na exordial a conjectura fático-jurídica e em face da (in)existência de documentos acostados – em momento procedimental, é bom frisar, em que ainda ausente o polo passivo.

Tal raciocínio, aliás, bem se coaduna com as ideias já expostas no sentido de que mesmo em matérias de ordem pública, invocáveis de ofício, importante que seja estabelecido o prévio contraditório entre os litigantes, não só para serem prestados melhores esclarecimentos quanto à matéria a ser objeto de imediata ponderação, mas também para se evitar que sejam as partes surpreendidas por decisão relevante envolvendo tema até então não debatido.

Este aspecto, ainda não devidamente consolidado no atual estágio do processo civil brasileiro, está, ao menos, contemplado no Projeto n° 166/2010 (para um novo Código de Processo Civil),[27] existindo previsão no art. 469, parágrafo único, de que a prescrição e a decadência não serão decretadas sem que antes seja dada às partes oportunidade de se manifestar. Tal sistemática, conforme o Projeto, está inserida também nos Princípios e Garantias Fundamentais a serem seguidas, já que de acordo com o propedêutico art. 10 "o juiz não pode decidir, em grau algum de jurisdição, com base em fundamento a respeito do qual não se tenha dado às partes oportunidade de se manifestar, ainda que se trate de matéria sobre a qual tenha que decidir de ofício".[28]

De qualquer forma, por ora, em face da atual disciplina do nosso diploma processual civil e do posicionamento adotado pelo Superior Tribunal de Justiça (como no paradigmático *decisum* supraventilado), tem-se que a prescrição passa a se aproximar ainda mais do instituto da decadência, corporificando-se ambas como *matérias prejudiciais do mérito*, contempladas no art. 269, IV, do CPC (objeto, portanto, de sentença definitiva), e que podem ser reconhecíveis de ofício pelo diretor do processo a qualquer tempo.[29]

---

[27] GUEDES, Jefferson Carús; DALL´ALBA, Felipe Camillo; NASSIF AZEM, Guilherme Beux; BATISTA, Liliane Maria Busato (organizadores). *Novo código de processo civil. Comparativo entre o projeto do novo CPC e o CPC de 1973*. Belo Horizonte: Fórum, 2010, p. 42 e 138.

[28] Mas mesmo no Projeto n° 166/2010, o tema não possui tratamento uniforme, já que o art. 317,III autoriza que haja rejeição liminar da demanda, independentemente de citação do réu, se verificada desde logo (de ofício, pelo juiz) a decadência ou a prescrição. Por certo, há aqui conflito do teor desse dispositivo com o art. 469 e com o art. 10, conforme bem registra a magistrada federal Renata Mesquita Ribeiro Quadros (Da rejeição liminar da demanda baseada na decadência ou na prescrição – art. 317, III, do Projeto de Lei do Senado n. 166, de 2010. In: *Coleção Jornada de Estudos ESMAF*, Distrito Federal, volume n° 8 (2011): 207/209). Porém, diversamente da jurista, entendemos que, se mantidas as disposições do Projeto, deva ser relativizado o texto do art. 317, III, em respeito inclusive a linha principiológica do novo CPC, sendo rejeitada liminarmente a demanda só após a firmação de imediato contraditório, com a citação do réu.

[29] RIOS GONÇALVES, Marcus Vinícius. *Direito processual civil esquematizado*. São Paulo: Saraiva, 2011, p. 290.

A sedimentação dessa concepção, ao que parece, ainda está longe de se suceder (ainda mais pelas incompatibilidades evidentes entre a natureza do instituto da prescrição, como posto na codificação civilista, e sua visão como matéria de ordem pública, na forma como engendrada pela novel alteração processual), sendo vital para tanto as posições reiteradas da jurisprudência, especialmente do STJ, que venham a transitar em julgado num futuro próximo; bem como a redação final dos artigos que circundam o tema no Projeto 166/2010 para um Novo Código de Processo Civil, já aprovado no Senado Federal e atualmente em tramitação na Câmara Federal.

IV – Limites na aplicação oficiosa do instituto da prescrição: a aplicação do efeito translativo dos recursos, a questão do prequestionamento e a vedação à *reformatio in peius*[30]

6. Se a prescrição, como matéria de ordem pública a partir da Lei n° 11.280/2006, pode ser invocada a qualquer tempo pelo magistrado, no processo civil, desde que conserve aquele a jurisdição, pergunta-se se tal sistemática é válida mesmo nas instâncias extraordinárias (STF, STJ), em face da alegação de ausência do necessário prequestionamento – já que a matéria prejudicial do mérito poderia até então não ter sido diretamente discutida no processo pelas partes e pelo próprio Estado-juiz.

Há quem entenda, como José Rogério Cruz e Tucci, que se deve interpretar que o juiz conhecerá de ofício das condições e dos pressupostos processuais (e de qualquer outra relevante matéria de ordem pública, como a prescrição) em qualquer tempo, mas tão só nas instâncias ordinárias, ou seja, em primeiro ou segundo grau de jurisdição.[31]

Não nos parece, todavia, que essa seja a melhor solução.

Ocorre que o prequestionamento é exigência tão somente para efeitos de admissibilidade da irresignação excepcional (recurso especial ou extraordinário), em nada, portanto, interferindo na análise de todo o tema vergastado, a ser realizada após a formalidade relativa ao conhecimento do recurso. Assim, tendo sido admitido o recurso excepcional, em face do prequestionamento da matéria objeto do recurso (superado esse primeiro estágio bem definido), nada impede que, ao proferir decisão

---

[30] Trecho desenvolvido a partir de passagem da obra: RUBIN, Fernando. A preclusão na dinâmica do processo civil. Op. cit., p. 157/162.

[31] CRUZ E TUCCI, José Rogério. Sobre a eficácia preclusiva da decisão declaratória de saneamento. In: *Estudos em homenagem ao Prof. Galeno Lacerda,* coordenador Carlos Alberto Alvaro de Oliveira. Porto Alegre: Sergio Antonio Fabris, 1989, p. 289.

meritória (segundo estágio), o Ministro-Relator entenda pela existência de prescrição da pretensão, e venha a partir daí a extinguir o feito com base no art. 269, IV, do CPC, reformando o julgado lavrado pelo Tribunal *a quo* em favor da parte recorrente (*efeito translativo* decorrente do art. 516 c/c 515, *caput*, ambos do CPC).

Nesse sentir, Amir Sarti destaca que não se pode conceber que justamente o Tribunal encarregado de zelar pela integridade do ordenamento jurídico federal se veja impedido de aplicar o direito incidente no caso concreto, por omissão ou erro das instâncias inferiores.[32]

E mesmo Teresa Arruda Alvim Wambier, que defende a tese contrária no sentido de que "como regra geral, se o recurso tiver passado pelo juízo de admissibilidade, nem por isso as portas estão abertas para o Tribunal examinar a matéria devolvida em sua profundidade",[33] reconhece que há decisões do STJ que autorizam, após a admissibilidade, ser reconhecidos vícios relativos a matérias de ordem pública que não teriam sido devolvidos propriamente, porque não impugnados, mas que poderiam ser conhecidos de ofício.

Rodrigo da Cunha Lima Freire, da mesma forma ao encontro do nosso posicionamento, critica especificamente passagem de Nelson Nery em que afirma se operar o efeito translativo tão somente nos recursos ordinários (apelação, agravo, embargos infringentes, embargos de declaração e recurso ordinário constitucional), com exclusão dos recursos excepcionais (recurso extraordinário, recurso especial e embargos de divergência). Enfatiza, com acerto, que: "(...) as questões de ordem pública, sobre as quais não existe preclusão, podem ser apreciadas pelo tribunal, desde que o recurso – qualquer recurso – seja conhecido, preenchendo todos os requisitos para a sua admissibilidade (cabimento, interesse recursal, legitimidade recursal, tempestividade, regularidade formal, preparo e inexistência de fato impeditivo ou extintivo do poder de recorrer)".[34]

Portanto, a decretação *ex officio* da prescrição pelo STJ ou STF seria possível no segundo estágio de atuação dessas altas Cortes, superado

---

[32] Cita, Amir Sarti, na mesma direção, paradigmas lançados pela 2ª Turma do STJ (REsp n° 36.943, Min. Rel., Pádua Ribeiro; e REsp 33.275, Min. Rel. José de Jesus) onde restou confirmado a tese de que "deve o órgão julgador limitar-se ao exame da questão federal colacionada, mas, se ao assim proceder, tiver de julgar o mérito da controvérsia, pode, de ofício, conhecer das matérias atinentes às condições da ação e aos pressupostos processuais" (SARTI, Amir José Finocchiaro. Apelação: efeito devolutivo e preclusão das questões processuais. *In: Ajuris* n° 70 (1997): 240/249).

[33] WAMBIER, Teresa Arruda Alvim. *Omissão judicial e embargos de declaração*. São Paulo: RT, 2005, p. 208/209.

[34] FREIRE, Rodrigo da Cunha Lima. *Ainda sobre a declaração "ex officio" da falta de um pressuposto processual ou de uma condição da ação em agravo de instrumento*. Jus Navigandi, Teresina, ano 5, n. 50, abr. 2001. Disponível em: <http://jus2.uol.com.br/doutrina/texto.asp?id=2007>. Acesso em: 20 out. 2007.

o momento procedimental de admissibilidade do recurso, razão pela qual não há de se falar em vedação à atuação oficiosa, reconhecedora da prescrição na "terceira instância", em face da exigência do prequestionamento.

Aliás, tal raciocínio aqui deduzido vale, da mesma forma, para se afastar veementemente qualquer afirmação no sentido de que o Superior Tribunal de Justiça, por ser guardião das normas infraconstitucionais, não pode proferir julgamento pela análise e ponderação das normas (regras e princípios) contidas na Lei Maior: o óbice existente à matéria constitucional é tão só para efeitos de admissibilidade do recurso, sendo certo que uma vez conhecida a irresignação, por violação de lei federal, deve o STJ adentrar a fundo no mérito da questão, valendo-se para solver o tema de todo o arcabouço jurídico existente – inclusive as disposições constitucionais. Nesse contexto, conforme se extrai de estudo de Athos Gusmão Carneiro,[35] deve ser interpretada a Súmula n° 456 do Pretório Excelso a prever que "o Supremo Tribunal Federal, conhecendo do recurso extraordinário, julgará a causa, aplicando o direito à espécie" – sendo tal preceito constante igualmente no regimento interno do STJ, art. 257.[36]

7. Se, como visto, mesmo em sede recursal excepcional, pode o julgador, superada a fase de admissibilidade, vir a enfrentar de ofício as matérias preliminares/prejudiciais (pressupostos processuais e condições da ação/prescrição, v.g.) a fim de reformar a decisão (de mérito) do Tribunal *a quo* a favor da parte recorrente (efeito translativo decorrente do art. 516 c/c 515, *caput*, ambos do CPC), indaga-se, por fim, se teria o julgador a mesma liberdade no exame dessas matérias não preclusivas (de ordem pública) se a decisão que daí adviria viesse, no outro extremo, a prejudicar a única parte recorrente – acarretando verdadeira *reformatio in peius*, diante de preclusão do ato de recorrer produzido perante a parte não objeto de irresignação recursal.

Pensa-se no seguinte exemplo: a parte autora sai-se vitoriosa, em sede de apelação, reformando a sentença de mérito do primeiro grau,

---

[35] CARNEIRO, Athos Gusmão. Requisitos específicos de admissibilidade do recurso especial. In: *Aspectos polêmicos e atuais dos recursos cíveis de acordo com a Lei n° 9.756/98*. Coordenação de Teresa Arruda Alvim Wambier e Nelson Nery Jr. São Paulo: RT, 1999, p. 96/126.

[36] Tal enquadramento, aliás, foi devidamente acatado em julgado paradigmático mais recente do STJ, da lavra do Min. Teori Zavascki: REsp n° 869534/SP, Julgado unânime pela 1ª Turma em 27/11/2007 (com votos também do Ministro Francisco Falcão e Denise Arruda), em cuja ementa se lê o seguinte: "(...) Superado o juízo de admissibilidade, o recurso especial comporta efeito devolutivo amplo, já que cumprirá ao Tribunal julgar a causa, aplicando o direito à espécie (art. 257 do RISTJ; Súmula 456 do STF), para assim proceder cabe ao órgão julgador, se necessário, enfrentar a matéria prevista no art. 267, § 3°, e no art. 301, § 4°, do CPC. Em outras palavras, a devolutividade do recurso especial, em seu nível vertical, engloba o efeito translativo, consistente na possibilidade, atribuída ao órgão julgador, de conhecer de ofício as questões de ordem pública".

com o reconhecimento de ser devido pelo réu determinada cifra a título de danos morais. Tão só o demandante recorre da decisão ao STJ alegando, em recurso especial, ser irrisória a verba arbitrada, objetivando a consequente majoração razoável da indenização. Superada a fase de admissibilidade, poderia a mais alta Corte infraconstitucional vir a reconhecer a prescrição, extinguindo a partir daí a demanda com julgamento de mérito em desfavor da única parte que recorreu?

Corrente defendida por Alcides de Mendonça Lima[37] e Nelson Nery Jr.,[38] posta-se no sentido de que o Tribunal (seja o Superior Tribunal de Justiça, em recursos excepcionais; seja o Tribunal de Justiça, em sede de recursos ordinários) poderá conhecer de ofício, mesmo que em desfavor do único recorrente, questões de ordem pública.

Também é esse o entendimento acolhido por Maria Lucia L. C. Medeiros que, em estudo do RE n° 100.034/PE, acaba por adotar posição contrária ao julgado: "Sob tais questões (as de ordem pública), alegáveis pelas partes a qualquer momento, não há *preclusão pro judicato*, isto é, pode o Juiz singular sobre elas novamente se manifestar mesmo que já tenha se pronunciado anteriormente e mais, pode o Tribunal delas conhecer, reformando a decisão de primeira instância, mesmo que não tenha havido provocação expressa das partes".[39]

No mesmo caminho, o magistério de Teresa Arruda Alvim Wambier: "Por se tratar de matéria de ordem pública, não há que se falar em *reformatio in pejus*. Assim, nada obsta que a parte que obteve oitenta, dos cem que pleiteou, ao embargar infringentemente com o escopo de fazer prevalecer o voto vencido que lhe concedia os cem, tenha como resultado do seu recurso a extinção do processo por ser considerada parte ilegítima, por haver coisa julgada, litispendência, enfim, por falta de quaisquer dos pressupostos genéricos de admissibilidade de apreciação do mérito".[40]

Diversamente da tese supraexternada, temos que o respeito à *preclusão* (de questão final ou recursal, e o consequente trânsito em julgado da matéria irrecorrida), bem como ao princípio da *reformatio in peius* – vinculado ao princípio da demanda, impedem seja reconhecível de ofício matéria preliminar sem recurso da parte que se poderia beneficiar desta medida judicial. Trata-se, no nosso entender, de limite intransponível ao

---

[37] LIMA, Alcides de Mendonça. *Introdução aos recursos cíveis*. 2ª ed. São Paulo: RT, 1976, p. 338/339.

[38] NERY JR., Nelson. *Teoria geral dos recursos*. 6ª ed. São Paulo: RT, 2004, p. 183/186.

[39] MEDEIROS, Maria Lúcia L. C. Recurso "ex officio" – "reformatio in pejus". In: *Revista de Processo* n° 61 (1991): 302/313.

[40] WAMBIER, Teresa Arruda Alvim. *Omissão judicial e embargos de declaração*. São Paulo: RT, 2005, p. 72/73.

efeito translativo do recurso, a inviabilizar a instauração de completa desordem e insegurança no processo.

A solução parece ter sido bem captada por Vicente Greco Filho: "se é certo que há decisões irrecorríveis e que, portanto, não precluem no curso do processo, bem como decisões que, por tratarem de ordem pública, podem ser sempre reexaminadas enquanto não transitar em julgado a sentença que provoca a preclusão máxima, cabe ao recurso (da parte a ser beneficiada) manter a decisão em condições de ser modificada".[41]

No caso prático externado linhas acima, seguindo-se o nosso entendimento, o STJ não poderia de ofício, mesmo sendo requerida tal medida em peça avulsa encaminhada pelo réu diretamente ao Ministro-Relator, julgar outra coisa senão o pedido do autor de majoração da verba indenizatória a título de dano moral. Essa é a corrente sustentada, dentre outros, por Barbosa Moreira, Dinamarco e Bedaque, ao deixarem claro que a parte não abrangida pela extensão do efeito devolutivo do recurso do autor, ausente irresignação do réu, estaria imune ao julgamento a ser realizado pela superior instância – parte inimpugnada essa do julgamento que passaria a ser coberta imediatamente pela *res judicata*, e só com ação rescisória poderia ser atingida.[42]

Atento às lições dos ilustres juristas acima anunciados, Maurício Giannico bem finaliza: "O capítulo da sentença não impugnado transitada em julgado imediatamente, independente da continuidade do processo em relação à matéria efetivamente impugnada em sede de apelação. Embora a apelação seja por regra recebida do duplo efeito, nem por isso o efeito suspensivo se estende por toda a decisão, no caso de sua impugnação parcial. Portanto, a parte autônoma da decisão de mérito não recorrida transita materialmente em julgado, podendo ser objeto de execução definitiva".[43]

Em linhas jurisprudenciais, percebe-se que o Superior Tribunal de Justiça adota a posição mais conservadora ora defendida – como, *v.g.*, no REsp nº 172263/SP (2ª Seção, j. em 09/06/1999), de que participaram acompanhando o Rel. Min. Ruy Rosado de Aguiar, os Ministros Carlos Alberto Menezes Direito, Nilson Naves, Eduardo Ribeiro, Wal-

---

[41] GRECO FILHO, Vicente. *Direito processual civil brasileiro.* 2º Vol. São Paulo: Saraiva, 1984, p. 261.

[42] BARBOSA MOREIRA, J. C. Correlação entre o pedido e a sentença. In: *Revista de Processo* nº 83 (1996): 207/215; DINAMARCO, Cândido Rangel. Os efeitos dos recursos. In: *Aspectos polêmicos e atuais dos recursos cíveis de acordo com a Lei nº 10.352/2001.* Coordenação de Teresa Arruda Alvim Wambier e Nelson Nery Jr. São Paulo: RT, 2002, p. 22/66, especialmente p. 44; BEDAQUE, José Roberto dos Santos. Os elementos objetivos da demanda examinados à luz do contraditório. In: *Causa de pedir e pedido no processo civil.* Coordenadores José Rogério Cruz e Tucci e José Rogério dos Santos Bedaque. São Paulo: RT, 2002, p. 43/50.

[43] GIANNICO, Maurício. *A preclusão no direito processual civil brasileiro.* 2ª ed. São Paulo: Saraiva, 2007, p. 157 e 177/178.

demar Zveiter e César Asfor Rocha, restando como voto vencido o do Min. Ari Pargendler.[44] No entanto, no Tribunal de Justiça gaúcho, a posição contrária a aqui sustentada parece ser a majoritária, conforme encaminhamento adotado no julgamento dos Embargos de Declaração nº 70011098332, pela 15ª Câmara Cível (Des. Rel. Ângelo Maraninchi Giannakos, j. em 06/04/2005), no qual se faz menção a arestos da 6ª e da 10ª Câmaras Cíveis do mesmo Tribunal[45] – se bem que o 3º Grupo Cível, em mais recente julgado de 05/10/2007, por maioria, entendeu diversamente, em especial observância ao princípio da *reformatio in peius*.[46]

8. Portanto, admitindo o enquadramento proposto ao tema, no processo civil, a partir da publicação da Lei nº 11.280/2006, alterando o § 5º do art. 219 do Código Buzaid, há de se cogitar da viabilidade do reexame da questão (de ordem pública) mesmo nas instâncias excepcionais – antes do exame do mérito no recurso especial e extraordinário, superado o momento de admissibilidade recursal (em que exigido o prequestionamento); mas há de se defender, s.m.j., a inviabilidade de reconhecimento da prescrição em desfavor da única parte que eventualmente recorra às Superiores Instâncias, já que há também limites para aplicação do efeito translativo do recurso – impedindo-se que haja, como nesse último problema discutido, reconhecimento *ex officio* da prejudicial de mérito quando em confronto com o princípio da coisa julgada e da *reformatio in peius*.

V – Notas sobre a incidência da prescrição na execução do julgado: a prescrição intercorrente na fase de cumprimento de sentença

9. Um derradeiro tópico, a respeito da prescrição, que merece precisas linhas, gira em torno da sua atuação na fase de cumprimento de

---

[44] Eis a ementa: "RECURSO. *Reformatio in pejus*. Carência da ação. Julgamento de ofício. Embargos à arrematação. – O Tribunal não pode, de ofício, reconhecer a carência da ação de embargos e extinguir o processo, no recurso de agravo interposto pelo embargante para ampliar o efeito suspensivo concedido aos embargos. – Recurso conhecido e provido".

[45] Consta na ementa: "EMBARGOS DE DECLARAÇÃO. CAUTELAR DE EXIBIÇÃO DE DOCUMENTOS. BRASIL TELECOM. CARÊNCIA DE AÇÃO. Matéria de ordem pública que pode ser conhecida de ofício e a qualquer tempo, não acarretando 'reformatio in pejus' ou violação ao princípio do 'tantum devolutum quantum apellatim'. Inexistência de omissão, contradição ou obscuridade, por unanimidade, desacolheram os embargos declaratórios".

[46] Trata-se do julgamento dos Embargos Infringentes nº 70021379599, em que o voto vencido fora do Des. Rel. Artur Arnildo Ludwig, e a favor da corrente conservadora por nós acolhida se posicionaram os Desembargadores Osvaldo Stefanello, Léo Lima, Paulo Sérgio Scarparo, e Umberto Guaspari Sudbrack.

sentença. Não obstante inexistir previsão legal categórica/explícita a respeito, indaga-se se podemos falar em "prescrição intercorrente" em razão da demora do credor no processamento da fase processual (pós trânsito em julgado) que visa à satisfação do crédito.[47]

A espelho da fase de conhecimento, tem-se que cabe ao procurador do exequente determinar o impulso da demanda em determinado lapso de tempo, sob pena de reconhecimento do instituto da prescrição – aqui denominada de "prescrição intercorrente", por se dar em meio à tramitação processual[48] (e em razão de inércia do próprio titular da pretensão).[49] Mesmo que haja para o título executivo judicial a lógica do sincretismo processual, já que não mais existentes processos autônomos de conhecimento e de execução (após as reformas processuais executivas, principalmente a partir da Lei n° 11.232/2005),[50] entendemos que permanece sólido o verbete n° 150 do Supremo Tribunal Federal, a explicitar que "prescreve a execução no mesmo prazo da prescrição da ação".

Assim transitada em julgado a demanda judicial e não cumprido o comando pelo réu no prazo de quinze dias da sua intimação na origem, conforme prescreve o art. 475-J, *caput* do CPC, inicia o prazo para o exequente dar impulso à fase de satisfação do crédito, sob pena de reconhecimento da prescrição intercorrente. Tanto é verdadeira a assertiva que o art. 475-L,VI, prevê que a impugnação ao cumprimento de sentença, oposta pelo executado, trate de tema prescricional, desde que esta causa extintiva da obrigação seja superveniente à sentença (transitada em jul-

---

[47] A doutrina registra mais de uma hipótese de aplicação da prescrição intercorrente na fase de execução, sendo que o foco do presente ensaio cinge-se a primeira das hipóteses abaixo ventiladas: a) quando o vencedor deixa de promover o cumprimento de sentença, depois do trânsito em julgado da ação; b) quando o credor deixar de atender a determinação judicial para requerer o que de direito, deixando o processo paralisado pelo tempo previsto para prescrição da execução; c) pelo decurso do tempo previsto para prescrição da execução nas hipóteses de arquivamento do feito, de ofício ou por requerimento do credor; d) pelo decurso do tempo previsto para prescrição da execução na hipótese de o executado não ser localizado para penhora; e) quando o advogado retirar os autos de cartório para tomar providências e manter os mesmos em seu poder por lapso temporal superior ao tempo designado para prescrição da execução (AURELLI, Arlete Inês. A prescrição intercorrente no âmbito do processo civil. *In: Revista de Processo* n° 165 (2008): 327/343).

[48] DONIZETTI, Elpídio. *Processo de execução*. 3ª ed. São Paulo: Atlas, 2010, p. 261/262.

[49] Da jurisprudência paradigmática do Superior Tribunal de Justiça colhe-se o seguinte: "EMBARGOS DIVERGÊNCIA. AGRAVO REGIMENTAL. PRESCRIÇÃO INTERCORRENTE. INEXISTÊNCIA DE DIVERGÊNCIA. INOCORRÊNCIA DE IDENTIDADE FÁTICA. – Ambos os acórdãos entendem que a prescrição intercorrente ocorre quando o interessado no cumprimento de determinada decisão, deixa de tomar as providências que lhe é inerente, para a continuidade daquela prestação, deixando transcorrer o prazo prescricional (...)." (AgRg nos EREsp 474771 / SP. Rel. Min. HUMBERTO GOMES DE BARROS, CORTE ESPECIAL, acórdão de 27/11/2003).

[50] ALVARO DE OLIVEIRA, Carlos Alberto. *Teoria e prática da tutela jurisdicional*. Rio de Janeiro: Forense, 2008, p. 176/177; RUBIN, Fernando. Atuação da preclusão e da coisa julgada material: um paralelo entre o procedimento de execução e o procedimento de cognição *In: Revista Dialética de Direito Processual* n° 102 (2011): 54/61.

gado).[51] Ora, se o executado pode se defender alegando a prescrição, por certo não é aquela relativa à pretensão cognitiva, coberta pelo manto da coisa julgada material; só pode se tratar da "prescrição intercorrente" decorrente da inércia do credor na promoção do cumprimento da sentença.

10. Dúvida relevante a respeito da prescrição intercorrente cinge-se ao marco inicial para a sua contagem. Entendemos que o prazo para eventual decretação da prescrição em fase executiva se inicia justamente após o não cumprimento do julgado pelo réu; e não do arquivamento do processo, que se dá seis meses após o não cumprimento de julgado pelo demandado, conforme previsão do art. 475-J, § 5°, do CPC. Aliás, o art. 617 aponta que é a propositura da execução o ato responsável pela interrupção da prescrição, sendo que tal ato, s.m.j., pode ser realizado justamente no primeiro dia útil que se seguir ao fim do prazo de quinze dias, dado ao sucumbente, para cumprimento voluntário da condenação constante do título executivo.[52]

Guilherme Rizzo Amaral traz exemplo ilustrativo que bem contempla o imbróglio: "o devedor condenado a reparar danos sofridos pelo credor poderá arguir a prescrição intercorrente três anos após ter encerrado o seu prazo para cumprir voluntariamente a sentença, caso não tenha o credor requerido a execução nesse interregno; no curso desses três anos (mais precisamente após seis meses) deverá o processo vir a ser arquivado. O ato de arquivamento sob hipótese alguma interrompe o prazo prescricional a que se faz referência, muito menos determina o (re)início de sua contagem".[53]

Vê-se, pois, que o prazo para o reconhecimento da prescrição intercorrente da pretensão executiva deve ser o mesmo que o direito material estipula para a decretação da prejudicial vinculada à pretensão cognitiva; e inicia imediatamente a partir do momento em que não cumprido voluntariamente o julgado pelo réu. Foi de três anos no exemplo acima em razão do direito material (diploma civilista) estabelecer tal lapso temporal para a demanda condenatória de reparação de danos; e seria, portanto, de um ano o prazo prescricional intercorrente, *v.g.*, se tivéssemos tratando de crédito decorrente de demanda securitária transitada em julgado envolvendo acidentes pessoais.

---

[51] ASSIS, Araken de. *Manual da execução*. 13ª ed. São Paulo: RT, 2010, p. 517.

[52] SCARPINELLA BUENO, Cássio. *Curso sistematizado de direito processual civil – Tutela jurisdicional executiva*. 2ª ed. São Paulo: Saraiva, 2009, p. 196/199

[53] AMARAL, Guilherme Rizzo. *Cumprimento e execução de sentença sob a ótica do formalismo-valorativo*. Porto Alegre: Livraria do Advogado, 2008, p. 192.

Conclusão

O instituto da prescrição, como podemos destacar em largas linhas ao longo do presente ensaio, possui acentuada aplicação no processo brasileiro – notadamente no processo civil, a partir da publicação da Lei nº 11.280/2006, que ao regular o art. 219, § 5º, do CPC, autorizou o magistrado a reconhecer de ofício a prejudicial de mérito, como se matéria de ordem pública fosse – equiparando-a à decadência e também a outras tradicionais matéria não sujeitas ao regime da preclusão, como as condições da ação/pressupostos processuais, juízo de admissibilidade recursal, nulidades, matéria probatória e erros materiais.

Assim, em relação a esse largo rol, no qual a prescrição passou a ser inserida mais recentemente, pode o julgador se manifestar *ex officio* a qualquer tempo, podendo tais matérias, por conseguinte, serem invocadas mesmo que já tenha sido proferida decisão contrária a respeito do tema nos próprios autos (por exemplo, afastando a incidência da prescrição no caso concreto).

Foi examinado ainda que podem ser diferenciadas duas grandes espécies de prescrição (não obstante termos encontrado incrível dificuldade na pesquisa de doutrina pátria que trate dessa separação): a total ou do fundo do direito e a parcial ou quinquenal – a primeira implica pulverização absoluta da repercussão financeira que a demanda judicial poderia reverter ao demandante, e é muito frequente, *v.g.*, no campo do direito civil; já a segunda, mais branda, não implica a prescrição integral das cifras relacionadas ao direito adquirido do demandante, mas sim se opera sobre as parcelas pretéritas anteriores ao quinquênio do ajuizamento da demanda, como se dá no direito previdenciário.

No que toca à aplicação oficiosa da prescrição na Justiça do Trabalho, embora ainda o tema não esteja pacificado, nota-se maior resistência na aplicação subsidiária do teor do art. 219, § 5º, do CPC – sendo que recentes decisões do TST confirmam a tese de que a decretação de ofício do instituto (sempre em desfavor do hipossuficiente, empregado) atenta contra o princípio da proteção, razão pela qual a prescrição só poderia ser apreciada se alegada expressamente pelo empregador em peça contestacional.

Agora, mesmo no processo civil, fez-se a observação, devemos encontrar limites instransponível à aplicação oficiosa da prescrição. Quando o recurso à Superior Instância é interposto tão somente pela parte a quem a prescrição desfavorece, descabe se falar na prejudicial, em favor de princípios importantes na seara processual, como o da coisa julgada e o da *reformatio in pejus* – sob pena, no nosso sentir, de ser instalada completa desordem e insegurança no processo.

Não seria essa a situação se o recurso fosse apresentado à Superior Instância pela parte a quem a prescrição aproveitasse, mesmo que a prejudicial não tenha sido diretamente invocada em razões recursais. Nesse cenário, estando o magistrado apto a enfrentar o recurso (a provê-lo), superada a fase de conhecimento da irresignação (inclusive a questão do prequestionamento na terceira instância jurisdicional), pode, no nosso entender, reconhecer a ocorrência da prescrição, extinguindo o feito com julgamento de mérito, em favor do recorrente, forte no art. 269, IV, do CPC.

Por fim, concluímos que a utilização do instituto da prescrição também se faz presente na execução do julgado, já que, nessa fase de satisfação do crédito, o exequente possui sim prazo para movimentar a máquina judiciária, sob pena de decretação da prescrição intercorrente.

De fato, transitada em julgado a demanda e não havendo cumprimento voluntário pelo réu (no prazo de quinze dias, a partir da intimação judicial determinada pelo juízo de primeiro grau), cabe ao exequente, no mesmo prazo que teria para a propositura da ação de conhecimento da matéria de direito vergastada, promover o cumprimento da sentença – valendo a apropriada observação de que o arquivamento do processo (seis meses após o não cumprimento do julgado pelo demandado, conforme preconiza o art. 475-J, § 5°, do CPC) não interrompe o prazo prescricional, muito menos determina o início de sua contagem.

Referências doutrinárias

ALVARO DE OLIVEIRA, Carlos Alberto. *Teoria e prática da tutela jurisdicional*. Rio de Janeiro: Forense, 2008.

ALVIM, Arruda. "Lei n° 11.280, de 16.02.2006: análise dos arts. 112, 114 e 305 do CPC e do § 5° do art. 219 do CPC". *In: Revista de Processo* n° 143 (2007): 13/25.

AMARAL, Guilherme Rizzo. *Cumprimento e execução de sentença sob a ótica do formalismo-valorativo*. Porto Alegre: Livraria do Advogado, 2008.

ANDRADE, Érico. "A prescrição das pretensões de acidente de trabalho, o Novo Código Civil e a Emenda Constitucional n° 45/2004". *In: Repertório de Jurisprudência IOB*, n° 4 (2007): 108/114, Vol. II – Trabalhista e Previdenciário.

ASSIS, Araken de. *Manual da execução*. 13ª ed. São Paulo: RT, 2010.

AURELLI, Arlete Inês. A prescrição intercorrente no âmbito do processo civil. *In: Revista de Processo* n° 165 (2008): 327/343.

BARBOSA GARCIA, Gustavo Filipe. "Prescrição de ofício: da crítica ao direito legislado à interpretação da norma jurídica em vigor". *In: Revista de Processo* n° 145 (2007): 163/172.

BARBOSA MOREIRA, J. C. Aspectos da extinção do processo conforme o art. 329 CPC. *In: Estudos em homenagem ao Prof. Galeno Lacerda*. Coordenador Carlos Alberto Alvaro de Oliveira. Porto Alegre: Sergio Antonio Fabris, 1989.

——. Correlação entre o pedido e a sentença. *In: Revista de Processo* n° 83 (1996): 207/215.

BEDAQUE, José Roberto dos Santos. *Os elementos objetivos da demanda examinados à luz do contraditório in Causa de pedir e pedido no processo civil.* Coordenadores José Rogério Cruz e Tucci e José Rogério dos Santos Bedaque. São Paulo: RT, 2002.

CÂMARA, Alexandre Freitas. "Reconhecimento de ofício da prescrição: uma reforma descabeçada e inócua". Disponível em: <http://www.flaviotartuce.adv.br/secoes/artigosf/Camara_presc.doc>. Acesso em 18/11/2007.

CARNEIRO, Athos Gusmão. "Requisitos específicos de admissibilidade do recurso especial". *In: Aspectos polêmicos e atuais dos recursos cíveis de acordo com a Lei n° 9.756/98.* Coordenação de Teresa Arruda Alvim Wambier e Nelson Nery Jr. São Paulo: RT, 1999, p. 96/126.

CIANCI, Mirna. "A prescrição na Lei n° 11.280/2006". *In: Revista de Processo* n° 148 (2007): 32/45.

CRUZ E TUCCI, José Rogério. "Sobre a eficácia preclusiva da decisão declaratória de saneamento". *In: Estudos em homenagem ao Prof. Galeno Lacerda.* coordenador Carlos Alberto Alvaro de Oliveira. Porto Alegre: Sergio Antonio Fabris, 1989.

DINAMARCO, Cândido Rangel. "Os efeitos dos recursos". *In: Aspectos polêmicos e atuais dos recursos cíveis de acordo com a Lei n° 10.352/2001.* Coordenação de Teresa Arruda Alvim Wambier e Nelson Nery Jr. São Paulo: RT, 2002.

DONIZETTI, Elpídio. *Processo de execução.* 3ª ed. São Paulo: Atlas, 2010.

FABRICIO, Adroaldo Furtado. *Prescrição e decadência* palestra proferida no Salão Nobre da Faculdade de Direito da UFRGS, em 04/07/2006, para o curso de especialização em Direito Civil da UFRGS.

——. *Prescrição e sua declaração "ex officio" pelo juiz (Lei n° 11.280/06)* palestra proferida no Salão Nobre da Faculdade de Direito da UFRGS, em 05/05/2006, na II Jornada de Processo e Constituição – Reformas Processuais – em homenagem ao Ministro do STJ Athos Gusmão Carneiro.

FERREIRA FILHO, Manoel Caetano. *A preclusão no direito processual civil.* Curitiba: Juruá, 1991.

FREIRE, Rodrigo da Cunha Lima. Ainda sobre a declaração *ex officio* da falta de um pressuposto processual ou de uma condição da ação em agravo de instrumento. Jus Navigandi, Teresina, ano 5, n. 50, abr. 2001. Disponível em: <http://jus2.uol.com.br/doutrina/texto.asp?id=2007>. Acesso em: 20 out. 2007.

GIANNICO, Maurício. *A preclusão no direito processual civil brasileiro.* 2ª ed. São Paulo: Saraiva, 2007.

GOMES JR., Luiz Manoel. *Prescrição – invocação a qualquer tempo art. 193 CC e a preclusão processual.* Disponível em: <http://www.prgo.mpf.gov.br/informativo/info75/corpo.htm>. Acesso em: 20 out. 2007.

GUEDES, Jefferson Carús; DALL´ALBA, Felipe Camillo; NASSIF AZEM, Guilherme Beux; BATISTA, Liliane Maria Busato (organizadores). *Novo código de processo civil. Comparativo entre o projeto do novo CPC e o CPC de 1973.* Belo Horizonte: Fórum, 2010.

GRECO FILHO, Vicente. *Direito processual civil brasileiro.* 2° Vol. São Paulo: Saraiva, 1984.

LIMA, Alcides de Mendonça. *Introdução aos recursos cíveis.* 2ª ed. São Paulo: RT, 1976.

MARINONI, Luiz Guilherme; MITIDIERO, Daniel. *Código de processo civil comentado.* 3ª ed. São Paulo: RT, 2011.

MARTINS, Sérgio Pinto. *Direito processual do trabalho.* 22ª ed. São Paulo: Atlas, 2004.

MEDEIROS, Maria Lúcia L. C. "Recurso *ex officio* – reformatio in pejus". *In: Revista de Processo* n° 61 (1991): 302/313.

MENEZES, Cláudio Armando Couce de. A prescrição e os princípios da eventualidade e da efetividade. *In: Repertório IOB de Jurisprudência* n° 40 (1993): 185/186.

NERY JR., Nelson. *Teoria geral dos recursos.* 6ª ed. São Paulo: RT, 2004, p. 183/186.

PONTES DE MIRANDA, Francisco Cavalcanti. *Tratado das ações.* Tomo I. Atualizado por Vilson Rodrigues Alves. Campinas: Bookseller, 1998.

QUADROS, Renata Mesquita Ribeiro Da rejeição liminar da demanda baseada na decadência ou na prescrição – art. 317,III do Projeto de Lei do Senado n. 166, de 2010 in Coleção Jornada de Estudos ESMAF, Distrito Federal, volume n° 8 (2011): 207/209.

RIOS GONÇALVES, Marcus Vinícius. *Direito processual civil esquematizado.* São Paulo: Saraiva, 2011.

RUBIN, Fernando. "A preclusão na dinâmica do processo civil". *In: Coleção Alvaro de Oliveira – Estudos de Processo e Constituição,* n. 3. Porto Alegre: Livraria do Advogado, 2010.

——. "Atuação da preclusão e da coisa julgada material: um paralelo entre o procedimento de execução e o procedimento de cognição". *In: Revista Dialética de Direito Processual* n° 102 (2011): 54/61.

——. *Processo Judicial de Concessão de Benefício Acidentário.* Editora Magister – Porto Alegre – RS. Publicado em: 26 ago. 2011. Disponível em: <http://www.editoramagister.com/doutrina_ler.php?id=1069>. Acesso em: 28 ago. 2011.

——. "Processo judicial de seguro (privado) em razão de acidente de trabalho". *In: Revista Síntese Direito Empresarial* n° 21 (2011): 105/113.

SANTOS, Marisa Ferreira dos. *Direito previdenciário esquematizado.* São Paulo: Saraiva, 2011.

SARTI, Amir José Finocchiaro. "Apelação: efeito devolutivo e preclusão das questões processuais". *In: Revista Ajuris* n° 70 (1997): 240/249.

SCARPINELLA BUENO, Cassio. *Curso sistematizado de direito processual civil*. Tomo I, Vol. 2. 3ª ed. São Paulo: Saraiva, 2010.

——. *Curso sistematizado de direito processual civil* – Tutela jurisdicional executiva. 2ª ed. São Paulo: Saraiva, 2009.

SICA, Heitor. *O direito de defesa no processo civil brasileiro*: um estudo sobre a posição do réu. São Paulo: Atlas, 2011.

SILVA, Ovídio Baptista da. *Curso de processo civil*. Vol. 1. 6ª ed. São Paulo: RT, 2003.

STUCHI, Victor Hugo Nazário. "A Prescrição e sua decretação de ofício na Justiça do Trabalho". *In: Scientia FAER, Olímpia – SP*, Ano 1, Volume 1, 2º Semestre. 2009. P. 82/91.

THEODORO JR., Humberto. *Curso de direito processual civil*. v. I. 38ª ed. Rio de Janeiro: Forense, 2002.

TOMASEVICIUS FILHO, Eduardo. "A prescrição qüinqüenal para cobrança de dívidas no Código Civil de 2002". *In: Revista dos Tribunais*. n° 907 (2011): 31/58.

TOLEDO FILHO, Manoel Carlos. "O novo § 5º do art. 219 do CPC e o processo do trabalho". *In: Revista TST*, Brasília, vol. 72, nº 2, maio/ago 2006. p. 67/71.

WAMBIER, Teresa Arruda Alvim. *Omissão judicial e embargos de declaração*. São Paulo: RT, 2005.

— 6 —

A Preclusão entre o CPC/1973 e o Projeto de Novo CPC

Sumário: 1. Apresentação; 2. A preclusão como instituto de direito processual e grande limitador para o agir das partes no processo; 3. Reformas no CPC/1973 e aumento das matérias não preclusivas para o juiz: a prescrição; 4. Vertentes de aplicação da preclusão no modelo processual atual e hipóteses de supressão pelo Projeto 8.640/2010: o agravo retido; 5. Outros cenários de encaminhamento de redução da técnica preclusiva pelo Projeto 8.640/2010: flexibilização procedimental e limites restritivos à eficácia preclusiva da coisa julgada material; 6. Movimentos ainda em aberto quanto à possibilidade de reformas no modelo atual: embargos infringentes e limites para alteração da causa de pedir e pedido; 7. Considerações finais; Pesquisa doutrinária.

1. Apresentação

I. O Novo CPC, já aprovado no Senado Federal, sob a denominação final de Projeto 8.046/2010, e nesse momento em tramitação na Câmara Federal (análise em Comissão Especial), traz novidades de múltiplas ordens ao se lançar a diploma infraconstitucional substituidor do Código Buzaid (CPC/1973).

É, pois, objetivo do presente trabalho investigar o momento atual em que se projetam essas alterações, com foco especial no tema preclusivo, buscando pontos de convergência e também de divergência entre o CPC/73, com as reformas que já foram implementadas no seu texto, e o Projeto 8.046/2010, em debate nesse momento na Câmera Federal.

Serão abordados avanços e também retrocessos que se sucederam nesse debate para a tentativa de formação de um novo CPC, inclusive a diferença de redação entre o Projeto final no Senado 8.046/2010 e o seu antecessor, de n° 166, também do ano de 2010; como também os pontos polêmicos que se debatem atualmente na Comissão Especial da Câmara Federal a respeito da preclusão, diante da publicação recente dos relatórios parciais de avaliação e sugestão de melhoria do Projeto vindo do Senado.

2. A preclusão como instituto de direito processual e grande limitador para o agir das partes no processo

II. A partir dos elementos centrais que configuram a razão de ser do processo estatal – seu procedimento em contraditório, onde se desenvolvem as relações múltiplas entre o Estado-juiz e as partes litigantes, pautados pela mecânica dos prazos (com seus termos preestabelecidos em lei) –, é que aparece a respeitável imagem da *preclusão processual*, em todas as etapas, como instituto limitador da atividade processual dos sujeitos envolvidos, trazendo ordem ao feito e celeridade no seu desfecho.

Mesmo já tendo o Estado subtraído aos cidadãos a possibilidade de se valer da justiça privada – impondo a utilização do processo judicial, é obrigado ainda a impor uma série de limitações à atividade dos litigantes no curso desse instrumento público de jurisdição, para que este ande com regularidade, ordem e rapidez, dentro dos prazos preestabelecidos; subtraindo, por sua vez, a marcha do processo ao completo arbítrio do seu diretor, o Estado-juiz, representando esta uma importante e indiscutível garantia aos litigantes (jurisdicionados).

Extrai-se daí que a preclusão deve ser compreendida como um instituto que envolve a impossibilidade, por regra, de, a partir de determinado momento, serem suscitadas matérias no processo, tanto pelas partes como pelo próprio juiz, visando-se precipuamente à aceleração e à simplificação do procedimento. Integra sempre o objeto da preclusão, portanto, um ônus processual das partes ou um poder do juiz; ou seja, a preclusão é um fenômeno que se relaciona com as decisões judiciais (tanto interlocutória como final) e as faculdades conferidas às partes com prazo definido de exercício, atuando nos limites do processo em que se verificou.

Na Itália, onde o instituto da preclusão foi devidamente sistematizado, principalmente a partir dos estudos de Chiovenda, chegou-se a criticar o fato de ter se dado destaque ao fenômeno quando vinculado às atividades das partes – a partir do conceito de que o fenômeno preclusivo representaria *a perda, extinção ou consumação da faculdade processual pelo fato de se haverem alcançado os limites assinalados por lei ao seu exercício.*

Embora, de fato, a *preclusão de questões para o juiz* não conste expressamente na definição do instituto desenvolvido por Chiovenda, não há dúvida, analisando as suas obras, de que a espécie é contemplada ao lado da *preclusão de faculdades para as partes,* tanto é que para diferenciar a coisa julgada material da preclusão (diferenciar, nas suas exatas palavras, "coisa julgada e questões julgadas"), discorre em miúdos sobre o que seja a preclusão de questões e sua ramificação interna, deixando transparecer que decisões interlocutórias ou finais inimpugnadas "transitam em julgado em sentido formal", não podendo mais ser modificadas pelas partes e pelo julgador.

De qualquer modo, cabe o grifo, o instituto ganha, inegavelmente, brilho particular, ao se estabelecer como o grande limitador para a atividade processual das partes – sujeitas a firmes sistemáticas de prazos e formas, desde a fase postulatória, no rito de cognição, até a extinção definitiva da fase de execução do julgado; mesmo porque, por outro lado, há matérias de ordem pública não sujeitas ao regime preclusivo para o Estado-juiz.

Colocando-se como instituto que representa a maior limitação do agir das partes no processo, impondo ordem e celeridade ao procedimento, por certo se trata a preclusão de princípio processual, sem o qual não teríamos organização e desenvolvimento das etapas em prazo razoável. No entanto, admite-se uma aplicação maior ou menor dos seus préstimos, dependendo da espécie de procedimento a ser formatado.

A sua definição como técnica emerge, pois, justamente do fato de o instituto poder ser aplicado, com maior ou menor intensidade, tornando o processo mais ou menos rápido, impondo ao procedimento uma maior ou menor rigidez na ordem entre as sucessivas atividades que o compõem, tudo dependendo dos valores a serem perseguidos prioritariamente pelo ordenamento processual de regência de uma determinada sociedade, em um dado estágio cultural.

Exatamente nesse contexto que se insere o Projeto para um novo CPC, já que não se cogita da mera exclusão dos seus préstimos (já que a preclusão é princípio), mas da redução dos seus préstimos (como técnica), em nome principalmente da simplicidade e aceleração do procedimento.

3. Reformas no CPC/1973 e aumento das matérias não preclusivas para o juiz: a prescrição

III. O CPC/1973, na sua versão originária, já tratava de diferenciar o regime preclusivo disposto para as partes e para o Estado-juiz, restringindo a aplicação do fenômeno ao diretor do processo, especialmente ao passo em que autorizava ao magistrado voltar atrás em decisão já tomada (relativização da preclusão consumativa), quando se tratasse de matéria de ordem pública: como as condições da ação e pressupostos processuais (art. 267, § 3°), provas (art. 130, *caput, ab initio*), nulidades absolutas (art. 245, parágrafo único) e erro material (art. 463, I).

Com as reformas implementadas no Código Buzaid, tratou-se de se alargar o rol das matérias não sujeitas à preclusão para o juiz, agregando--se a prescrição – hipótese mantida no Projeto do Senado 8.046/2010.

No que toca à matéria prescricional, a novidade apresentada pelo sistema é tratar a possibilidade de *aplicação oficiosa da medida* ao disciplinar o *julgamento da demanda com resolução do mérito*.

A determinação para a decretação *ex officio* da prescrição, no regime do *Codex* processual, foi originariamente encaminhada pela Lei 11.280, de 2006, ao tratar da citação do processo, alterando o art. 219 do CPC vigente. Reza o aludido dispositivo, no seu § 5°: "O juiz pronunciará, de ofício, a prescrição".

Agora, o Projeto do Senado, incrementando a medida, alça o tema ao dispositivo que trata diretamente da resolução de mérito, confirmando que cabe ao juiz pronunciar, de ofício ou a requerimento da parte, não só a decadência (como historicamente se admitia), mas também agora a prescrição (histórica matéria de defesa – exceção oportunizada ao réu – tão somente reconhecida quando requerida expressamente pelo demandado em preliminar contestacional).

Cabe referir, no entanto, que o tema prescricional, nos estritos limites da esfera laboral, não parece ser tão simples. Ocorre que sob diversa perspectiva, boa parte da doutrina trabalhista observa que no âmbito do processo laboral, não caberia aplicação subsidiária do art. 219, § 5°, do CPC, já que a decretação da prescrição virá sempre em prol do empregador; será uma vantagem diretamente vinculada à parte mais forte do conflito de interesses submetido à apreciação do órgão jurisdicional – logo, parece claro que seu reconhecimento de ofício pelo magistrado irá colidir, de forma impostergável, com o princípio de proteção.

De qualquer forma, fechando o parêntese, no âmbito do processo civil, a questão está pacificada e vem tratada no art. 474, IV, do Projeto do Senado para o novo CPC, e já vinha com próxima redação no anterior Anteprojeto 166/2010, art. 469, IV.

IV. É de se observar que as demais matérias não preclusivas para o juiz são mantidas pelo Projeto. Ademais, ressalta-se que é tratado nesse contexto o juízo de admissibilidade recursal – aproximando, a doutrina, a sua disciplina especificamente das condições e pressupostos processuais (com as peculiaridades de se tratar de tema afeito ao segundo grau). Por isso mesmo, o Projeto 8.046/2010 propõe mudança na atual redação do art. 518 do Código Buzaid, a fim de que a admissibilidade recursal seja efetuada diretamente pelo Tribunal *ad quem* (art. 966 do Projeto do Senado, Anteprojeto 166/2010, art. 926).

4. Vertentes de aplicação da preclusão no modelo processual atual e hipóteses de supressão pelo Projeto 8.640/2010: o agravo retido

V. No estudo das preclusões que atuam sobre o magistrado ("preclusão de questões"), faz-se presente a regra da preclusividade, que muito bem pode ser confirmada com a omissão da parte prejudicada, diante de decisão gravosa, em interpor o competente recurso no prazo e na forma prevista pelo ordenamento. Revelaram-se também, por outro lado, hipóteses em que a parte não possui mais a viabilidade de ingressar com medida recursal típica, mas pode ter a questão (não preclusiva) revista, em face de mudança de posicionamento incrementada de ofício pelo próprio diretor do processo.

Teríamos aqui uma preclusão de faculdade (da parte) referente ao ato de recorrer – que, na última situação comentada não seria absoluta, já que se o juiz pode reanalisar a decisão judicial incidental a qualquer tempo (não preclusiva), poderia a parte, em tese, apresentar mesmo fora do prazo recursal pedido de reconsideração.

Essa hipótese revela-se importante para que se trate de diferenciar, dentro do mesmo gênero "preclusão para as partes (de faculdades)", duas espécies do fenômeno: uma seria justamente essa referente ao ato processual de recorrer, e a outra seria a preclusão de faculdades referentes aos atos processuais necessários no desenvolvimento das fases do procedimento estabelecido por lei.

A aludida primeira espécie decorre de uma decisão judicial gravosa, que impõe uma tomada de atitude específica da parte (interposição de recurso), sob pena de não mais poder agir (*preclusão decorrente de um ato processual de recorrer*). Já a segunda espécie decorre de previsão legal-processual que impõe uma tomada de atitude da parte em impulsionar o feito da melhor maneira possível, na fase postulatória e instrutória, sob pena de ser enclausurada uma etapa e dado início à fase subsequente, ao passo que expirado o prazo de duração da fase procedimental precedente (*preclusão decorrente de um ato processual necessário no desenvolvimento das fases do rito*).

A preclusão é, pois, instituto complexo que se manifesta em diversas vertentes, seja para as partes seja para o Estado-juiz. Pode-se tentar desenvolver as linhas acima reconhecendo que, pelo menos, em cinco momentos típicos é destacada a participação da técnica: a) preclusão para a parte referente ao ato de recorrer de sentença; b) preclusão para a parte referente ao ato de recorrer de decisão interlocutória de maior gravidade; c) preclusão para a parte referente ao ato de recorrer de decisão de menor gravidade; d) preclusão para a parte referente aos atos para o desenvolvimento do procedimento; e) preclusões para o Estado-juiz.

Tais vertentes estão bem presentes no sistema do Código Buzaid e simplesmente não desaparecem todas elas com o Projeto, o que confirma aquela acepção da preclusão como princípio processual. Está, em linhas gerais, mantida a preclusão envolvendo a interposição de apelação (vertente alínea "a" supra) e a interposição de agravo de instrumento (vertente alínea "b" supra), como também preservada a regra geral de que o magistrado, salvo em matérias de ordem pública já aludidas, não pode *ex officio* voltar atrás em decisão tomada no processo (vertente alínea "e" supra).

O que propõe especialmente o Projeto do Senado – reduzindo o tamanho da preclusão como técnica – é a eliminação da vertente constante na alínea "c" supra, com a supressão do agravo retido do código. Vê-se, pois, que não se trata de movimento tão ousado, mesmo porque ao que se sabe a utilidade prática do agravo retido sempre foi baixa, podendo a parte, pela nova sistemática, encaminhar a sua irresignação como preliminar recursal sem a necessidade de apresentar o protesto (agravo) quando da publicação da decisão interlocutória de gravidade menor – como funciona hoje já no rito sumaríssimo do JEC.

5. Outros cenários de encaminhamento de redução da técnica preclusiva pelo Projeto 8.640/2010: flexibilização procedimental e limites restritivos à eficácia preclusiva da coisa julgada material

VI. Outra redução oportuna do espaço da técnica preclusiva está atrelada ao tamanho da vertente constante na alínea "d" supra. Destacamos que, *in casu*, pode se operar uma redução – e não uma eliminação, como se dá com a vertente constante na alínea "c" supra – porque a projetada redução da preclusão referente aos atos de desenvolvimento do procedimento deve se limitar à fase instrutória, sendo, ao que tudo indica, mantidas pelo Projeto as regras preclusivas referentes à fase postulatória.

Eis a razão pela qual estamos tratando a lógica da flexibilização procedimental em ponto próprio, em momento posterior à investigação da supressão do agravo retido.

De fato, precisamos reconhecer que é muito vasta essa atividade preclusiva relacionada aos atos processuais de impulsionamento do procedimento: compreende desde atividades próprias da fase postulatória

– como a apresentação de contestação e a apresentação de réplica – até atividades próprias da fase instrutória – como os requerimentos para produção de provas técnicas e orais.

Assim, forçoso restringir a novidade destacada no Projeto à fase instrutória, em que já vínhamos admitindo ser o espaço devido em que se poderia falar irrestritamente em prazos não sujeitos à imediata preclusão (prazos dilatórios). Sim, porque se passamos a falar no conceito de prazo fatal (peremptório), inegável reconhecer que o juiz não poderia dilatar tal prazo, como ocorre, por exemplo, com o prazo contestacional de quinze dias – inegável medida integrante da fase postulatória e sujeita à rígida regra preclusiva, seja no Código Buzaid, seja no Projeto para um novo CPC.

Ademais, pensamos que o objetivo do Projeto é realmente restringir a possibilidade de dilação de prazo à fase instrutória, já que o art. 118, V, ao trazer a novidade, catalogando os poderes do juiz na direção do processo, refere no mesmo inciso a possibilidade de o julgado alterar a ordem das provas, o que dá a entender que o cenário para dilação de prazos é justamente o do aprofundamento da instrução (fase instrutória).

Das duas novidades, ora debatidas, anunciadas no Projeto 8.046 – supressão do agravo retido e dilação de prazos instrutórios – não há dúvidas de que essa última é de maior repercussão, já que discute a importância da fase instrutória para o processo, sendo a nosso ver opção política, definida no Projeto, o resguardo à produção de provas em detrimento da aplicação rígida da técnica preclusiva.

O Projeto acaba assim, mesmo que indiretamente, facilitando a difícil diferenciação do que seja prazo dilatório e peremptório na fase de conhecimento, a partir do momento que passa a admitir que todo o prazo da instrução deva ser compreendido como não peremptório – já que pode ser dilatado pelo magistrado, diretor do processo.

O Código Buzaid destaca os prazos peremptórios no artigo 182 e os prazos dilatórios no art. 181 sem descriminar quais as hipóteses do sistema em que o julgador deva aplicar um e outro. A jurisprudência, por sua vez, vem sendo mais contundente a fim de confirmar, como peremptórios, específicos prazos fundamentais dentro do procedimento, como os de contestação, exceções, reconvenção e recursos em geral.

Sempre entendemos que o ato central de defesa, além dos recursos, são os verdadeiros prazos peremptórios de que trata genericamente o CPC, no art. 182, os quais não são passíveis de prorrogação, mesmo havendo consenso das partes nesse sentido. Na seara recursal, só para não passar em branco nesse ensaio, diga-se que não ousaríamos pregar relativizações da preclusão, sendo patente que a intempestividade do recurso (ligada a desídia ou desinteresse da parte), somada à preocupação com a efetividade e a própria presunção de correção da decisão malembargada, determina a consolidação deste *decisum* (interlocutório ou final), operando-se a preclusão.

Ainda é de se sublinhar que alguns magistrados, em sentido diverso (aproveitando-se que o Código Buzaid não desenvolveu qualquer critério lógico para distinguir os prazos peremptórios dos meramente dilatórios), consideram indevidamente que a maioria dos prazos processuais fixados no Código são peremptórios (inclusive os presentes na fase instrutória), inviabilizando a partir dessa imprecisa premissa, qualquer discussão a respeito da (não aplicação dos préstimos da) preclusão processual decorrente do desrespeito ao estrito teor dos dispositivos contempladores de tais prazos.

Realmente, pelo atual sistema, principalmente a jurisprudência vacila muito em reconhecer os prazos como dilatórios na instrução, sendo conhecidas as teses majoritárias no STJ de que o prazo do art. 421 (apresentação de quesitos e assistente técnico) é prazo dilatório, mas que outros importantes prazos, como o do art. 407 (juntada de rol de testemunha) e especialmente o prazo do art. 433 (juntada do laudo de perito assistente), são prazos peremptórios.

Entendemos como contraditórias essas posições (firmadas sem uma interpretação conjunta desses dispositivos que integram a fase instrutória), razão pela qual já tivemos a oportunidade de defender que devem ser reconhecidos todos esses prazos como dilatórios, mesmo porque há um direito constitucional (e prioritário) à produção de provas a ser observado na devida exegese do ordenamento legal; inexistindo, por outro lado, lesão objetiva a direito da parte contrária, em razão da dilação de prazo autorizada a fim de que seja feita a prova em tempo razoável.

Chegamos daí a invocar que para se atingir no processo uma louvável maior possível certeza do direito a ser declarado, as disposições contidas no código processual (amoldadoras do procedimento e conferidoras de ordenação e disciplina ao rito a ser seguido), precisam passar pelo filtro de sua compatibilidade com os princípios e valores fundamentais pertinentes à espécie e reconhecidos em dado momento histórico – os quais direta ou indiretamente se apresentam estipulados na Lei Fundamental.

Sempre defendemos, assim, que o texto do CPC/1973 deveria ser interpretado à luz da CF/88 a fim de ser obtida criteriosa aplicação reduzida dos préstimos da preclusão na instrução – bem presente, ainda, a premissa sedimentada pela doutrina processual no sentido de que as formas dos atos do processo não estão prescritas na lei para a realização de um fim próprio ou autônomo.

Agora, pelo sistema do Projeto, essa resolução da problemática fica evidentemente facilitada, já que maiores esforços exegéticos – de interpretação do CPC à luz da CF – deixam de se fazer indispensáveis, a partir do momento em que o próprio *Codex* já admite que os prazos (na instrução) podem ser dilatados pelo magistrado.

VII. A seu turno, outro movimento que se pode colocar a favor da redução dos préstimos da preclusão vem insculpido no art. 495 do Projeto do Senado, redação idêntica no Anteprojeto 166/2010, art. 489. Trata-se da eficácia preclusiva da coisa julgada material.

O art. 474 do CPC/1973 é o dispositivo que verdadeiramente aproxima de maneira menos estanque os institutos a serem diferenciados (repite-se: preclusão e coisa julgada material), à medida que corporifica a hipótese da eficácia preclusiva da coisa julgada material (também denominada "coisa julgada implícita" ou simplesmente "julgamento implícito") – em que a eficácia do fenômeno preclusivo excepcionalmente transcende os limites do processo em que foi proferida a sentença coberta pela coisa julgada (*eficácia preclusiva externa, panprocessual ou secundária*).

Ocorre que, embora o art. 468 do Código Buzaid limite a força da *res judicata* aos limites da *lide* e as questões decididas, o CPC, aparentemente sem querer contrariar essa premissa, determina no art. 474 que "passada em julgado a sentença de mérito, reputar-se-ão deduzidas e repelidas todas as alegações e defesas, que a parte poderia opor assim ao acolhimento como à rejeição do pedido".

Assim, com o trânsito em julgado da sentença de mérito, as alegações, nos termos em que posta a demanda, que poderiam ter sido apresentadas, visando ao acolhimento do pedido, pelo autor, ou rejeição dele, pelo réu, é como se o tivessem sido, impedindo reexame em outro processo dessa matéria difusível não trazida para o processo.

Daí figura-se que a eficácia preclusiva da coisa julgada alcança não só as questões de fato e de direito efetivamente alegadas pelas partes, mas também as questões de fato e de direito que poderiam ter sido alegadas pelas partes, mas não o foram – o que por certo não abrange a matéria fática e jurídica superveniente à decisão, e ainda as questões de fato e de direito que, mesmo não alegadas pelas partes por inércia indevida, poderiam ter sido examinadas de ofício pelo juiz, mas também não o foram.

Essa complexa questão envolvendo a exegese do art. 474 do CPC, finaliza-se, parece ter sensibilizado os doutos que trabalharam na formação do Projeto para um novo Código de Processo Civil, já que pela redação conferida ao art. 495, o tema resta melhor esclarecido, sendo prestigiada a tese em maior voga na doutrina brasileira de interpretação restritiva dos limites da eficácia preclusiva da coisa julgada material. Nesses termos, o Projeto prevê, que "transitada em julgado a sentença de mérito, considerar-se-ão deduzidas e repelidas todas as alegações e as defesas que a parte poderia opor assim ao acolhimento como à rejeição do pedido, *ressalvada a hipótese de ação fundada em causa de pedir diversa*" (grifo nosso, com a novidade introduzida pelo Projeto).

6. Movimentos ainda em aberto quanto à possibilidade de reformas no modelo atual: embargos infringentes e limites para alteração da causa de pedir e pedido

VIII. A discussão a respeito da oportunidade de um novo CPC nesse momento histórico está em aberto no Congresso Nacional, sendo feitas críticas de inúmeras ordens ao movimento de reforma extrema. Ao se discutir os últimos dois pontos da nossa apresentação (marco da alteração da causa de pedir/pedido e supressão dos embargos infringentes) é possível dar-se conta de que a redação hoje projetada, depois de muito debate e tentativas de reforma, é exatamente a mesma do Código/1973 em vigor!

Ora, não há, pois, convicção a respeito de inúmeras matérias de reforma, iniciadas pelo *(a)* Anteprojeto 166/2010, passando pelo *(b)* Projeto final do Senado 8.046/2010, agora em debate mais intenso na *(c)* Comissão Especial da Câmara Federal (relatoria geral do Deputado Paulo Teixeira) – com a discussão de alterações na letra do último Projeto, a partir de análises críticas fixadas em cinco relatórios parciais (destaque especial para a relatoria da parte geral a cargo do deputado Efraim Filho).

Parece, pois, despropositada a necessidade de substituição completa do diploma processual, sendo viável a continuidade de aperfeiçoamento do CPC/1973, fenômeno, aliás, que vem em curso desde 1994 (primeira manifesta ruptura do sistema originário, com a implementação das medidas de antecipação das tutelas de mérito).

Mais. A impressão que se tem da leitura do Projeto aprovado no Senado para um novo CPC, como também dos relatórios parciais na Câmara Federal, é a de que não há uma brusca ruptura com o modelo processual anterior, não parecendo despropositado se acreditar que muitas das alterações sugeridas já poderiam estar em curso a partir de escorreita interpretação do atual *Codex* à luz da Lei Maior – como, *v.g.*, a determinação de estabelecimento de prévio contraditório entre as partes, mesmo em matérias que possam ser declaradas *ex officio* pelo Estado-juiz.

Outras tópicas (e benéficas) alterações, poderiam (podem) ser objeto de projeto de alteração imediata do CPC, o que permitiria termos a alteração positiva do sistema adjetivo vigente desde já, sem a necessidade de (demorada) aprovação do pacote completo a redundar em um novo diploma – como, *v.g.*, a razoável medida de alteração do código processual para que não se declare a extemporaneidade de recurso apresentado antes da abertura solene do prazo para oferecimento de recurso; ou a determinação, há tempos aguardada, do fim da compensação de honorários na hipótese de sucumbência parcial, diante do reconhecimento de que a verba do procurador da parte possui natureza alimentar.

IX. De qualquer maneira, cabe trazer à baila, ao tempo do encerramento do ensaio, os dois mencionados pontos polêmicos do Projeto do Senado, que realmente precisam ser melhor debatidos – sendo fortemente desaconselhado que se atinja texto final com a redação ora vigente, conforme buscaremos demonstrar. Tratemos basicamente dos *(a)* limites para alterar a causa de pedir e pedido; da *(b)* supressão dos embargos infringentes.

Com relação à alteração da causa de pedir e pedidos, podemos dizer que tivemos algum retrocesso, já que o Projeto do Senado 8.046, no art. 304, II, manteve a redação originária do Código Buzaid, deixando, pois, de acolher a disposição contida no Anteprojeto 166/2010, o qual permitia *mudanças na causa petendi e pedido* até o momento de prolação da sentença de mérito – conforme disposição do art. 314.

Seguramente, foram firmadas críticas no Senado quanto à novel disposição que permitia maior liberdade na alteração do objeto litigioso, situação que, no nosso entendimento, não poderia causar tamanha surpresa devido aos exemplos vindos do direito comparado.

De qualquer forma, o Projeto 8.046/2010 possui redação realmente muito parecida com a que temos no vigente art. 294 c/c art. 264, ambos do CPC, em que não é oportunizado ao autor a alteração dos rumos da lide após a citação sem o consentimento do réu, e mesmo com o consentimento desta após o saneamento do processo.

A aludida prática no direito comparado, contrabalançando o rigorismo formal com o princípio da economia processual, e a própria concepção de um moderno processo cooperativo, indica no sentido de ser viável a relativização dessa inflexível estabilização no Brasil, em limites moderados, respeitando-se a situação cultural da nossa sociedade.

Frisemos, de antemão, que a estabilização do processo, mediante a inalteração da causa de pedir e pedido, possui duplo fundamento: um particular, com efeitos privados, consiste na realização prática do princípio da lealdade processual, o qual não consiste apenas na fidelidade à verdade, mas compreende a colocação clara e precisa dos fatos e dos fundamentos jurídicos por ambas as partes, de modo a não se surpreender, nem um nem outro, com alegações novas de fatos ou indicação de provas imprevistas. O outro fundamento da estabilização do processo é o do interesse público na boa administração da justiça, que deve responder de maneira certa e definitiva à provocação consistente no pedido do autor.

Um sistema legislativo que permitisse livremente a alteração dos elementos da ação geraria instabilidade na prestação jurisdicional e, consequentemente, nas relações jurídicas em geral. O juiz deve decidir sobre o que foi expressamente pedido, nos limites da *causa petendi*; sendo que se o autor tiver outro pedido, ou até deseje expor outro fato jurídico principal, que o faça, reforça-se, em processo distinto.

Essa máxima do processo civil não encontra fiel parâmetro no processo penal pátrio, cujo sistema prevê a possibilidade de adequação do pedido à verdade real (CPP, arts. 383 e 384); justificando-se nesse campo uma maior liberdade porque o processo criminal deve esgotar a atividade jurisdicional sobre todo fato da natureza (melhor composto durante a instrução), e não apenas sobre o que foi pedido formalmente (na oportunidade preambular), de modo que, no âmbito especificamente penal, se faz indispensável a existência de mecanismo de adequação do objeto do processo ao fato – desde que seja resguardado o direito ao amplo contraditório a partir do momento processual oportunizador da emenda.

Estávamos, no entanto, no atual momento do processo civil pátrio, próximos de aproximarmos as linhas sobreditas de (histórica) diferenciação para com o processo criminal; seguindo, por outro lado, uma verdadeira tradição do direito processual civil continental-europeu em que, embora haja naturais restrições implementadas pelos sistemas processuais, sensível é que as preclusões são menos rígidas e além disso o espaço de defesa das partes é consideravelmente amplo.

Isto porque o Projeto n° 166/2010 para um novo CPC, alterando sensivelmente os ditames do atual art. 264 c/c art. 294 do Código Buzaid, fixava, no art. 314, que: "o autor poderá, enquanto não proferida a sentença, aditar ou alterar o pedido, desde que o faça de boa-fé e que não importe em prejuízo ao réu, assegurando o contraditório mediante a possibilidade de manifestação deste no prazo mínimo de quinze dias, facultada a produção de prova suplementar".

O limite para a alteração da causa de pedir e pedido, pelo requerimento da parte demandante, chegou a surpreender, já que o sistema atual é absolutamente rígido (impedindo a alteração da causa de pedir e pedido após o saneamento) e passaria a ser significativamente flexível (autorizando a alteração da causa de pedir e pedido até o momento de prolação da decisão exauriente de mérito). Tal constatação, ao que parece, chegou realmente a influenciar o Senado ao tempo de aprovação da redação final do Projeto 8.046/2010.

Uma solução intermediária a ser debatida na Câmara Federal, e que já tivemos a oportunidade de defender, com base na doutrina especializada, seria de se abrir a possibilidade de *modificação da demanda na primeira audiência de debates* (prevista no atual art. 331 do CPC), depois de esclarecidos os fatos da causa em diálogo mantido pelo órgão judicial com os litigantes, mesmo sem autorização expressa da parte não propositora da alteração, desde que fosse conveniente. Assim até esse momento de realização do evento solene, em que se buscaria inclusive uma solução amigável à contenda, poderia o autor propor a alteração da causa de pedir ou incremento no pedido, caso estivesse de boa-fé e fosse considerado oportuno pelo julgador, mesmo que não houvesse expresso consentimento do réu.

X. A respeito da *inutilização dos embargos infringentes*, ratificamos a nossa preocupação com a supressão de importante recurso que inegavelmente se mostra oportuno para o reexame das questões fáticas. Em inúmeras matérias com carga fática importante, muitas delas com efeito prospectivo considerável, relevante se dar à instância *ad quem* a possibilidade de reexame fático minudente, com formação mais sólida da posição do Tribunal em relação aos temas, por meio de seu Grupo Cível.

A disposição do Projeto do Senado, contida no art. 948, mantém a mesma linha do Anteprojeto 166/2010, no sentido de ser realmente suprimido tal recurso conjuntamente com o agravo retido. Recentemente, no entanto, na Câmara Federal, por intermédios dos relatórios parciais tornados públicos recentemente, viu-se que cresceu a crítica a essa novidade, sendo possível (até mesmo provável) que os infringentes retornem ao texto do novo Código.

Por estas manifestações antagônicas, no Senado e na Câmara, percebe-se quão polêmica figura-se a supressão dos embargos infringentes do regime processual, já que esse é, em tese, o último recurso que a parte possui para discutir, a fundo, a totalidade das questões de fato perante o Judiciário – dada a vedação tradicional de levar tal matéria às superiores instâncias, conforme prevê especialmente a Súmula n° 7 do STJ.

No Projeto do Senado, como dito, não estão previstos os embargos infringentes, no entanto, o § 1º do artigo 948 refere que o voto vencido, que, no CPC/73, é elemento essencial para a interposição deste recurso (artigo 530 do atual diploma), deverá ser necessariamente declarado, sendo considerada parte integrante do acórdão, com função inclusive de prequestionamento.

Seria essa uma contrapartida, em razão da supressão do recurso. Mesmo assim, entendemos pela necessidade de manutenção do recurso no regime processual, já que a busca irrefletida por efetividade não pode chegar ao ponto de dificultar a formação de decisão final qualificada, razão pela qual no ponto a efetividade deve ceder à segurança jurídica – de forma semelhante ao que se sucede, como antes escrevemos, em matéria de produção probatória na fase de instrução.

7. Considerações finais

XI. Encerramos essa apresentação ratificando a desnecessidade de um novo CPC nesse momento, nada obstante a possibilidade de constante atualização e aperfeiçoamento do diploma originário.

No entanto, pelo ritmo mais intenso de discussão do Projeto 8.046/2010 na Câmara Federal, é possível que se estabeleçam avanços, com aprovação pela Câmara do aludido Projeto com alterações – o que implicará em novo encaminhamento do material ao Senado Federal para votação.

Ainda para exemplificar, uma das principais alterações sugeridas na Câmara Federal é a oportuna criação de sessão no Código para melhor regularizar o processo eletrônico – sendo proposta a incorporação dos arts. 167 e 172 a respeito. Parece, pois, que o novo CPC sai do papel, mas ainda sem prazo definido, diante das novidades – como a presente – que ainda podem ser incorporadas.

Em relação ao tema preclusivo, as alterações incrementadas são, no nosso sentir, positivas; não excluindo a preclusão do sistema, mas sim, diminuindo os seus préstimos em questões pontuais oportunas, como: *(a)* a supressão do agravo retido, deixando de ser preclusivas as decisões interlocutórias de menor gravidade; *(b)* a diminuição do tamanho da preclusão na instrução, autorizando a dilação de prazos para a produção de provas; e ainda *(c)* o estabelecimento de limites restritivos ao fenômeno da eficácia preclusiva da coisa julgada material, reduzindo os efeitos potenciais da preclusão para além das bordas do processo.

Enfim, no contexto estritamente processual, sendo o CPC/73 uma obra sempre memorável, não imaginamos que a alteração da norma central do eixo do processo civil brasileiro terá o condão de sanar problemas de cunho cultural e social. Ao que se percebe das manifestações supra, o "Novo CPC" não se mostra apto a fazer a "revolução" (em nome da efetividade) que pretendia. Por certo, o novo código, caso aprovado, deve vir acompanhado de investimentos em cartórios judiciais, com autorização para o aumento do número de julgadores e de servidores do Poder Judiciário, para que se possa realmente bem atender à população que clama pela realização de justiça – questão complexa essa, que evidentemente não será resolvida simplesmente com a projetada mudança legislativa.

Pesquisa doutrinária

ALVARO DE OLIVEIRA, Carlos Alberto. *Do formalismo no processo civil*. 2ª ed. São Paulo: Saraiva, 2003.

——. "Os direitos fundamentais à efetividade e à segurança em perspectiva dinâmica". In: *AJURIS* n° 35 (2008): 57/71.

——. "O formalismo-valorativo no confronto com o formalismo excessivo". In: *Revista de Processo* n° 137 (2006):7/31.

——; MITIDIERO, Daniel. *Curso de processo civil*: processo de conhecimento. Vol. 2. São Paulo: Atlas, 2012.

ALVIM, Arruda. "Lei n° 11.280, de 16.02.2006: análise dos arts. 112, 114 e 305 do CPC e do § 5° do art. 219 do CPC". In: *Revista de Processo* n° 143 (2007): 13/25.

AMARAL, Guilherme Rizzo. *Cumprimento e execução da sentença sob a ótica do formalismo-valorativo*. Porto Alegre: Livraria do advogado. 2008.

ANDRADE, Érico. "A prescrição das pretensões de acidente de trabalho, o Novo Código Civil e a Emenda Constitucional n° 45/2004". In: *Repertório de Jurisprudência IOB*, n° 4 (2007): 108/114, Vol. II – Trabalhista e Previdenciário.

ARAGÃO, E. D. Moniz. "Procedimento: formalismo e burocracia". In: *Revista Forense* n° 358 (2001): 49/58.

BALBI, Celso Edoardo. *La decadenza nel processo di cognizione*. Milão: Giuffrè, 1983.

BARBI, Celso Agrícola. "Da preclusão no processo civil", in *Revista Forense*, 158 (1955): 59/66.

BARBOSA GARCIA, Gustavo Filipe. "Prescrição de ofício: da crítica ao direito legislado à interpretação da norma jurídica em vigor" in *Revista de Processo* n° 145 (2007): 163/172.

BARBOSA MOREIRA, J. C. "A eficácia preclusiva da coisa julgada material no sistema do processo civil brasileiro". In: *Temas de direito processual*. São Paulo: Saraiva, 1997.

——. *O novo processo civil brasileiro*. 24ª ed. Rio de Janeiro: Forense, 2006.

BARROS TEIXEIRA, Guilherme Freire de. *O princípio da eventualidade no processo civil*. São Paulo: RT, 2005.

BARROSO, Luis Roberto. "A segurança jurídica na era da velocidade e do pragmatismo". In: *Revista do Instituto dos Advogados Brasileiros n° 94 (2000)*: 79/97.

BEDAQUE, José Roberto dos Santos. "Os elementos objetivos da demanda examinados à luz do contraditório". In: *Causa de pedir e pedido no processo civil*. Coordenadores José Rogério Cruz e Tucci e José Rogério dos Santos Bedaque. São Paulo: RT, 2002.

BUZAID, Alfredo. "Inafastabilidade do controle jurisdicional". In: *Estudos e pareceres de direito processual civil*. Notas de Ada Pellegrini Grinover e Flávio Luiz Yarshell. São Paulo: RT, 2002. p. 309/319.

——. "Linhas fundamentais do sistema do código de processo civil brasileiro". In: *Estudos e pareceres de direito processual civil*. Notas de Ada Pellegrini Grinover e Flávio Luiz Yarshell. São Paulo: RT, 2002, p. 31/48.

CABRAL, Trícia Navarro Xavier. "Flexibilização procedimental". In: *Revista Eletrônica de Direito Processual*, Vol. VI, p. 135/164.

CALAMANDREI, Piero. *Direito processual civil*. Trad. por Luiz Abezia e Sandra Drina Fernandez Barbery. Campinas: Bookseller, 1999, v. 1.

CALMON DE PASSOS, J. J. *Esboço de uma teoria das nulidades aplicada às nulidades processuais*. Rio de Janeiro: Forense, 2005.

——. "Função social do processo". In: Revista de direito processual civil n° 07 (1998): 35/45.

CÂMARA, Alexandre Freitas. Reconhecimento de ofício da prescrição: uma reforma descabeçada e inócua. Disponível em: <http://www.flaviotartuce.adv.br/secoes/artigosf/Camara_presc.doc>. Acesso em 18 nov. 2007.

CAMBI, Eduardo. A prova civil: admissibilidade e relevância. São Paulo: RT, 2006.

CAPPELLETTI, Mauro. "Problemas de reforma do processo civil nas sociedades contemporâneas". In: O processo Civil Contemporâneo. Coordenador Luiz Guilherme Marinoni. Curitiba: Juruá, 1994.

CARNEIRO, Athos Gusmão. "Primeiras observações ao projeto de novo código de processo civil – PL 166/2010 – Senado". In: Revista Magister de direito civil e processo civil n° 37 (2010): 56/85.

CARNELUTTI, Francesco. Como se faz um processo. Trad. de Hiltomar Martins Oliveira. 2ª ed. Belo Horizonte: Líder Cultura Jurídica, 2005.

CHIOVENDA, Giuseppe. "Cosa giudicata e preclusione". In: Rivista Italiana per le scienze giuridiche n° 11 (1933): 3/53.

——. Instituições de direito processual civil. Vol. I, notas de Enrico Tullio Liebman. 3ª ed. São Paulo: Saraiva, 1969.

COMOGLIO, Luigi Paolo. "Preclusioni istruttorie e diritto alla prova". In: Rivista di Diritto Processuale n° 53 (1998): 968/995.

COUTURE, Eduardo J. Fundamentos del derecho procesal civil. Buenos Aires: Aniceto López, 1942.

CRUZ E TUCCI, José Rogério. "Garantia constitucional do contraditório no projeto do CPC: análise e proposta". In: Revista Magister de direito civil e processo civil n° 38 (2010): 05/33.

——. "Garantias constitucionais da duração razoável e da economia processual no Projeto do CPC". In: Revista Jurídica Lex 51 (2011): 11/24.

DELLORE, Luiz. "Da ampliação dos limites objetivos da coisa julgada no novo Código de Processo Civil". In: Revista de Informação Legislativa 190 (2011): 35/43.

DINAMARCO, Cândido Rangel. Fundamentos do processo civil moderno – vol. II. 5ª ed. São Paulo: Malheiros, 2000.

FAZZALARI, Elio. "Procedimento e processo (teoria generale)". In: Enciclopedia del diritto, n° 35 (1986): 819/835.

FABRICIO, Adroaldo Furtado. Prescrição e sua declaração ex officio pelo juiz (Lei n° 11.280/06), palestra proferida no Salão Nobre da Faculdade de Direito da UFRGS, em 05/05/2006, homenagem ao Ministro do STJ Athos Gusmão Carneiro.

FERREIRA FILHO, Manoel Caetano. A preclusão no direito processual civil. Curitiba: Juruá, 1991.

FISS, Owen. Um novo processo civil: estudos norte-americanos sobre jurisdição, constituição e sociedade. Coordenação de trad. por Carlos Alberto de Salles. São Paulo: RT, 2004.

FURTADO COELHO, Marcus Vinícius. "O anteprojeto de código de processo civil: a busca por celeridade e segurança". In: Revista de Processo n° 185 (2010): 146/50.

GAJARDONI, Fernando da Fonseca. "Procedimentos, déficit procedimental e flexibilização procedimental no novo CPC". In: Revista de Informação Legislativa 190 (2011): 163/177.

GRECO FILHO, Vicente. Direito processual civil brasileiro. 2° Vol. São Paulo: Saraiva, 1984.

GUEDES, Jefferson Carús; DALL´ALBA, Felipe Camillo; NASSIF AZEM, Guilherme Beux; BATISTA, Liliane Maria Busato (organizadores). Novo código de processo civil. Comparativo entre o projeto do novo CPC e o CPC de 1973. Belo Horizonte: Fórum, 2010.

GUIMARÃES, Luiz Machado. "Preclusão, coisa julgada e efeito preclusivo". In: Estudos de direito processual civil. Rio de Janeiro: Jurídica e Universitária, 1969, p. 9/32.

HABSCHEID, Walther J. "L'oggeto del processo nel diritto processuale civile tedesco". In: Rivista di Diritto Processuale n° 35 (1980): 454/464. Trad. por Ângela Loaldi.

KNIJNIK, Danilo. A prova nos juízos cível, penal e tributário. Rio de Janeiro: Forense, 2007.

LACERDA, Galeno. "O código e o formalismo processual". In: Ajuris n° 28 (1983): 7/14.

LIEBMAN, Enrico Tullio. Estudos sobre o processo civil brasileiro. São Paulo: José Bushatsky, 1976.

MARELLI, Fabio. La trattazione della causa nel regime delle preclusioni. Padova: CEDAM, 1996.

MARINONI, Luiz Guilherme. Novas linhas de processo civil. 3ª ed. São Paulo: Malheiros, 1999.

MENEZES, Cláudio Armando Couce de. "A prescrição e os princípios da eventualidade e da efetividade". In: Repertório IOB de Jurisprudência n° 40 (1993): 185/186.

MILLAR, Robert Wyness. Los principios informativos del proceso civil. Trad. Catalina Grossmann. Buenos Aires.

MITIDIERO, Daniel. "O processualismo e a formação do Código Buzaid". In: Revista de Processo n° 183 (2010): 165/194.

MOREIRA PINTO, Júnior Alexandre. "Sistemas rígidos e flexíveis: a questão da estabilização da demanda". In: *Causa de pedir e pedido no processo civil*. Coordenadores José Rogério Cruz e Tucci e José Rogério dos Santos Bedaque. São Paulo: RT, 2002.

NALINI, José Renato. "Hora de desequilibrar – judiciário será descartado se não funcionar", extraído do *site* Conjur, <http://conjur.estadao.com.br/static/text/53997,1>. Acesso em 2 fev. 2009.

NUNES, Dierle. "Novo enfoque para as tutelas diferenciadas no Brasil? Diferenciação procedimental a partir da diversidade de litigiosidades". In: *Revista de Processo* 184 (2010): 109/140.

———; JAYME, Fernando Gonzaga. "Novo CPC potencializará os déficit operacionais", extraído do *site* Conjur, acesso em 23 abr. 2012.

OLIVEIRA JUNIOR, Zulmar Duarte de. "Preclusão elástica no Novo CPC. Senado Federal". In: *Revistas de Informação legislativa*. Ano 48. n. 190. Abr/jun 2011. Brasília: Senado Federal, 2001. Tomo 2. p. 307-318.

———. "Novo CPC – Relatórios parciais (Câmara Federal)". Extraído do *site* Atualidades do Direito, acesso em 15 jun. 2012.

PAULA ATAÍDE JR., Vicente de. "O novo CPC: Escrito com tinta escura e indelével". In: *Revista Magister de direito civil e processo civil* n° 37 (2010): 102/106.

PICARDI, Nicola. *Jurisdição e processo*. Organizador e revisor técnico da trad.: Carlos Alberto Alvaro de Oliveira. Rio de Janeiro: Forense, 2008.

POLI, Roberto. "Sulla sanabilitá della inosservanza di forme prescrite a pena de preclusione e decadenza". In: *Rivista de diritto processuale*, Padova, Cedam, n. 2, p. 447-470, abr./jun. 1996.

PONTES DE MIRANDA, Francisco Cavalcanti. *Tratado das ações* – Tomo I. Campinas: Bookseller, 1998, Atualizado por Vilson Rodrigues Alves.

PORTO, Sérgio Gilberto. *Comentários ao código de processo civil*. Vol. 6 (arts. 444 a 495). São Paulo: RT, 2000.

PRUDENTE, Antônio Souza. "Poder judiciário e segurança jurídica". In: *Revista de informação legislativa* n° 115 (1992): 571/580.

QUADROS, Renata Mesquita Ribeiro. "Da rejeição liminar da demanda baseada na decadência ou na prescrição – art. 317, III do Projeto de Lei do Senado n. 166, de 2010". In: *Coleção Jornada de Estudos ESMAF*, Distrito Federal, volume n° 8 (2011): 207/209.

RUBIN, Fernando. "A preclusão na dinâmica do processo civil". In: *Coleção Alvaro de Oliveira – Estudos de Processo e Constituição*, n. 3. Porto Alegre: Livraria do Advogado, 2010.

———. "A preclusão, a coisa julgada e a eficácia preclusiva da coisa julgada: interpretações em torno do art. 474 do CPC". In: *Revista Dialética de Direito processual* n° 109 (2012): 36-48.

———. "A prevalência da justiça estatal e a importância do fenômeno preclusivo". In: *Revista Dialética de Direito processual* n° 110 (2012): 49-69.

———. "A utilização articulada da preclusão e da eventualidade no processo civil". In: *Revista Dialética de Direito Processual* n° 107 (2012):25/36.

———. "Do Código Buzaid ao Projeto para um novo código de processo civil: uma avaliação do itinerário de construções/alterações e das perspectivas do atual movimento de retificação". In: *Civil Procedure Review* v. 3, n. 1, p. 208/239, janeiro-abril 2012.

———. "Prazos dilatórios e flexibilização procedimental: reflexões quanto à mitigação da preclusão nos atos instrutórios pelo novo CPC". In: *Revista Eletrônica Âmbito Jurídico*, doutrina processo civil, publicação virtual de 01-05-2012.

———. "Preclusão: Constituição e Processo". In: *Revista Magister de direito civil e processo civil* n° 38 (2010): 79/96.

———. "Preclusão processual Versus Segurança jurídica: possibilidades práticas de aplicação minorada da técnica preclusiva na instrução". In: *Revista da Defensoria Pública do Estado do Rio Grande do Sul*, Ano III, n° 5, set/2011 – abr/2012, p. 85/99.

———; PEGO, Rafael Foresti. "Extemporaneidade do recurso protocolado antes da publicação oficial de decisão judicial". In: *Revista Trabalhista* HS Editora v. 28, n.329 , p.77-85, maio 2011.

———; SCHMITT, Cristiano Heineck. "Observações ao projeto do novo código de processo civil: (des)necessidade do movimento de reforma e inovações no sistema recursal". In: *Revista AJURIS* n° 120 (2010).

SANTOS, Moacyr Amaral. *Primeiras linhas de direito processual civil*. Vol. 1, 19ª ed. São Paulo: Saraiva, 1997.

SCARPINELLA BUENO, Cássio. *Curso sistematizado de direito processual civil* – Teoria geral do direito processual civil. 4ª ed. São Paulo: Saraiva, 2010.

SCHIMA, Hans. "Compiti e limiti di uma teoria generale dei procedimenti". Trad. de Tito Carnacini. In: *Rivista trimestrale di diritto e procedura civile*, n° 7 (1953): 757/772.

SICA, Heitor Vitor Mendonça. *Preclusão processual civil*. São Paulo: Atlas, 2006.

SILVA, Ovídio Baptista da. *Curso de processo civil.* Vol. 1. 6ª ed. São Paulo: RT, 2003.
TARUFFO, Michele. "Le preclusioni nella riforma del processo civile". In: *Rivista di Diritto Processuale Civile* n° 68 (1992): 296/310.
TARZIA, Giuseppe. "O novo processo civil de cognição na Itália". Trad. de Clayton Maranhão. In: *Revista de Processo* n° 79 (1995): 51/64.
TESHEINER, José Maria Rosa. *Elementos para uma teoria geral do processo.* São Paulo: Saraiva, 1993.
TESORIERE, Giovanni. *Contributo allo studio delle preclusioni nel processo civile.* Padova: CEDAM, 1983.
THEODORO JR., Humberto. "A onda reformista do direito positivo e suas implicações com o princípio da segurança jurídica". In: *Revista Magister de direito civil e processual civil* (11):5/32.
ZANZUCCHI, Marco Tullio. *Diritto processuale civile.* Vol. 1. 4ª ed. Milão: Giuffrè, 1947.
ZAVASCKI. Teori Albino. *Antecipação de tutela.* São Paulo: Saraiva, 1997.

— 7 —

A utilização articulada da Preclusão e da eventualidade no Processo Civil

Sumário: Introdução; I. Conceito de preclusão e de eventualidade; II. Espaço próprio da eventualidade e da preclusão; III. A atuação da preclusão/eventualidade para o réu e para o autor; IV. A utilização dos fenômenos na ocasião de exposição da causa de pedir/pedido pelo autor – rigidez excessiva do regime processual civil?; V. Mudança necessária no sistema de preclusões e eventualidades referentes à alteração da causa de pedir e pedido – aproximação do processo civil da linha do processo penal?; Conclusão; Referências doutrinárias.

Introdução

O Processo Civil moderno não pode prescindir da atuação decisiva da preclusão e da eventualidade. Na verdade, historicamente se mostraram institutos processuais vitais para o entendimento e desenvolvimento do procedimento, a ponto de serem erigidos à classe de princípios básicos ou fundamentais.

A análise articulada da atuação da preclusão e da eventualidade é, pois, objeto do presente estudo, em que se buscará estabelecer o devido espaço de cada um deles, bem como se tratará de discutir as principais incidências dos fenômenos no atual Código de Processo Civil (Código Buzaid), sem deixarmos de mencionar as novidades que já aparecem no Projeto n° 166/2010 para um novo Código de Processo Civil – sendo dado especial enfoque, registre-se desde já, para as circunstâncias (e limites processuais) que envolvem a exposição da causa de pedir e pedido pelo autor e a sua eventual modificação em meio ao procedimento de cognição.[1]

---

[1] Trataremos, assim, de maneira mais aprofundada e atualizada de questões referentes aos institutos da preclusão e da eventualidade, originariamente abordadas em: RUBIN, Fernando. A preclusão na dinâmica do processo civil. In: *Coleção Alvaro de Oliveira – Estudos de Processo e Constituição*, n. 3. Porto Alegre: Livraria do Advogado, 2010, p. 198/225.

I. Conceito de preclusão e de eventualidade

A preclusão é instituto processual que, grosso modo, trata de disciplinar os prazos para serem tomadas determinadas medidas ao longo do *iter*, sob pena de restar impossibilitado que a parte desidiosa possa realizar a medida em momento ulterior do procedimento – o que caracterizaria um ônus processual.[2]

Nas palavras clássicas de Antônio Alberto Alves Barbosa, a preclusão é o instituto que impõe a irreversibilidade e a autorresponsabilidade no processo e que consiste na "impossibilidade da prática de atos processuais fora do momento e da forma adequados, contrariamente à lógica, ou quando já tenham sido praticados válida ou invalidamente".[3]

Não é muito diversa a concepção trazida por Manoel Caetano Ferreira Filho, para quem a "preclusão é um dos institutos de que se pode servir o legislador para tornar o processo mais rápido, impondo ao procedimento uma rígida ordem entre as etapas que o compõem".[4]

Na medida em que aceitas e impostas por determinada ordem processual, é o destaque de Dinamarco, "as preclusões constituem expedientes técnico-jurídicos empregados em prol da abreviação dos processos e com o fito de impedir a sua duração indeterminada; com isso, favorecem os escopos sociais de pacificação e educação".[5]

A preclusão, como o grande limitador da atividade das partes no processo, foi essencialmente sistematizada pelo jurista italiano Giuseppe Chiovenda, no início do século XX; inspirado, para o seu tento, na obra do alemão Oskar Bülow – que em 1879, fundado no princípio objetivo, estrito, de responsabilidade, que domina o processo, e no princípio da

---

[2] Nessa seara, merece referência expressa James Goldschmidt, por ressaltar as grandes diferenças entre a relação jurídica de direito material para a relação jurídica de direito processual (que melhor entendia ser denominada de "situação jurídica") – precipuamente a configuração no processo de relações complexas, múltiplas, nos diferentes estágios da demanda; e por introduzir na ciência processual moderna a noção de "ônus", em oposição à de "deveres" ("obrigações"), por discorrer com razão que às partes "convêm" (e não categoricamente "devem") se manifestar no feito em busca de melhor sorte, sob pena de se seguir uma desvantagem processual, que em última instância, representaria uma sentença contrária a seus interesses (GOLDSCHMIDT, James. *Teoria general del proceso*. Trad. Leonardo Pietro Castro. Barcelona: Editorial Labor, 1936, p. 22/23).

[3] Mais à frente, na sua conhecida obra escrita na metade do século passado, Antônio Alberto Alves Barbosa informa: "neste curso de idéias, concluímos dizendo que a preclusão é o imperativo de que decorre a necessidade de todos os atos e faculdades serem exercidos no momento e pela forma adequados, de modo a imperar a ordem e a lógica processuais" (BARBOSA, Antônio Alberto Alves. *Da preclusão processual civil*. São Paulo: RT, 1955, p. 50 e 233).

[4] FERREIRA FILHO, Manoel Caetano. *A preclusão no direito processual civil*. Curitiba: Juruá, 1991, p. 14.

[5] DINAMARCO, Cândido Rangel. *A instrumentalidade do processo*. 4ª ed. São Paulo: RT, 1994, p. 246.

consumação do direito (processual), os chamou princípio da preclusão (*Prakclusionprinzip*).[6]

Há explicação possível para que o pleno desenvolvimento do instituto em estudo não tenha ocorrido em solo alemão em fins do século XIX, oportunizando-se uma regular sequência nos estudos iniciados por Bülow: é que o Regulamento processual civil alemão de 1877 fez uso muito escasso das preclusões, em defesa da decidida aplicação dos princípios da concentração e oralidade, o que sugere um menor interesse dos juristas germânicos da época no estudo da preclusão.[7]

Embora na Itália o então vigente Código de Processo Civil de 1865 fosse também inspirado no princípio oposto ao da preclusão – o denominado princípio da liberdade das partes –, o rito (sem dispositivos específicos no resguardo de interesses públicos) era, diversamente do sistema alemão, marcantemente escrito, longo e complexo.[8] Daí, ao que parece, muitos e gabaritados juristas peninsulares assumiram o desafio de estudá-lo e modificá-lo, em busca de um processo mais célere e mais simples, que prestigiasse em maior escala a oralidade e a concentração.

Já a eventualidade é outra indispensável peça processual voltada à concentração, a qual determina que as alegações das partes devem ser feitas todas em uma mesma oportunidade, mesmo que topicamente se mostrem contraditórias ou inconciliáveis, já que na eventualidade de o Estado-juiz não acatar uma, a outra pode ser considerada – situação que justifica a nomenclatura utilizada para reconhecer o instituto.

Realmente, a técnica da eventualidade, também denominada "acumulação eventual" ou ainda "técnica de ataque e defesa global" (nas palavras de Robert Wyness Millar), tem como consequência impedir que quaisquer meios de ataque ou defesa, não apresentados especialmente com a inicial, no caso do autor, ou na contestação, no caso do réu, possam ser em momento posterior – destacando o mencionado jurista que decorre da eventualidade se supor que as partes, nas respectivas fases do procedimento, devam apresentar simultaneamente, e não consecuti-

---

[6] CHIOVENDA, Giuseppe. *Instituições de direito processual civil*. Vol. III, notas de Enrico Tullio Liebman. 3ª ed. São Paulo: Saraiva, 1969, p. 156/157; BÜLOW, Oskar. *Teoria das exceções e dos pressupostos processuais*. Trad. Ricardo Rodrigues Gama. Campinas: LZN, 2005. 2ª ed. Destaque para as passagens 55/56, 208/209, 223/224.

[7] GUIMARÃES, Luiz Machado. Preclusão, coisa julgada e efeito preclusivo. In: *Estudos de direito processual civil*. Rio de Janeiro: Jurídica e universitária, 1969, p. 9; DEVIS ECHANDÍA, Hernando. *Teoria General del proceso*. Buenos Aires: Editorial Universidad, 1984. Tomo I, p. 40.

[8] TESORIERE, Giovanni. *Contributo allo studio delle preclusioni nel processo civile*. Padova: CEDAM, 1983, p. 98.

vamente, todas as alegações e elementos de prova que pertençam a esses períodos.[9]

Mesmo que excludentes, destacam Couture e Zanzucchi, as proposições devem ser apresentadas conjuntamente, a fim de que na eventualidade de uma delas ser rechaçada, possam ser analisadas as seguintes.[10] Assim, cada uma das partes, nas palavras exatas de Carnelutti, da maneira mais completa possível, deve propor, desde a fase inicial do processo, um modelo de sentença ao juiz, aconselhando-o sobre a decisão que seria mais justa;[11] passando a assegurar a eventualidade o pleno exercício do contraditório, evitando a possibilidade de uma das partes surpreender o antagonista com a alegação de fatos sobre os quais este não mais poderá se pronunciar, bem como refreando as manobras protelatórias.[12]

Sem chegar a extremos de habilidade dialética processual (ao se sustentar a apresentação simultânea de proposições claramente colidentes entre si), é evidente, como registra Isidoro Eisner, que em muitos casos se justifica razoavelmente a acumulação de ações ou de defesas, desde a fase inicial do pleito, quando já não se trata de afirmar propriamente fatos contraditórios entre si, mas sim de defender distintos enfoques de direito para se firmar múltiplas posturas jurídicas suscetíveis, quaisquer delas, de lograr favorável acolhimento.[13]

II. Espaço próprio da eventualidade e da preclusão

Apresentados os conceitos dos fenômenos, é de se reconhecer que a preclusão é instituto processual de incidência notadamente maior do que a eventualidade. Sabe-se que a preclusão atua sobre o Estado-juiz (preclusão de questões) e sobre as partes (preclusão de faculdades), sendo que a eventualidade é técnica ligada somente às atividades das partes litigantes, atrelada, assim, somente à preclusão de faculdades.

---

[9] MILLAR, Robert Wyness. *Los principios informativos del proceso civil*. Trad. Catalina Grossmann. Buenos Aires, p. 96.

[10] COUTURE, Eduardo J. *Fundamentos del derecho procesal civil*. Buenos Aires: Aniceto López, 1942, p. 97; ZANZUCCHI, Marco Tullio. *Diritto processuale civile*. Vol. 1. Milão: Giuffrè, 1947, p. 78 e 396.

[11] CARNELUTTI, Francesco. *Como se faz um processo*. Trad. por Hiltomar Martins Oliveira. 2ª ed. Belo Horizonte: Líder Cultura Jurídica, 2005, p. 91.

[12] CRUZ e TUCCI, José Rogério. *Tempo e processo*. São Paulo: RT, 1997, p. 39/41; MOREIRA PINTO, Júnior Alexandre. Sistemas rígidos e flexíveis: a questão da estabilização da demanda. *In: Causa de pedir e pedido no processo civil*. Coordenadores José Rogério Cruz e Tucci e José Rogério dos Santos Bedaque. São Paulo: RT, 2002, p. 82/83.

[13] EISNER, Isidoro. Preclusión. *In: Revista Jurídica Argentina La Ley* n° 118 (1965): 1106/1112.

De fato, a eventualidade não se refere diretamente à atividade do magistrado no processo, impondo a técnica tão somente restrições ao agir das partes ao longo do procedimento, especialmente na preambular fase postulatória; por outro lado, embora não seja exato referir que o magistrado tenha prazos peremptórios para agir em juízo, sob pena de incidência da técnica preclusiva (espaço da preclusão temporal, própria da atividade processual das partes), é sabido que uma vez proferida determinada decisão, por regra, não pode o Estado-juiz livremente sobre tal tema voltar a se manifestar – o que seria o espaço adequado de aplicação da preclusão consumativa (para o juiz), também denominada "preclusão pro judicato".[14]

Pois bem. Em relação aos litigantes, é acertado, pois, referir que a utilização articulada dos institutos da preclusão e da eventualidade determina que as partes tenham oportunidade para trazer conjuntamente todas as suas alegações no processo, mormente na fase postulatória (inicial e contestação) – *espaço da eventualidade*; sob pena de não mais fazerem em outra oportunidade mais avançada do procedimento – *espaço da preclusão (de faculdades)*.

De qualquer forma, cabe aqui o reforço, no conceito próprio da eventualidade não se faz presente a noção de preclusão, que funciona como vital anexo capaz de garantir a eficácia da técnica – estabelecendo-se entre os institutos uma espécie de relação de *causa (descumprimento das disposições concernentes à eventualidade)* e *efeito (preclusão)*.

Fez-se questão de se frisar a utilização da eventualidade na fase postulatória[15] (*eventualidade em sentido estrito*), já que aqui é justamente o espaço de maior repercussão na utilização da técnica, mas cabe o registro de que é possível seu aproveitamento nas demais fases do processo, sempre que a legislação processual imponha o ônus à parte de desenvolver todos os seus argumentos ofensivos ou defensivos em um determinado lapso temporal, inclusive na fase recursal, sob pena de não poder renová-los ulteriormente – lembrando-se, ainda nesse diapasão, que se pode cogitar dos préstimos da eventualidade tanto na fase de conhecimento, como na fase executória, tanto em primeira como em segunda instância[16] (*eventualidade em sentido lato*).

---

[14] NEVES, Daniel Amorim Assumpção. *Preclusões para o juiz:* preclusão pro judicato e preclusão judicial no processo civil. São Paulo: Método, 2004, p. 17/18 e 24/25.

[15] BARROS TEIXEIRA, Guilherme Freire de. *O princípio da eventualidade no processo civil*. São Paulo: RT, 2005, p. 230; WAMBIER, Teresa Arruda Alvim. *Omissão judicial e embargos de declaração*. São Paulo: RT, 2005, p. 122; SANTOS, Moacyr Amaral. *Primeiras linhas de direito processual civil*. Vol. 2. 11ª ed. São Paulo: RT, 1987, p. 207.

[16] SOUZA, Everaldo de. Do princípio da eventualidade no sistema do código de processo civil. *In: Revista Forense* nº 251 (1975): 101/112; PORTANOVA, Rui. *Princípios do processo civil*. 6ª ed. Porto Alegre: Livraria do Advogado, 2005, p. 128/132.

Interessante, aliás, em defesa dessa visão alargada do campo de incidência da eventualidade, o sentido da expressão "concentração processual" exteriorizada por Schönke: para além do tradicional entendimento (como princípio tratado com a oralidade e a identidade física do juiz, determinando que na audiência de instrução mais atos processuais possam ser realizados em menor interregno de tempo – na forma consubstanciada no art. 455 do nosso CPC), o jurista alemão o emprega para significar os atos específicos das partes ao longo de todo o procedimento que, segundo as vigentes disposições de lei, exigiria a "concentração de suas alegações".[17]

Nessa conjectura, tratando também de aproximar a noção de "princípio da preclusão" da de "princípio da eventualidade", Fabio Marelli revela que o modo no qual e em concreto disciplinado o ônus da parte de formular e integrar as próprias deduções pode caracterizar um determinado tipo ou modelo de processo: "em tal senso se pode falar de 'princípio de preclusão' em contraposição àquele de 'liberdade das deduções' e a expressão assume validade bastante próxima daquela de princípio de 'concentração processual'".[18]

III. A atuação da preclusão/eventualidade para o réu e para o autor

Se atentarmos para a história do processo, veremos que o instituto da eventualidade (relacionado, como posto, com o da preclusão de faculdades – *Präklusions-und eventualprinzip*) surgiu na baixa idade média (século XII-XV), especialmente no direito comum alemão, como uma reação à total liberdade que as partes possuíam em face da interferência estatal (*Eventualmaxime*) – resultando na exigência de serem fixados, já na fase introdutória do litígio, todos os pontos sobre os quais deveria ser produzida a prova.[19] A partir dali, passou a ser comumente empregado pelos sistemas processuais, observando-se que a legislação, em países e tempos diferentes, tem tratado de utilizar a técnica para acelerar a resolução da causa levada ao judiciário e garantir a lealdade no agir das partes.

Certamente a concentração dos atos processuais, decorrente da aplicação do binômio preclusão-eventualidade, como vem sendo reconhe-

---

[17] SCHÖNKE, Adolfo. *Derecho procesal civil*. 5ª ed. Trad. por L. Prieto Castro. Barcelona: Bosch, 1950, p. 39.

[18] MARELLI, Fabio. *La trattazione della causa nel regime delle preclusioni*. Padova: CEDAM, 1996, p. 17.

[19] CRUZ E TUCCI, José Rogério. A regra da eventualidade como pressuposto da denominada teoria da substanciação. In: *Revista do Advogado* n° 40 (1993): 39/43.

cida nos sistemas processuais modernos, pode representar uma efetiva garantia para a efetividade e para a lealdade processual[20] – vedando o arbítrio das partes na regulamentação da marcha do processo.[21] No entanto, pode afigurar-se, por outro lado, um obstáculo ao processo justo, representando um risco de exclusão de alegações e pleitos omitidos pelas partes, razão pela qual não deveria exibir perfil demasiadamente rígido.[22]

De profícuo estudo do fenômeno processual elaborado ainda na primeira metade do século XX, por Luis Echegaray, sobreleva-se, em maior relevo, justamente a pertinente observação de que "as experiências históricas têm comprovado que se são graves os inconvenientes que ocasiona a adoção do princípio da liberdade para as deduções, não são menos sérios os inconvenientes que podem acarretar a rígida aplicação do princípio da preclusão e eventualidade".[23]

Vê-se, portanto, que o instituto da eventualidade, diretamente ligado à preclusão, vincula não só o réu, mas também o autor, importando na possibilidade de proporcionar um ônus processual de gravidade significativa para aquela parte que o descumprir.

Desde já, todavia, há de se apontar que, a nosso juízo, a técnica da eventualidade se apresenta sensivelmente mais severa para o réu, ao passo que o autor, não apontando determinados fatos jurídicos ou até pedidos na exordial, pode ser compelido a não mais desenvolver o objeto faltante nesse processo, mas tem o direito (a menos no nosso sistema, que adota a teoria da substanciação) de renová-lo em nova demanda contra o mesmo devedor – dados os evidentes limites à aplicação do atual art. 474 do CPC, tornados mais explícitos agora no Projeto nº 166/2010 para um novo CPC, no art. 489: "Transitada em julgado a sentença de mérito, considerar-se-ão deduzidas e repelidas todas as alegações e as defesas que a parte poderia opor assim ao acolhimento como à rejeição do pedido, *ressalvada a hipótese de ação fundada em causa de pedir diversa*".[24] (grifo nosso)

---

[20] SILVA, Gilberto Domingues da. Processo e eventualidade. In: *Revista Jurídica* nº 103 (1984): 46/51.

[21] SOUZA, Everaldo de. Do princípio da eventualidade no sistema do código de processo civil. In: *Revista Forense* nº 251 (1975): 101/112.

[22] ALVARO DE OLIVEIRA, Carlos Alberto. *Do formalismo no processo civil*. 2ª ed. São Paulo: Saraiva, 2003, p. 173/174 e 222.

[23] ECHEGARAY, Luis Juárez. La preclusión. In: *Estudios de derecho procesal en honor de Hugo Alsina*. Buenos Aires: EDIAR, 1946, p. 355/368.

[24] GUEDES, Jefferson Carús; DALL´ALBA, Felipe Camillo; NASSIF AZEM, Guilherme Beux; BATISTA, Liliane Maria Busato (organizadores). *Novo código de processo civil. Comparativo entre o projeto do novo CPC e o CPC de 1973*. Belo Horizonte: Fórum, 2010, p. 142.

Por sua vez o réu deve impugnar especificamente todas as manifestações do autor, trazendo à baila as exceções pertinentes, não se cogitando de apresentá-las em outra demanda, já que o manto da coisa julgada cobrirá o que for decidido nesse processo. O famoso art. 300 do atual CPC, sempre lembrado ao se tratar da utilização da eventualidade no processo civil, acaba sendo basicamente repetido no Projeto n° 166/2010 para um novo CPC, no art. 336: "Incumbe ao réu alegar, na contestação, toda a matéria de defesa, expondo as razões de fato e de direito com que impugna o pedido do autor e especificando as provas que pretende produzir".[25] Nota-se, realmente, como é drástica a utilização da eventualidade em desfavor do demandado.

A atenuação do rigor da aplicação da técnica da eventualidade para o réu apresenta-se com as matérias de ordem pública,[26] as quais podem ser alegadas a qualquer tempo e são reconhecíveis até de ofício pelo magistrado – nesses casos excepcionais, aliás, não sujeitando o Estado-juiz à incidência da já aludida preclusão consumativa ou *pro judicato*.[27] Mesmo assim, essa exceção confirma a regra do "princípio da concentração da defesa",[28] sendo pertinente a opinião difundida, na doutrina, a revelar que o sistema, por necessidade, impõe um ônus maior ao réu na fase inicial do feito.[29]

IV. A utilização dos fenômenos na ocasião de exposição da causa de pedir/pedido pelo autor – rigidez excessiva do regime processual civil?

Conforme delimitado na introdução do presente trabalho, será objeto de investigação especificamente a regra da eventualidade para a parte autora[30] – o que faremos a partir desse momento.

---

[25] GUEDES, Jefferson Carús; DALL´ALBA, Felipe Camillo; NASSIF AZEM, Guilherme Beux; BATISTA, Liliane Maria Busato (organizadores). *Novo código de processo civil. Comparativo entre o projeto do novo CPC e o CPC de 1973*. Belo Horizonte: Fórum, 2010, p. 111.

[26] BARROS TEIXEIRA, Guilherme Freire de. *O princípio da eventualidade no processo civil*. São Paulo: RT, 2005, p. 230.

[27] PESSOA, Flávia Moreira Guimarães. Pedido de reconsideração e preclusão pro judicato no processo civil. In: *Revista IOB Direito Civil e Processo Civil* n° 42 (2006): 103/109.

[28] SCARPINELLA BUENO, Cassio. *Curso sistematizado de direito processual civil*. Tomo I, Vol. 2. 3ª ed. São Paulo: Saraiva, 2010, p. 167.

[29] SILVA, Gilberto Domingues da. Processo e eventualidade. In: *Revista Jurídica* n° 103 (1984): 46/51; WAMBIER, Teresa Arruda Alvim. *Omissão judicial e embargos de declaração*. São Paulo: RT, 2005, p. 120.

[30] Convidamos o leitor, interessado nas peculiaridades da atuação da eventualidade/preclusão sob a específica figura do réu, a consultar: RUBIN, Fernando. *A preclusão na dinâmica do processo civil*. Op. cit., especialmente p. 203/211.

A parte proponente de medida judicial satisfativa deverá delimitar, na inicial, a *causa petendi* próxima (fundamentos jurídicos) e remota (fundamentos de fato) bem como o pedido (art. 282, CPC), juntando os documentos que dão sustentação a tudo que alega (art. 283, CPC), sob pena de não mais fazer nesse processo, quando não seja o caso de ser declarada a inépcia da exordial (art. 284, parágrafo único, art. 295, art. 267, I, todos do CPC).

A *causa petendi* e o pedido, no atual sistema pátrio, somente podem ser modificados sem o consentimento do réu até o momento da citação, correndo às expensas do autor as custas acrescidas em razão dessa iniciativa (art. 294, CPC); e mesmo com o consentimento deste até o saneamento do processo (art. 264, CPC). Sendo possível a modificação, deve-se observar se o réu é ou não revel; se o for, após a inovação, ter-se-á de promover nova citação do demandado (art. 321, CPC).

Por sua vez, encerrada a instrução, o juiz deve prolatar sentença nos limites em que foi proposta, não podendo conceder ou deixar de conceder coisa além (julgamento *ultra petita*) ou diversa (julgamento *extra petita*) daquela requerida, constante expressamente em pedido da peça vestibular. Também como lógico corolário do princípio da demanda (ou dispositivo em sentido material ou próprio) é defeso ao diretor do processo alterar a causa de pedir e o pedido ao longo da tramitação do feito (art. 128 c/c 460, ambos do CPC), podendo tão somente determinar a emenda da exordial, antes de determinar a citação, caso entenda pela existência de defeitos e irregularidades capazes de dificultar o exame de mérito (art. 284, *caput*, do CPC).

No entanto, ingressando a fundo no tema e na forma como lidado na prática forense, é de se observar que a jurisprudência já vem excepcionalmente relativizando o teor dos arts. 264, e 128 c/c 460. Mencionemos a destacada hipótese das ações previdenciárias/acidentárias (reguladas pelas Leis 8.212/91, 8.213/91 e pelo Decreto 3.048/99). *In casu*, em razão especial da natureza protetiva da matéria, da alterabilidade dos quadros clínicos incapacitantes e da fungibilidade que revestem essas ações (que conferem forte cunho de ordem pública ao procedimento), permite-se a concessão, em sentença, de benefício diferente do postulado na exordial; e/ou possibilita-se que o próprio demandante venha a aditar o pedido, mesmo ultrapassada a fase de saneamento (após a realização de perícia judicial, *v.g.*), e mesmo sem a concordância da parte adversa (INSS).[31]

---

[31] De fato, a concepção de que em sentença de acidente do trabalho declarará o julgador, de acordo com a integralidade do material probatório coligido aos autos, o direito às prestações acidentárias previstas em lei, independentemente do pedido específico formulado na exordial, está devidamente assentado no nosso Tribunal de Justiça e no Superior Tribunal de Justiça – dentre inúmeros outros julgados: TJ/RS – AI n° 70012612826 (10ª Câmara Cível, Rel. Des. Jorge Alberto Schreiner Pestana, j.

Já exceções ao princípio da demanda, mas aqui expressamente previstas em lei, dá-se notadamente com o art. 461, § 4°, do CPC – permitindo a imposição pelo julgador de multa diária ao réu independentemente do pedido do autor, em obrigação de fazer ou de não fazer (regra essa introduzida no CPC pela Lei n° 8.952/94, tendo já o Código de Defesa do Consumidor dispositivo semelhante: art. 84, § 4°, da Lei n° 8.078/90);[32] e com o art. 7° da Lei n° 8.560/92 – viabilizando a tutela condenatória *ex officio* em pensão alimentícia, na demanda com pedido exclusivamente declaratório de reconhecimento de paternidade.[33]

Também pode suceder, de acordo com a doutrina,[34] que o julgador não se oponha a eventual redução do pedido, mesmo após o saneamento do feito, e sem o consentimento do réu – no caso, *v.g.*, de desistência parcial ou, mais propriamente, de renúncia parcial ao direito postulado; ou até mesmo, embora mais raro, em caso de transação parcial estabelecida entre as partes, na pendência do processo.

De qualquer forma, ressalvadas as relevantes exceções legais e jurisprudenciais ventiladas, ratifica-se que o princípio dispositivo em sentido próprio ou material é o grande limitador para a atividade do magistrado no processo, já que mesmo entendendo o Estado-juiz que a causa poderia abranger uma dimensão maior, não poderá, por regra, determinar *ex officio* essa extensão, que, se não aviada pela parte proponente, somente poderá eventualmente ser trazida ao Poder Judiciário em posterior nova e distinta demanda.

É forçoso, pois, concluir, mesmo sendo reconhecida a importância da estabilização da demanda, pela existência de uma significativa rigidez do sistema processual civil brasileiro no tocante à inalteração da causa de pedir e pedido após o saneamento do processo, mesmo que as partes estejam de acordo e haja o consentimento do julgador – tudo a exigir que seja contemporaneamente repensada essa questão, o que será objeto de aprofundamento no posterior derradeiro tópico deste trabalho.

---

em 18/08/2005) e AI n° 70015140940 (9ª Câmara Cível, Rel. Des. Tasso Caubi Soares Delabary, j. em 04/05/2006); STJ – REsp n° 197794/SC (6ª Turma, Rel. Min. Fernando Gonçalves, j. em 03/08/2000); e REsp n° 267652/RO (5ª Turma, Rel. Min. Felix Fischer, j. em 18/03/2003).

[32] MARINONI, Luiz Guilherme. *Teoria geral do processo*. Vol. 1. São Paulo: RT, 2006, p. 374.

[33] BEDAQUE, José Roberto dos Santos. Os elementos objetivos da demanda examinados à luz do contraditório. In: *Causa de pedir e pedido no processo civil*. Coordenadores José Rogério Cruz e Tucci e José Rogério dos Santos Bedaque. São Paulo: RT, 2002, p. 31.

[34] BARBOSA MOREIRA, J. C. *O novo processo civil brasileiro*. 24ª ed. Rio de Janeiro: Forense, 2006, p. 12/13.

V. Mudança necessária no sistema de preclusões e eventualidades referentes à alteração da causa de pedir e pedido – aproximação do processo civil da linha do processo penal?

Tratemos, nas últimas linhas, de maneira mais intensa, a respeito dos limites estabelecidos pelo sistema de preclusões e eventualidades à alteração da causa de pedir e pedido no sistema processual – apontando para a necessária modificação legislativa no marco pátrio autorizador de alteração na causa de pedir e pedido. Mesmo porque a prática no direito comparado, contrabalançando o rigorismo formal com o princípio da economia processual, e a própria concepção de um moderno processo cooperativo, indica no sentido de ser viável a relativização dessa inflexível estabilização no Brasil, em limites moderados, respeitando-se a situação cultural da nossa sociedade.

Frisemos, de antemão, que a estabilização do processo, mediante a inalteração da causa de pedir e pedido, possui duplo fundamento: um particular, com efeitos privados, consiste na realização prática do princípio da lealdade processual, o qual não consiste apenas na fidelidade à verdade, mas compreende a colocação clara e precisa dos fatos e dos fundamentos jurídicos por ambas as partes, de modo a não se surpreender, nem um nem outro, com alegações novas de fatos ou indicação de provas imprevistas. O outro fundamento da estabilização do processo é o do interesse público na boa administração da justiça, que deve responder de maneira certa e definitiva à provocação consistente no pedido do autor.[35]

Um sistema legislativo que permitisse livremente a alteração dos elementos da ação geraria instabilidade na prestação jurisdicional e, consequentemente, nas relações jurídicas em geral. O juiz, como já mencionamos, deve decidir sobre o que foi expressamente pedido, nos limites da *causa petendi*; sendo que se o autor tiver outro pedido, ou até deseje expor outro fato jurídico principal, que o faça, reforça-se, em processo distinto.

Essa máxima do processo civil, compara Vicente Grego Filho, não encontra fiel parâmetro no processo penal pátrio, cujo sistema prevê a possibilidade de adequação do pedido à verdade real (CPP, arts. 383 e 384); justificando-se nesse campo uma maior liberdade porque o processo criminal deve esgotar a atividade jurisdicional sobre todo fato da natureza (melhor composto durante a instrução), e não apenas sobre o que foi pedido formalmente (na oportunidade preambular), de modo que,

---

[35] Maiores detalhes na tese de doutorado da USP de CARVALHO, Milton Paulo de. *Do pedido no processo civil*. Porto Alegre: Sergio Antonio Fabris, 1992, p. 121/129.

no âmbito especificamente penal, se faz indispensável "a existência de mecanismo de adequação do objeto do processo ao fato"[36] – desde que, completemos, seja resguardado o direito ao amplo contraditório a partir do momento processual oportunizador da emenda[37].

Estamos, no entanto, no atual momento do processo civil pátrio, próximos de aproximarmos as linhas sobreditas de (histórica) diferenciação para com o processo criminal; seguindo, por outro lado, uma verdadeira tradição do direito processual civil continental-europeu, como comenta Paolo Biavati, em que, embora haja naturais restrições implementadas pelos sistemas processuais, sensível é que "as preclusões são menos rígidas e além disso o espaço de defesa das partes é consideravelmente amplo".[38]

Isto porque o Projeto n° 166/2010 para um novo CPC, alterando sensivelmente os ditames do atual art. 264 c/c art. 294 do Código Buzaid, fixa, no art. 314, que: "o autor poderá, enquanto não proferida a sentença, aditar ou alterar o pedido, desde que o faça de boa-fé e que não importe em prejuízo ao réu, assegurando o contraditório mediante a possibilidade de manifestação deste no prazo mínimo de quinze dias, facultada a produção de prova suplementar".[39]

Assim, da mesma forma que se sucede no processo penal, o juiz poderá autorizar o aditamento/emenda posterior da petição inicial, mesmo se já está esteja em pleno andamento a fase instrutória. Como necessário contrapeso, deve ser dada oportunidade ao réu para se defender em relação a esse complemento, no mesmo prazo da contestação (quinze dias), momento em que deverá, se necessário, requerer produção de provas complementares.

De fato, a inovação legislativa, já aprovada no Senado e prestes a ser aprovada na Câmara Federal, era esperada, já que pleiteada há bom tempo pela melhor doutrina,[40] a qual vinha denunciando a discrepância da solução processual pátria (rígida) em relação aos modelos alienígenas europeus. No entanto, o limite para a alteração da causa de pedir e pe-

---

[36] GRECO FILHO, Vicente. *Direito processual civil brasileiro*. 2° Vol. São Paulo: Saraiva, 1984, p. 57.

[37] TOURINHO FILHO, Fernando da Costa. *Manual de processo penal*. 4ª ed. São Paulo: Saraiva, 2002, p. 665.

[38] BIAVATI, Paolo. Iniziativa delle parti e processo a preclusioni. *In: Rivista Trimestrale di Diritto e Procedura Civile* n° 50 (1996): 477/512.

[39] GUEDES, Jefferson Carús; DALL´ALBA, Felipe Camillo; NASSIF AZEM, Guilherme Beux; BATISTA, Liliane Maria Busato (organizadores). *Novo código de processo civil. Comparativo entre o projeto do novo CPC e o CPC de 1973*. Belo Horizonte: Fórum, 2010, p. 106.

[40] ALVARO DE OLIVEIRA, Carlos Alberto. *Do formalismo no processo civil*. 2ª ed. São Paulo: Saraiva, 2003, p. 53, 56, 141/145, 171/177; ALVARO DE OLIVEIRA, Carlos Alberto. Poderes do juiz e visão cooperativa do processo. *In: Ajuris* n° 90 (2003): 55/83.

dido chega a surpreender, já que o sistema atual é absolutamente rígido (impedindo a alteração da causa de pedir e pedido após o saneamento) e passa a ser significativamente flexível (autorizando a alteração da causa de pedir e pedido até o momento de prolação da decisão exauriente de mérito).

Uma solução intermediária, que já tivemos a oportunidade de recentemente defender,[41] com base na doutrina especializada no assunto,[42] seria de se abrir a possibilidade de *modificação da demanda na primeira audiência de debates* (prevista no art. 331 do CPC), depois de esclarecidos os fatos da causa em diálogo mantido pelo órgão judicial com as partes. Vai mais longe, pois, o Projeto, ficando, no entanto, dentro de limite tolerável, já que, no nosso sentir, seria desaconselhável a legislação adjetiva autorizar a modificação da causa de pedir e pedido até em segundo grau de jurisdição, em razão da celeuma processual que poderia daí decorrer.

A respeito, vale recordar que, como bem asseverou Carlos Alberto Alvaro de Oliveira,[43] a experiência histórica da Itália (a partir da chamada "contrarreforma" de 1950, determinada pela Lei nº 581, que modificava o CPC italiano de 1940) não recomenda a adoção de um sistema extremamente liberal, em que até em fase recursal poderiam as partes propor novas exceções e novos meios de prova, o que foi tema de extrema crítica pelos operadores de direito daquele país[44] e modificação posterior, via Lei nº 353, da década de 90.[45]

Por fim, ainda com relação à possibilidade de alteração da causa de pedir e pedido em momento posterior ao saneamento do feito, pensamos que limite importante, inclusive preservado pelo art. 314 do Projeto nº 166/2010, é o de impossibilitar que tal medida processual seja realizada por iniciativa oficiosa do Estado-juiz.

De fato, entendemos que risco que não poderia se cogitar de correr é o de viabilizar alterações nos rumos da demanda por iniciativa do magistrado, como sugerido por Júnior Alexandre Moreira Pinto, ao sus-

---

[41] RUBIN, Fernando. Do Código Buzaid ao Projeto para um novo código de processo civil: uma avaliação do itinerário de construções/alterações e das perspectivas do atual movimento de retificação. In: *Revista Jurídica* (Porto Alegre) nº 403 (2011): 39/64.

[42] BARROS TEIXEIRA, Guilherme Freire de. *O princípio da eventualidade no processo civil*. São Paulo: RT, 2005, p. 317/322.

[43] ALVARO DE OLIVEIRA, Carlos Alberto. *Do formalismo no processo civil*. 2ª ed. São Paulo: Saraiva, 2003, p. 174/175.

[44] TARUFFO, Michele. Preclusioni (diritto processuale civile). In: *Enciclopedia del diritto – Aggiornamento* nº 1 (1997): 794/810; TESORIERE, Giovanni. *Contributo allo studio delle preclusioni nel processo civile*. Padova: CEDAM, 1983, p. 119, 122 e 168.

[45] CALAMANDREI, Piero. *Direito processual civil*. Vol. 1. Trad. Luiz Abezia e Sandra Drina Fernandez Barbery. Campinas: Bookseller, 1999, p. 308.

tentar que "até um determinado momento, como por exemplo, antes do início da instrução, devem as partes e até mesmo o juiz, ter liberdade para trazer ao processo fatos novos, que vão surgindo de acordo com as alegações propostas".[46]

Discorda-se do jurista no ponto de admitir a alteração da causa de pedir pelo próprio julgador, precipuamente porque tal posicionamento se coloca de maneira indevida contra o tão destacado princípio dispositivo (em sentido próprio ou material, que merece não mais do que pontualíssimas limitações, sob pena de ingerência na imparcialidade do magistrado) e contra a própria teoria da substanciação, fortemente sistematizada no direito processual civil pátrio ao longo da história (em nível maior, inclusive, do que no modelo continental-europeu).

Tem-se, portanto, que posição mais conservadora no tópico também há de vingar, devendo a pensada novel alteração legislativa permitir que se suceda modificação da causa de pedir e pedido até a prolação de sentença (vedada a propositura de novas questões em segundo grau de jurisdição), desde que proposta fundamentadamente por uma das partes (nunca pelo julgador), cabendo daí ao magistrado acolhê-la ou não (a partir de razoável justificativa).

Conclusão

A utilização articulada dos institutos da preclusão e da eventualidade incentiva a concentração processual, representando, a incidência dos fenômenos sobre os litigantes, uma (necessária) limitação ao agir das partes no processo. Tanto o autor como o réu precisam alegar simultaneamente as suas razões, especialmente na preambular fase postulatória do *iter* (na inicial e contestação, respectivamente) – *espaço da eventualidade*; sob pena de não mais ser permitido aquele movimento em etapa ulterior – *espaço da preclusão*.

Embora defendamos que o Estado-juiz não esteja sujeito ao regime da eventualidade e mesmo ao regime da preclusão temporal, pode-se constatar que indiretamente o magistrado acaba sendo afetado por esse sistema de preclusões/eventualidades direcionados às partes litigantes, já que não poderá, por regra, julgar coisa diversa daquelas expostas pelas partes (mesmo que tenha conhecimento de que não foi devidamente precisa/completa a exposição da causa de pedir e/ou do pedido) – tudo em

---

[46] MOREIRA PINTO, Júnior Alexandre. Sistemas rígidos e flexíveis: a questão da estabilização da demanda. In: *Causa de pedir e pedido no processo civil*. Coordenadores José Rogério Cruz e Tucci e José Rogério dos Santos Bedaque. São Paulo: RT, 2002, p. 84.

respeito ao princípio dispositivo, garantidor da (fundamental) imparcialidade do agente político do Estado.

Assim, estando todos os integrantes da relação jurídica processual (Estado-juiz e partes litigantes) indireta ou diretamente sujeitos aos reflexos da articulada utilização das técnicas da preclusão e eventualidade, realmente se mostra adequado que seja fixada regra mais flexível de apresentação/modificação da causa de pedir e pedido – como já vinha reclamando a doutrina especializada pátria e é agora objeto de um das propostas legislativas para um novo Código de Processo Civil brasileiro.

No entanto, para que tal significativa modificação nos rumos da lide seja viabilizada, no nosso sentir há de ser requerida expressamente pelas partes (e não pelo magistrado) e não deve ser incrementada em momento procedimental que possa causar mais transtornos do que soluções – o que se daria em modelo processual extremamente liberal, não aconselhado, em que até em segundo grau de jurisdição pudessem ser implementadas alterações no objeto litigioso.

Referências doutrinárias

ALVARO DE OLIVEIRA, Carlos Alberto. *Do formalismo no processo civil.* 2ª ed. São Paulo: Saraiva, 2003.

——. "Poderes do juiz e visão cooperativa do processo". In: *Ajuris* n° 90 (2003): 55/83.

BARBOSA, Antônio Alberto Alves. *Da preclusão processual civil.* São Paulo: RT, 1955.

BARBOSA MOREIRA, J. C. *O novo processo civil brasileiro.* 24ª ed. Rio de Janeiro: Forense, 2006.

BARROS TEIXEIRA, Guilherme Freire de. *O princípio da eventualidade no processo civil.* São Paulo: RT, 2005.

BEDAQUE, José Roberto dos Santos. "Os elementos objetivos da demanda examinados à luz do contraditório". In: *Causa de pedir e pedido no processo civil.* Coordenadores José Rogério Cruz e Tucci e José Rogério dos Santos Bedaque. São Paulo: RT, 2002.

BIAVATI, Paolo. "Iniziativa delle parti e processo a preclusioni". In: *Rivista Trimestrale di Diritto e Procedura Civile* n° 50 (1996): 477/512.

BÜLOW, Oskar. *Teoria das exceções e dos pressupostos processuais.* Trad. Ricardo Rodrigues Gama. Campinas: LZN, 2005. 2ª ed.

CALAMANDREI, Piero. *Direito processual civil.* Vol. 1. Trad. Luiz Abezia e Sandra Drina Fernandez Barbery. Campinas: Bookseller, 1999.

CARNELUTTI, Francesco. *Como se faz um processo.* Trad. Hiltomar Martins Oliveira. 2ª ed. Belo Horizonte: Líder Cultura Jurídica, 2005.

CARVALHO, Milton Paulo de. *Do pedido no processo civil.* Porto Alegre: Sergio Antonio Fabris, 1992.

CHIOVENDA, Giuseppe. *Instituições de direito processual civil.* Vol. III, notas de Enrico Tullio Liebman. 3ª ed. São Paulo: Saraiva, 1969.

COUTURE, Eduardo J. *Fundamentos del derecho procesal civil.* Buenos Aires: Aniceto López, 1942.

CRUZ E TUCCI, José Rogério. "A regra da eventualidade como pressuposto da denominada teoria da substanciação". In: *Revista do Advogado* n° 40 (1993): 39/43.

——. *Tempo e processo.* São Paulo: RT, 1997.

DEVIS ECHANDÍA, Hernando. *Teoria General del proceso.* Buenos Aires: Editorial Universidad, 1984. Tomo I.

DINAMARCO, Cândido Rangel. *A instrumentalidade do processo.* 4ª ed. São Paulo: RT, 1994.

ECHEGARAY, Luis Juárez. "La preclusión". In: *Estudios de derecho procesal en honor de Hugo Alsina.* Buenos Aires: EDIAR, 1946, p. 355/368.

EISNER, Isidoro. "Preclusión". *In: Revista Jurídica Argentina La Ley* n° 118 (1965): 1106/1112.

FERREIRA FILHO, Manoel Caetano. *A preclusão no direito processual civil*. Curitiba: Juruá, 1991.

GOLDSCHMIDT, James. *Teoria general del proceso*. Trad. por Leonardo Pietro Castro. Barcelona: Editorial Labor, 1936.

GUEDES, Jefferson Carús; DALL´ALBA, Felipe Camillo; NASSIF AZEM, Guilherme Beux; BATISTA, Liliane Maria Busato (organizadores). *Novo código de processo civil. Comparativo entre o projeto do novo CPC e o CPC de 1973*. Belo Horizonte: Fórum, 2010.

GUIMARÃES, Luiz Machado. "Preclusão, coisa julgada e efeito preclusivo". *In: Estudos de direito processual civil*. Rio de Janeiro: Jurídica e universitária, 1969.

GRECO FILHO, Vicente. *Direito processual civil brasileiro*. 2° Vol. São Paulo: Saraiva, 1984.

MARELLI, Fabio. *La trattazione della causa nel regime delle preclusioni*. Padova: CEDAM, 1996.

MARINONI, Luiz Guilherme. *Teoria geral do processo*. Vol. 1. São Paulo: RT, 2006.

MILLAR, Robert Wyness. *Los principios informativos del proceso civil*. Trad. Catalina Grossmann. Buenos Aires.

MOREIRA PINTO JÚNIOR, Alexandre. "Sistemas rígidos e flexíveis: a questão da estabilização da demanda". *In: Causa de pedir e pedido no processo civil*. Coordenadores José Rogério Cruz e Tucci e José Rogério dos Santos Bedaque. São Paulo: RT, 2002.

NEVES, Daniel Amorim Assumpção. *Preclusões para o juiz: preclusão pro judicato e preclusão judicial no processo civil*. São Paulo: Método, 2004.

PESSOA, Flávia Moreira Guimarães. "Pedido de reconsideração e preclusão pro judicato no processo civil". *In: Revista IOB Direito Civil e Processo Civil* n° 42 (2006): 103/109.

PORTANOVA, Rui. *Princípios do processo civil*. 6ª ed. Porto Alegre: Livraria do Advogado, 2005.

RUBIN, Fernando. "A preclusão na dinâmica do processo civil". *In: Coleção Alvaro de Oliveira – Estudos de Processo e Constituição*, n. 3. Porto Alegre: Livraria do Advogado, 2010.

——. "Do Código Buzaid ao Projeto para um novo código de processo civil: uma avaliação do itinerário de construções/ alterações e das perspectivas do atual movimento de retificação". *In: Revista Jurídica* (Porto Alegre) n° 403 (2011): 39/64.

SANTOS, Moacyr Amaral. *Primeiras linhas de direito processual civil*. Vol. 2. 11ª ed. São Paulo: RT, 1987.

SCARPINELLA BUENO, Cassio. *Curso sistematizado de direito processual civil*. Tomo I, Vol. 2. 3ª ed. São Paulo: Saraiva, 2010.

SCHÖNKE, Adolfo. *Derecho procesal civil*. Trad. L. Prieto Castro. 5ª ed. Barcelona: Bosch, 1950.

SILVA, Gilberto Domingues da. "Processo e eventualidade". *In: Revista Jurídica* n° 103 (1984): 46/51.

SOUZA, Everaldo de. "Do princípio da eventualidade no sistema do código de processo civil". *In: Revista Forense* n° 251 (1975): 101/112.

TARUFFO, Michele. "Preclusioni (diritto processuale civile)". *In: Enciclopedia del diritto – Aggiornamento* n° 1 (1997): 794/810.

TESORIERE, Giovanni. *Contributo allo studio delle preclusioni nel processo civile*. Padova: CEDAM, 1983.

TOURINHO FILHO, Fernando da Costa. *Manual de processo penal*. 4ª ed. São Paulo: Saraiva, 2002.

WAMBIER, Teresa Arruda Alvim. *Omissão judicial e embargos de declaração*. São Paulo: RT, 2005.

ZANZUCCHI, Marco Tullio. *Diritto processuale civile*. Vol. 1. Milão: Giuffrè, 1947.

— 8 —

Atuação da Preclusão e da Coisa Julgada material: um paralelo entre o procedimento de execução e o procedimento de cognição

Sumário: I. Introdução; II. O procedimento de execução frente ao procedimento de cognição; III. O espaço processual da preclusão e da coisa julgada material no procedimento de cognição; IV. Atuação diferenciada da preclusão e da coisa julgada material no procedimento de execução; V. Conclusão; VI. Referências.

I. Introdução

Em tempos de reformas processuais de todas as ordens, inclusive com a possibilidade de entrada em vigor de um novo Código de Processo Civil (de acordo com o Projeto n° 166/2010, já aprovado no Senado Federal), faz-se imprescindível a constante busca pela conformação dos seculares institutos processuais frente à nova ordem estabelecida (tentando-se ordenar mesmo aquilo que o próprio novel legislador parece buscar desagregar e confundir, ainda que indiretamente).

Desde 2005, como é sabido, foram efetuadas reformas substanciais no Código Processual, mormente no rito das execuções, o que exige do doutrinador uma cuidadosa reanálise dos temas diretamente relacionados com as modificações no procedimento, como é o caso da preclusão e da coisa julgada material.

Eis a razão que nos move a enfrentar a empreitada, procurando identificar se o fenômeno da coisa julgada material, próprio da fase de conhecimento, faz-se também presente, em alguma medida, no momento da execução de um título judicial e de um título extrajudicial. A partir desse objetivo, também se discutirá a incidência da preclusão na execução e, mesmo que em largas linhas, ter-se-á que tratar da distinção entre preclusão e coisa julgada.

Frise-se, por oportuno, que o ensaio é fruto de uma maior reflexão do tema na docência de graduação e pós-graduação no Rio Grande do Sul e a partir de esboço já publicado pelo autor em obra, de maior fôlego, a respeito da *preclusão na dinâmica do processo civil*.[1]

II. O procedimento de execução frente ao procedimento de cognição

Há, no processo civil brasileiro, uma grande diferenciação entre o rito de cognição (ou conhecimento) e o rito de execução. Um se presta para que o Poder Judiciário, mediante agente político do Estado (o magistrado), conceda ou não o provimento jurisdicional perquerido pelo autor; o outro se presta à satisfação de um determinado conteúdo com carga executiva preestabelecida em lei. Em um se busca a solução de mérito (o estabelecimento do *an debeatur*); no outro, se busca a satisfação do crédito, mesmo que se discuta eventualmente a respeito da extensão desse bem objeto de execução (a fixação do *quantum debeatur*).

Logicamente, essas distinções são fundamentais porque representam economia de tempo para o proponente da medida. É muito mais fácil já ter em mãos um título executivo, capaz de autorizar o ingresso imediato com uma execução, do que ter que propor ação de conhecimento, a exigir cognição exauriente do magistrado a respeito do objeto litigioso, para só depois, e em caso de êxito (sentença de procedência transitada em julgado), ser viabilizado o tão aguardado ingresso na fase executiva.

Daí por que se entende que o rol dos títulos executivos (judiciais e extrajudiciais), devidamente catalogado no CPC, deve ser interpretado de maneira restritiva (*numerus clausus*), sendo ainda autorizado ao credor com dúvidas a respeito da força do seu título que ingresse com ação de conhecimento para que veja ratificado, a partir de decisão com o selo do Estado, a legitimidade do documento formal que reconhece a obrigação de outrem (de *pagar, fazer, não fazer* ou *entregar coisa*).[2]

Pois bem. Se há diferenças flagrantes entre o procedimento que envolve a fase de execução quando comparada com a fase de cognição, por certo também há significativas diferenças, dentro da fase de execução, entre o rito executivo de um título judicial, quando comparado com o rito executivo de um título extrajudicial.

---

[1] RUBIN, Fernando. A preclusão na dinâmica do processo civil. *In: Coleção Alvaro de Oliveira – Estudos de Processo e Constituição*, n. 3. Porto Alegre: Livraria do Advogado, 2010. Especialmente p. 85/90.

[2] DONIZETTI, Elpídio. *Processo de execução*. 3ª ed. São Paulo: Atlas, 2010, p. 157 e ss.

Diante das modificações estabelecidas a partir de 2005, especialmente pela Lei 11.232, consolidou-se a concepção de que a execução de título judicial (denominado de *cumprimento de sentença*) não é algo autônomo do processo de conhecimento, mas sim a sua extensão, em uma lógica de sincretismo bem evidente.

De fato, a partir da Lei 11.232/2005, como observam Marinoni e Arenhart, toda sentença que dependa de execução para concretização da tutela jurisdicional não exigem *ação de execução de sentença*, devendo ser exigida mediante as formas executivas do art. 461 (fazer e não fazer), do art. 461-A (entregar coisa) e do art. 475-J e ss. do CPC (pagar): "o processo de conhecimento, instaurado para verificar com quem está a razão diante do litígio, não mais termina com a sentença que fica na dependência da execução. Agora, o processo de conhecimento prossegue até que a tutela do direito almejada seja prestada, mediante a atividade executiva necessária. Isto porque o processo, ainda que vocacionado à descoberta da existência do direito afirmado, destina-se a prestar tutela jurisdicional à parte que tem razão, o que não acontece quando se profere sentença de procedência dependendo de execução".[3]

Em consequência, em se tratando de execução de título judicial, a possibilidade de rediscussão das matérias objeto de cognição na fase anterior está claramente impossibilitada; a defesa é possível, mas em um leque bem limitado, e desde que haja segurança do juízo (mediante depósito judicial ou penhora de bens).

Na chamada *impugnação ao cumprimento da sentença* há espaço, portanto, tão somente para cognição sumária, já que houve prévio trânsito em julgado de comando judicial de cognição exauriente (presumindo-se que o réu, agora executado, já teve a oportunidade de recorrer em inúmeras oportunidades antes de se chegar ao trânsito em julgado da demanda).

Já a execução de título extrajudicial possui uma natureza de autonomia bem mais estabelecida, sendo aqui o espaço próprio para se falar em *processo de execução*. Não houve prévia etapa jurisdicional, razão pela qual as matérias de defesa são mais amplas, sem que se exija do executado a garantia do juízo – conforme preconiza o art. 736 do CPC, modificado pela Lei 11.386/2006.[4]

Os denominados *embargos à execução* nesse caso, diferentemente da impugnação ao cumprimento de sentença, podem chegar às vias de le-

---

[3] MARINONI, Luiz Guilherme; ARENHART, Sérgio Cruz. *Execução*. 2ª ed. São Paulo: RT, vol. 3. 2008, p. 53.

[4] GONÇALVES, Marcus Vinicius Rios. *Novo curso de direito processual civil*. Vol. 3. 4ª ed. São Paulo: Saraiva, 2011, p. 143.

gítima contestação, havendo espaço suficiente para cognição exauriente pelo magistrado, mesmo que em meio à fase dita executiva.

III. O espaço processual da preclusão e da coisa julgada material no procedimento de cognição

Os princípios processuais da preclusão e da coisa julgada se fazem presentes tanto na fase de conhecimento, como na fase de execução; tanto na execução de título judicial, como na execução de título extrajudicial. Daí a relevância das diferenciações acima mencionadas.

Em que medida se fazem presentes (especialmente no rito executivo), eis o objeto central do presente ensaio, a ser melhor tratado no tópico posterior. Por ora, importante revisitarmos alguns conceitos básicos, diferenciando os famosos institutos.

A preclusão é instituto que opera os seus préstimos dentro do processo em que decretada, determinando prazos para cumprimento das medidas procedimentais, tanto para as partes como para o juiz. Determina, assim, o fechamento de uma etapa procedimental e o início de outra, sem a qual o processo nunca teria fim.[5] Regulamenta a sistemática de cumprimento de prazos tanto dos atos a serem tomados pelas partes em meio ao procedimento (v.g. apresentação de quesitos), como os atos próprios de interposição de recurso contra medida judicial (v.g. apelação), determinando ainda que o juiz ao prolatar uma decisão (v.g. sentença) não volte atrás naquilo que decidido.

Ainda há de se explicitar que a preclusão se refere não só às decisões finais (sentenças), mas também às decisões proferidas no curso do processo (interlocutórias), quando já não há mais prazo oportuno para agir da parte. Por sua vez, a coisa julgada, tradicionalmente subdividida pela doutrina em material e formal,[6] vincula-se especificamente às sentenças, não mais passíveis de exame – como já diferenciava Chiovenda (um dos grandes estudiosos a respeito desses fenômenos), a preclusão apresenta-se no processo, à medida que, no curso deste, determinadas questões são decididas e eliminadas; apresentando-se também no momento final, quando é pressuposto necessário da coisa julgada substancial.[7]

---

[5] ALVARO DE OLIVEIRA, Carlos Alberto. *Do formalismo no processo civil*. 2ª ed. São Paulo: Saraiva, 2003, p. 170.

[6] GRINOVER, Ada Pellegrini; DINAMARCO, Cândido Rangel; CINTRA, Antônio Carlos de Araújo. *Teoria geral do processo*. 17ª ed. São Paulo: Malheiros, 2001, p. 306/307.

[7] CHIOVENDA, Giuseppe. Cosa giudicata e preclusiones. In: *Rivista Italiana per le scienze giuridiche* n° 11 (1933): 3/53. Especialmente p. 8.

Ainda de acordo com o atual sistema pátrio e tradicional doutrina, capitaneada por Liebman, tem-se que a coisa julgada material (art. 467, CPC) somente atua sobre as sentenças definitivas (art. 269, CPC), impedindo que a questão meritória venha a ser novamente discutida em outro processo – e pressupõe a existência da coisa julgada formal, que, por sua vez, representa a impossibilidade de a decisão final, seja qual for, ser novamente discutida nos autos em que proferida, ou seja, imutabilidade da sentença pela preclusão dos prazos para recurso.[8]

A par desses breves conceitos, já encerrando o ponto, temos como realmente relevante a noção de (a) *preclusão* – instituto que atinge os atos das partes em meio ao procedimento e determina ainda a impossibilidade de oposição de recurso contra qualquer decisão, interlocutória ou final (existindo julgamento de mérito ou não), em razão de efetiva perda de prazo ou ainda consumação do ato; e a noção de (b) *coisa julgada material* – instituto que atua tão somente sobre a sentença de mérito, quando não cabe mais recurso, impedindo o, restrito fenômeno, que venha a ser futuramente proposta nova demanda em relação aquele mesmo objeto litigioso.

Em outras linhas, desconsiderando *a (inútil) expressão coisa julgada formal*,[9] suficiente ter-se presente que sobre a sentença de mérito, de que não caiba mais recurso, atua a preclusão (*endoprocessualmente*) e a coisa julgada material (*panprocessualmente*) – sendo que nos demais casos, supra descritos, há atuação ao longo do processo somente da preclusão.

IV. Atuação diferenciada da preclusão e da coisa julgada material no procedimento de execução

De acordo com as articuladas observações expostas, chega-se ao ponto álgico da nossa investigação, sendo lançadas linhas mais profundas a respeito da atuação dos fenômenos da preclusão e da coisa julgada material no rito executivo.

Certo é que se não se pode dizer que a coisa julgada não atua em absoluto no feito executivo, ao menos se tem convicção de que o fenômeno é presenciado com uma intensidade muito menor que aquela verificada para a preclusão.

---

[8] LIEBMAN, Enrico Tullio. *Eficácia e autoridade da sentença*. 2ª ed. Trad. por Alfredo Buzaid e Benvindo Aires. Notas de Ada Pellegrini Grinover. Rio de Janeiro: Forense, 1981, p. 09/10, 48, 60/61, e 68/69.

[9] BARBI, Celso Agrícola. Da preclusão no processo civil. In: *Revista Forense*, 158 (1955): 59/66. ROCCO, Ugo. *L'autorità della cosa giudicata e i suoi limiti soggettivi*. Roma: Athenaeum, 1917.

Robusta doutrina entende que, reputada como o atributo da sentença definitiva (resolvendo o *meritum causae*), a coisa julgada não se faz presente no processo de execução, no qual o feito não é composto pelo *julgamento* (acertamento), e sim, pela *satisfação* da pretensão do credor (satisfação prática do direito firmado na fase de conhecimento).[10]

Da mesma forma, estudos realizados no Velho Continente, especialmente de abalizadas doutrinas italiana e alemã, apontam que as hodiernas participações do magistrado nesse estágio mais avançado do feito, na lavratura de despachos e decisões interlocutórias de impulsionamento à execução, estão no máximo sujeitas ao instituto da preclusão.[11]

Diversamente então da coisa julgada material, a preclusão atua em inúmeras e diversas oportunidades, seja em execução de título judicial, seja de título extrajudicial – auxiliando sobremaneira na tão célere quanto possível satisfação do crédito, atuando em todas as fases do procedimento executório, desde a oportunidade inaugural de adimplemento espontâneo da obrigação, passando pela execução forçada com a nomeação de bens, penhora, avaliação e arrematação.

Não há dúvida, todavia, de que o mais importante momento da atuação do fenômeno preclusivo em sede executória se figura perante a oportunidade, com prazo peremptório para ser exercida, concedida à parte devedora de se defender frente à execução (mediante impugnação ao cumprimento da sentença ou mediante embargos à execução).

É justamente quando do estudo desses meios de defesa do executado que mais se discute sobre a possibilidade de se falar em coisa julgada material em sede de execução. Conforme alude Alfredo Buzaid "é aí que surge para o executado o momento relevante para atacar, quer a nulidade do processo de cognição e por consequência a autoridade da coisa julgada, quer a eficácia do título executivo", razão pela qual entende o autor do Código de 1973 pela possibilidade excepcional, na hipótese, de se falar em presença da coisa julgada em meio à execução, ao passo que

---

[10] ARAGÃO, E. D. Moniz. *Sentença e coisa julgada*. Rio de Janeiro: AIDE, 1992, p. 234. BUZAID, Alfredo. *Do agravo de petição no sistema do código de processo civil*. 2ª ed. São Paulo: Saraiva, 1956, p. 108/109. DINAMARCO, Cândido Rangel. *A instrumentalidade do processo*. 4ª ed. São Paulo: RT, 1994, p. 68, 93 e 255. THEODORO JR., Humberto. Da inexistência de coisa julgada ou preclusão pro iudicato no processo de execução. In: *Revista da Faculdade de Direito Milton Campos* nº 1 (1994): 95/108.

[11] TARZIA, Giuseppe. O contraditório no processo executivo. Trad. por Tereza Arruda Alvim Wambier. In: *Revista de Processo* nº 28 (1982): 55/95. TOMEI, Giovanni. Cosa giudicata o preclusione nei processi sommari ed esecutivi. In: *Rivista Trimestrale di diritto e procedura civile* nº 34 (1994): 827/861. GOLDSCHMIDT, James. *Teoria general del proceso*. Trad. Leonardo Prieto Castro. Barcelona: Editorial Labor, 1936, p. 35.

através da defesa formal do executado surgiria uma nova *lide*, que o juiz decidiria proferindo verdadeira *sentença definitiva*.[12]

Esse também é o entendimento de Daniel Amorim Assumpção Neves, para quem a defesa formal do executado pode assumir a roupagem de uma ação incidental de cognição, e sua propositura pode então possibilitar que o mérito do processo executivo seja decidido, mediante sentença definitiva que será coberta pelos efeitos da irrecorribilidade e imutabilidade.[13]

Destaca Araken de Assis, em semelhante direção, para a presença da coisa julgada material quando a sentença do incidente de defesa executiva reconhecer a existência de causas impeditivas, modificativas ou extintivas da obrigação retratada em sentença[14] (v.g. a prescrição) – que podem ser invocadas no incidente de execução desde que tenham se verificado posteriormente ao julgamento do processo de cognição, já que se anteriores à formação do título executivo, estaria preclusa a possibilidade de invocá-las por incompatibilidade com a sentença do feito de cognição que as exclui.[15]

Importante ainda ser registrado, tratando de impugnação ao cumprimento da sentença, que pode ser rescindida a coisa julgada material, formada na anterior fase de conhecimento, em razão de vício na citação.[16] O nosso diploma processual, de fato, trata a citação com enfoque especialíssimo: as invalidades que cercam o ato de chamar o réu ao processo, angularizando a relação jurídica processual, é tema de destaque e ferrenha defesa mesmo após o trânsito em julgado da demanda. Há possibilidade de o demandado, prejudicado, opor-se à execução, ou mesmo ingressar com novel processo para declaração de ineficácia da sentença ainda que decorrido o prazo para a propositura de ação rescisória – daí falar-se em caso de "vícios transrescisórios", na circunstância de processo que corre à revelia do demandado por defeito na citação do réu.[17] Eis um exemplo claro, de qualquer forma, da decisiva participação que pode vir a ter o incidente executivo, invocado pelo executado, para a sorte do processo como um todo.

---

[12] BUZAID, Alfredo. *Do agravo de petição no sistema do código de processo civil*. 2ª ed. São Paulo: Saraiva, 1956, p. 110/111.

[13] NEVES, Daniel Amorim Assumpção. *Preclusões para o juiz*: preclusão pro iudicato e preclusão judicial no processo civil. São Paulo: Método, 2004, p. 92.

[14] ASSIS, Araken de. *Manual do processo de execução*. 3ª ed. São Paulo: RT, 1996, p. 943/945.

[15] BARBOSA MOREIRA, J. C. A eficácia preclusiva da coisa julgada material no sistema do processo civil brasileiro. *In: Temas de direito processual*. São Paulo: Saraiva, 1997, p. 108/109.

[16] CALMON DE PASSOS, J. J. *Esboço de uma teoria das nulidades aplicada às nulidades processuais*. Rio de Janeiro: Forense, 2005, p. 155.

[17] TESHEINER, José Maria. *Pressupostos processuais e nulidades no processo civil*. São Paulo: Saraiva, 2000, p. 284/285.

A toda evidência, há então espaço para se falar em julgamento na fase de execução que pode alterar excepcionalmente o conteúdo do título executivo – mesmo o judicial; bem como há espaço para se falar em coisa julgada material no procedimento de execução – mormente se estivermos tratando da execução de título extrajudicial, em que, como já alertado, não houve prévia etapa jurisdicional e por isso o executado pode alegar, via embargos à execução, "qualquer matéria que lhe seria lícito deduzir como defesa em processo de conhecimento" (art. 745, V, CPC).

Nesse diapasão, oportunas são as palavras de Scarpinella Bueno ao registrar que especialmente o julgamento dos embargos à execução pode ensejar a formação de coisa julgada material: "Nos casos em que a decisão dos embargos à execução enfrentar o mérito com cognição suficiente (a favor do exequente ou do executado), ela terá o caráter de imutabilidade desejado pelo sistema desde o princípio da segurança jurídica, típico da 'coisa julgada material'. É o que ocorre, por exemplo, nos casos em que os embargos são acolhidos para declarar o pagamento da dívida pelo executado em face do exequente. A declaração de inexistência de relação jurídica de direito material subjacente ao título impede que aquela mesma questão seja rediscutida em outro processo".[18]

Já em caso de título extrajudicial não embargado, ou mesmo quando os embargos sejam extintos sem julgamento de mérito, o mais sensato parece se concluir pela inexistência de coisa julgada material, não obstante encerrar-se a execução pela satisfação da obrigação pelo devedor (art. 794, I, CPC), sendo consequentemente extinta a execução por meio de sentença (art. 795, CPC). Em realidade, o provimento extintivo da demanda executória, em face da satisfação da obrigação pelo devedor, menciona Araken de Assis, não exibe carga declaratória suficiente para redundar na indiscutibilidade própria da coisa julgada. No curso da execução, na hipótese, o título se torna indiscutível, mas essa indiscutibilidade interna, resultante de preclusão, não se projeta adiante, sendo, pois, lícito ao executado questionar em demanda própria e ulterior a regularidade do procedimento executório[19] – o que se daria por meio de uma ação de repetição de indébito, com arrimo no art. 964 do diploma civil.

Tal negação dos efeitos da coisa julgada material sobre o título extrajudicial não embargado (ou mesmo embargado, mas extinto sem julgamento de mérito) não era aceito por Redenti,[20] que ao estudar o procedimento monitório (*procedimento d'ingiuzione*, previsto nos arts. 633 a

---

[18] SCARPINELLA BUENO, Cássio. *Curso sistematizado de direito processual civil*. v. 3. 2ª ed. São Paulo: Saraiva, p. 554/555.

[19] ASSIS, Araken de. *Manual do processo de execução*. 3ª ed. São Paulo: RT, 1996, p. 233/235.

[20] REDENTI, Enrico. *Diritto Processuale Civile*. Vol. 2, Tomo 1. Milão: Giuffrè, 1949, p. 188/190.

656 do CPC italiano) optou por teoria oposta. No entanto, mesmo na Itália, não foi acolhida a concepção de Redenti com suficiente êxito, tendo sido por lá criticado seriamente, dentre outros, por Garbagnati.[21]

Por aqui, Eduardo Talamini[22] e Humberto Theodoro Jr.,[23] para citarmos dois, teceram críticas duras à teoria de Redenti, externando este último estudo em que se constata que no Brasil a tese que veda os efeitos da coisa julgada material em título executivo extrajudicial não embargado foi acolhida pelo art. 38 da Lei de Execução Fiscal – o qual, ao cuidar de uma das modalidades da espécie, é expresso na previsão de que a discussão da obrigação fiscal é viável tanto nos embargos, como em mandado de segurança, ação de repetição de indébito ou ação anulatória do ato declarativo da dívida.

O elemento central legitimador da tese encampada pela legislação pátria seria justamente a impossibilidade de empregar força de coisa julgada à preclusão em execução de título extrajudicial, à medida que, na espécie, inexistisse sentença de mérito sobre o tema. Da mesma forma, em face da semelhança com a execução de título executivo extrajudicial, diante de ação monitória não embargada pelo réu, mesmo depois de convertido o mandado monitório em título executivo (art. 1102-c, CPC), poder-se-ia falar em direito do demandado de ingressar com ação autônoma para discutir o direito material alegado pelo autor do processo monitório.

Agora, entendemos que se o mérito fosse enfrentado pelos embargos, tanto na execução de título extrajudicial como diante da apresentação de um título monitório, e fosse o incidente do devedor julgado definitivamente improcedente, não mais haveria espaço nem oportunidade para este discutir o direito do credor novamente, seja naquela relação processual, seja em ação autônoma.[24]

V. Conclusão

Há evidentes e importantes distinções entre a fase de conhecimento e a fase de execução no processo civil brasileiro. Em um se busca uma

---

[21] GARBAGNATI, Edoardo. Preclusione "pro iudicato" e titolo ingiuntivo. In: Studi in onore di Enrico Redenti. Milão: Giuffrè, 1951, p. 467/483.

[22] TALAMINI, Eduardo. Tutela monitória. 2ª ed. São Paulo: RT, 2001, p. 106.

[23] THEODORO JR., Humberto. Da inexistência de coisa julgada ou preclusão pro iudicato no processo de execução. In: Revista da Faculdade de Direito Milton Campos nº 1 (1994): 95/108.

[24] NEVES, Daniel Amorim Assumpção. Preclusões para o juiz: preclusão pro iudicato e preclusão judicial no processo civil. São Paulo: Método, 2004, p. 73 e 144.

solução de mérito (julgamento); no outro, se busca a satisfação do crédito (pagamento, cumprimento de obrigação de fazer, não fazer, entregar coisa).

Tanto em um como no outro se operam os fenômenos da preclusão e da coisa julgada material, mas como peculiaridades bem marcantes.

No que toca ao rito de cognição, suficiente ter-se presente que tão somente sobre a sentença de mérito, de que não caiba mais recurso, atua a preclusão (endoprocessualmente) e a coisa julgada material (panprocessualmente), sendo que nos demais casos (decisões interlocutórias e prazos para cumprimento pelas partes de atos regulares do processo), há atuação somente da preclusão.

Já no feito executivo, conclui-se, à luz da melhor doutrina, que a preclusão atua intensamente, seja diante de título executivo judicial, seja diante de título executivo extrajudicial – sempre visando, a partir da fixação de prazos peremptórios para a realização dos atos processuais, ao rápido encaminhamento da satisfação do crédito do exequente, o que, ao fim e ao cabo, se dá mediante a sentença de extinção da execução.

Por outro lado, quanto à coisa julgada material, comprovou-se que possui espaço de atuação significativamente menor do que o da preclusão, podendo se cogitar dos seus préstimos quando do enfrentamento do mérito da execução pelo Estado-Juiz, o que se dá necessariamente pela oposição encaminhada pelo devedor de embargos à execução ou até de impugnação ao cumprimento de sentença, a redundar, respectivamente, em cognição plenária em meio à execução de título extrajudicial (caso previsto expressamente no art. 745 do CPC, especialmente inciso V), e cognição sumária em meio à execução de título judicial.

Foi possível ainda se verificar que o fenômeno da coisa julgada, no procedimento de execução, é mais claro quando estamos diante de um título executivo extrajudicial – em razão da própria extensão da cognição permitida pelo sistema processual em caso de julgamento dos embargos à execução; mas é possível também se visualizar o fenômeno diante de um título judicial – ambiente em que é possível, via impugnação ao cumprimento da sentença, inclusive a rescisão da coisa julgada material a partir do reconhecimento de vício na citação do réu.

VI. Referências

ALVARO DE OLIVEIRA, Carlos Alberto. *Do formalismo no processo civil*. 2ª ed. São Paulo: Saraiva, 2003.
ARAGÃO, E. D. Moniz. *Sentença e coisa julgada*. Rio de Janeiro: AIDE, 1992.
ASSIS, Araken de. *Manual do processo de execução*. 3ª ed. São Paulo: RT, 1996.
BARBI, Celso Agrícola. "Da preclusão no processo civil". *In: Revista Forense*, 158 (1955): 59/66.

BARBOSA MOREIRA, J. C. "A eficácia preclusiva da coisa julgada material no sistema do processo civil brasileiro". In: Temas de direito processual. São Paulo: Saraiva, 1997, p. 108/109.

BUZAID, Alfredo. Do agravo de petição no sistema do código de processo civil. 2ª ed. São Paulo: Saraiva, 1956.

CALMON DE PASSOS, J. J. Esboço de uma teoria das nulidades aplicada às nulidades processuais. Rio de Janeiro: Forense, 2005

CHIOVENDA, Giuseppe. "Cosa giudicata e preclusiones". In: Rivista Italiana per le scienze giuridiche n° 11 (1933): 3/53.

DINAMARCO, Cândido Rangel. A instrumentalidade do processo. 4ª ed. São Paulo: RT, 1994.

DONIZETTI, Elpídio. Processo de execução. 3ª ed. São Paulo: Atlas, 2010.

GARBAGNATI, Edoardo. "Preclusione 'pro iudicato' e titolo ingiuntivo". In: Studi in onore di Enrico Redenti. Milão: Giuffrè, 1951, p. 467/483.

GONÇALVES, Marcus Vinicius Rios. Novo curso de direito processual civil. Vol. 3. 4ª ed. São Paulo: Saraiva, 2011.

GOLDSCHMIDT, James. Teoria general del proceso. Trad. Leonardo Prieto Castro. Barcelona: Editorial Labor, 1936.

GRINOVER, Ada Pellegrini; DINAMARCO, Cândido Rangel; CINTRA, Antônio Carlos de Araújo. Teoria geral do processo. 17ª ed. São Paulo: Malheiros, 2001.

LIEBMAN, Enrico Tullio. Eficácia e autoridade da sentença. 2ª ed. Trad. por Alfredo Buzaid e Benvindo Aires. Notas de Ada Pellegrini Grinover. Rio de Janeiro: Forense, 1981.

MARINONI, Luiz Guilherme; ARENHART, Sérgio Cruz. Execução. V. 3. 2ª ed. São Paulo: RT, 2008

NEVES, Daniel Amorim Assumpção. Preclusões para o juiz: preclusão pro iudicato e preclusão judicial no processo civil. São Paulo: Método, 2004

REDENTI, Enrico. Diritto Processuale Civile. V. 2, Tomo 1. Milão: Giuffrè, 1949.

RUBIN, Fernando. "A preclusão na dinâmica do processo civil". In: Coleção Alvaro de Oliveira – Estudos de Processo e Constituição, n. 3. Porto Alegre: Livraria do Advogado. 2010.

ROCCO, Ugo. L'autorità della cosa giudicata e i suoi limiti soggettivi. Roma: Athenaeum, 1917.

SCARPINELLA BUENO, Cássio. Curso sistematizado de direito processual civil. V. 3. 2ª ed. São Paulo: Saraiva.

TALAMINI, Eduardo. Tutela monitória. 2ª ed. São Paulo: RT, 2001, p. 106.

TARZIA, Giuseppe. "O contraditório no processo executivo". Trad. Tereza Arruda Alvim Wambier. In: Revista de Processo n° 28 (1982): 55/95.

TESHEINER, José Maria. Pressupostos processuais e nulidades no processo civil. São Paulo: Saraiva, 2000.

THEODORO JR., Humberto. "Da inexistência de coisa julgada ou preclusão pro iudicato no processo de execução". In: Revista da Faculdade de Direito Milton Campos n° 1 (1994): 95/108.

TOMEI, Giovanni. "Cosa giudicata o preclusione nei processi sommari ed esecutivi". In: Rivista Trimestrale di diritto e procedura civile n° 34 (1994): 827/861.

— 9 —

A preclusão, a coisa julgada e a eficácia preclusiva da coisa julgada: exegese do art. 474 do Código Buzaid e a posição adotada pelo projeto para um novo CPC

Sumário: I – Introdução; II – Dos fenômenos da preclusão e da coisa julgada formal e material; III – Da eficácia preclusiva da coisa julgada material: previsão do art. 474 do Código Buzaid e do art. 489 do projeto para um novo CPC; IV – Conclusão; Referências doutrinárias.

I – Introdução

Avançando nos estudos de processo civil e articulação de seus importantes institutos, chega-se à oportunidade de investigarmos um dos mais densos artigos do Código Buzaid, qual seja, o art. 474, o qual gera muitas incompreensões na prática do foro e principalmente no ambiente acadêmico, justamente em razão da complexa relação fixada entre a preclusão e a coisa julgada material[1] – a redundar em interessante fenômeno denominado de "eficácia preclusiva da coisa julgada material". Eis a razão pela qual, no nosso sentir, o Projeto 166/2010, para um novo Código de Processo Civil, bem captou a necessidade de tratar com mais clareza do tema, o que fez, como se verá, ao disciplinar a matéria no art. 489.

II – Dos fenômenos da preclusão e da coisa julgada formal e material

1. Antes de adentrarmos, em minúcias, nos contornos do dispositivo infraconstitucional que regula a denominada "eficácia preclusiva da

---

[1] Trataremos, assim, de maneira mais aprofundada e atualizada de questões referentes aos institutos da preclusão e da coisa julgada material, originariamente abordadas em: RUBIN, Fernando. A preclusão na dinâmica do processo civil. *In: Coleção Alvaro de Oliveira – Estudos de Processo e Constituição*, n. 3. Porto Alegre: Livraria do Advogado, 2010, p. 90/97, especialmente.

coisa julgada material", relevante que discorramos sobre os fenômenos, em perspectiva autônoma.

A coisa julgada, tradicionalmente subdividida pela doutrina em material e formal, vincula-se especificamente às sentenças, não mais passíveis de exame; enquanto a preclusão se refere não só às decisões finais (sentenças), mas também às decisões proferidas no curso do processo (interlocutórias). De fato, a preclusão apresenta-se no processo, à medida que, no curso deste, determinadas questões são decididas e eliminadas;[2] apresentando-se também no momento final, quando é pressuposto necessário da coisa julgada substancial.[3]

2. Aliás, destaca-se o fato de como na história (registro especial ao direito germânico na alta idade média – séculos V-XI), houve uma inadequada fusão dos termos (*preclusão* e *coisa julgada*, aplicando-se indiscriminadamente o último, em detrimento da primeiro), sendo usual o emprego da expressão "sentença interlocutória".[4]

Explica-nos Chiovenda que essa "uniformização de nomenclatura que dá margem a muitos erros e confusões"[5] é mesmo própria do processo germânico/bárbaro, que acabou influenciando a grande maioria dos sistemas processuais, inclusive o italiano, mas tão só a partir de época posterior à do direito romano – o qual, especialmente no último período da *extraordinaria cognitio,* mantinha uma fiel e nítida diferenciação entre a sentença que encerra o feito e adquire autoridade de coisa em julgado,

---

[2] "Não há dúvidas de que a ameaça de preclusão constitui princípio fundamental da organização do processo, sem o qual nenhum procedimento teria fim" (ALVARO DE OLIVEIRA, Carlos Alberto. *Do formalismo no processo civil.* 2ª ed. São Paulo: Saraiva, 2003, p. 170).

[3] "(...) La cosa giudicata è un bene della vita riconosciuto o negato dal giudice; la preclusione di questioni è l'espediente di cui il diritto si serve per garantire al vincitore il godimento del risultato del processo (cioè il godimento del bene riconosciuto all'attore vincitore, la liberazione dalla pretesa avversaria al convenuto vincitore). Credo d'aver cosi fissato in modo molto chiaro la profonda differenza fra cosa giudicata e preclusione di questioni, di fronte all'ipotesi d'un processo ultimato. Ma se noi guardiamo i diritti moderni, e più particolarmente il nostro diritto, vediamo subito come la preclusione di questioni sia un espediente di cui il legislatore si serve anche nel corpo del processo (...)" (CHIOVENDA, Giuseppe. "Cosa giudicata e preclusione". In: *Rivista Italiana per le scienze giuridiche* n° 11 (1933): 3/53. Especialmente p. 8).

[4] Adolfo Schönke, dentre outros, confirma que se desenvolveram no direito alemão, ao lado das sentenças definitivas (que podem ser de fundo ou simplesmente processuais), as sentenças interlocutórias ou incidentais para questões surgidas durante o curso do processo (SCHÖNKE, Adolfo. *Derecho procesal civil.* 5ª ed. Trad. por L. Prieto Castro. Barcelona: Bosch, 1950, p. 256/257). Também apontando para a origem alemã da expressão "sentença interlocutória" e discorrendo sobre o assunto: ALSINA, Hugo. *Tratado teórico práctico de derecho procesal civil y comercial.* Buenos Aires: Compañia Argentina, 1941. Tomo I, p. 236.

[5] CHIOVENDA, Giuseppe. Cosa giudicata e preclusione. In: *Rivista Italiana per le scienze giuridiche* n° 11 (1933): 3/53. No mesmo sentido: ROCCO, Alfredo. *La sentencia civil.* Trad. por Mariano Ovejero. México: Stylo, p. 241/244.

das pronúncias do juiz em meio ao seu trâmite.[6] Já no direito romano-canônico ou italiano-medieval, no século XII, constatou-se a presença de resquícios das concepções traçadas pelo direito germânico anterior, sendo previsto que o recurso de apelação poderia voltar-se tanto contra decisões definitivas quanto contra interlocutórias (*interlocutiones*);[7] restando inapropriadamente sedimentado, neste estágio, que a então denominada *sententia interlocutoriae*, caso não impugnada, passava em julgado, criando verdadeira *res judicata* que impedia a rediscussão da matéria na hipótese de ausência de impugnação recursal.[8]

Ainda a respeito, registram Calamandrei e Zanzucchi que a tradição romana de bem diferenciar a decisão final das providências preliminares foi restabelecida, já sem resquícios, pelo Código Processual de 1940.[9] Quanto ao sistema pátrio, a aludida imprecisa tradição dos tempos mais remotos do direito comum fora rompida pelo Código Processual de 1939, sendo seguida pelo atual CPC que, no art. 162, diferencia expressamente a sentença da decisão interlocutória.[10]

De acordo com o atual sistema pátrio e tradicional doutrina, capitaneada por Liebman, tem-se que a coisa julgada material (art. 467, CPC) somente atua sobre as sentenças definitivas (art. 269, CPC), impedindo que a questão meritória venha a ser novamente discutida em outro processo – e pressupõe a existência da coisa julgada formal, que, por sua vez, representa a impossibilidade de a decisão final, seja qual for, ser novamente discutida nos autos em que proferida, ou seja, imutabilidade da sentença pela preclusão dos prazos para recurso. Na Itália, Liebman criticou fortemente a posição inversa de Carnelutti, o qual dá a entender que

---

[6] CHIOVENDA, Giuseppe. Sulla cosa giudicata. *In: Saggi di diritto processuale civile*. Vol. 2. Milão: Giuffrè, 1993. Reimpressão, p. 399/409. Também sobre o tema: PONTES DE MIRANDA, Francisco Cavalcanti. *Comentários ao código de processo civil*. Tomo V. 3ª ed. Rio de Janeiro: Forense, 1997, p. 181/182.

[7] KEMMERICH, Clóvis Juarez. *O direito processual na idade média*. Porto Alegre: Sergio Fabris, 2006, p. 132.

[8] NUNES, Dierle José Coelho. Preclusão como fator de estruturação do procedimento. *In: Estudos continuados de teoria do processo*. Vol. IV. Porto Alegre: Síntese, 2004, p. 181/210.

[9] Calamandrei faz expressa menção à exposição de motivos do CPC italiano de 1940 (n° 34), em que o Ministro Grandi informa que uma das alterações do novo sistema é o retorno à tradição romana de "distinção entre *sentencia* e *interlocutio*" (CALAMANDREI, Piero. *Direito processual civil*. Trad. por Luiz Abezia e Sandra Drina Fernandez Barbery. Campinas: Bookseller, 1999, Vol. 1, p. 72). Zanzucchi, por sua vez, deixa transparecer que o conceito romano de sentença envolvia somente "il provvedimento finale di merito", sendo que até no sistema de 1865 havia ainda particular interesse a sentença que se qualificava de *interlocutorie*, a qual passou a não ser mais conhecida pelo modelo processual vigente a partir de 1940 (ZANZUCCHI, Marco Tullio. *Diritto processuale civile*. Vol. 1. 4ª ed. Milão: Giuffrè, 1947, p. 421).

[10] NORONHA, Carlos Silveira. *Sentença civil*: perfil histórico-dogmático. São Paulo: RT, 1995, p. 280.

seria a coisa julgada material o pressuposto para a coisa julgada formal:[11] rebate Liebman, com acerto, em mais de um estudo, que, a seguir esse raciocínio, "a autoridade da coisa julgada subsistiria sem a passagem em julgado da sentença: resultado paradoxal que se resolve em contradição de termos".[12]

3. Das próprias concepções firmadas pela doutrina clássica, percebe-se então que o conceito de *coisa julgada formal* decorre da incidência, no processo, de uma *preclusão de questão final*, não abrangendo, por certo, todas as preclusões possíveis de questões incidentais decididas pelo julgador (ou seja, *preclusão das decisões interlocutórias* inimpugnadas ou inimpugnáveis), que, aliás, podem se suceder mesmo após a ocorrência do trânsito em julgado da decisão de conhecimento – como qualquer decisão incidental importante em sede de execução de sentença.

Embora mantenha a nomenclatura tradicional, tal constatação justifica a razão pela qual Pontes de Miranda, no seu "Tratado das Ações", em mais de uma oportunidade, não se esquivou de equiparar o termo "preclusão" à expressão "força formal de coisa julgada".[13] Da mesma forma, nitidamente aproximando os institutos da preclusão e da coisa julgada formal, Ovídio Baptista ressalta que a última é uma forma de preclusão, que cobre a sentença de que não caiba recurso algum ("preclusão máxima"), não se tratando de verdadeira coisa julgada.[14] Em maiores detalhes, Sérgio Porto destaca que a coisa julgada formal representa a estabilidade que a decisão adquire no processo em que proferida, quer tenha havido análise de mérito (art. 269, CPC), quer não tenha ocorrido tal investigação (art. 267), eis que esta nada mais é do que a "preclusão recursal".[15]

---

[11] CARNELUTTI, Francesco. *Lezioni di diritto processuale civile*. Vol. 4. Padova: CEDAM, 1933, p. 489/493.

[12] LIEBMAN, Enrico Tullio. *Eficácia e autoridade da sentença*. 2ª ed. Trad. Alfredo Buzaid e Benvindo Aires. Notas de Ada Pellegrini Grinover. Rio de Janeiro: Forense, 1981, p. 09/10, 48, 60/61, e 68/69; LIEBMAN, Enrico Tullio. Effeti della sentenza e cosa giudicata. In: *Rivista di diritto processuale*, n° 1, 1979: 1/10; LIEBMAN, Enrico Tullio. *Manual de direito processual civil*. Tocantins: Intelectus, 2003, Vol. 3, p. 35/36, e 171/172.

[13] PONTES DE MIRANDA, Francisco Cavalcanti. *Tratado das ações*. Tomo I. Atualizado por Vilson Rodrigues Alves. Campinas: Bookseller, 1998, p. 177 e 194.

[14] SILVA, Ovídio Baptista da. *Teoria geral do processo civil*. São Paulo: RT, 1997, p. 317; MARQUES, José Frederico. *Instituições de direito processual civil*. Vol. 2. Campinas: Millenium, 2000, p. 350.

[15] PORTO, Sérgio Gilberto. "Classificação de ações, sentença e coisa julgada", disponível em: <http://www.professorademir.com.br/arquivo_doutrina/miolodoutrinaclassificacao.htm>. Acesso em: 20 out. 2007.

Por isso, temos como adequado o posicionamento, na Itália, de Ugo Rocco,[16] e, por aqui, o de Celso Agrícola Barbi,[17] no sentido de que o conceito de coisa julgada formal é inútil.[18] No entanto, embora seja uma discussão menor, não nos parece adequado genericamente equiparar, como fez Barbi, toda e qualquer preclusão de questões com a coisa julgada formal, ao passo que tecnicamente (desde Chiovenda – como já aludido – e no nosso CPC, art. 503) se diferencie a preclusão de questões em incidentais (recaindo sobre decisões interlocutórias) e finais (recaindo sobre as sentenças).

Exato, assim, Moniz de Aragão,[19] bem acompanhado na discussão da problemática por Humberto Theodoro Jr.,[20] ao registrar que "a rigor coisa julgada formal é o fenômeno da preclusão, com a peculiaridade de estar relacionado somente ao ato que extingue o processo". Portanto, entendemos somente identificável, com a coisa julgada formal, a denominada preclusão de questão final ou preclusão recursal, sobressaindo-se, mesmo assim, sem dúvida, o esvaziamento do conteúdo daquela dita espécie anômala de coisa julgada.

Embora haja respeitáveis vozes em contrário, no sentido de sustentar alguma importância na manutenção da nomenclatura "coisa julgada formal",[21] tem-se, como se sugeriu, que a própria história nos mostra a

---

[16] "(...) Crediamo che tale distinzione sia priva di qualunque utilità e che, anzi, invece di charire i concetti serva a confonderli; datto in fatti, che nell'attuale sistema legislativo, la forza obbligatoria e unicamente inerente alla sentenza inoppugnabile, si potrà al massimo dire, che la inoppugnibilità della sentenza costituisce un presupposto formale (e non il solo) dell'autorità di cosa giudicata della sentenza (...)" (ROCCO, Ugo. *L'autorità della cosa giudicata e i suoi limiti soggettivi*. Roma: Athenaeum, 1917, p. 06/07).

[17] "Substituir o conceito de coisa julgada formal pelo de preclusão de questões será apenas reconhecer a superação de um conceito que se demonstrou imprestável e apto somente para gerar confusões. O conceito de preclusão (...) substitui, portanto, no estado atual do Direito, o de coisa julgada formal, o qual só permanece pela tenaz resistência das coisas velhas e difundidas no Foro" (BARBI, Celso Agrícola. Da preclusão no processo civil. *In: Revista Forense*, 158 (1955): 62/63).

[18] A favor de Barbi, alude Antônio Carlos Marcato, citando-o, que "tem ele razão, a nosso ver, já que a coisa julgada formal e a preclusão (temporal) são fenômenos que, ao término do processo, apresentam os mesmos efeitos, têm a mesma finalidade e alcance, ou seja, impedir o reexame, onde foi proferida, da sentença não mais sujeita a recursos" (MARCATO, Antônio Carlos. Preclusões: limitação ao contraditório?. *In: Revista de Direito Processual Civil* n° 17 (1980): 105/114. Especialmente p. 110).

[19] ARAGÃO, E. D. Moniz. *Sentença e coisa julgada*. Rio de Janeiro: AIDE, 1992, p. 219.

[20] "Ora, se o que fecha o processo é a impossibilidade de recorrer (preclusão da faculdade recursal), onde ficaria a coisa julgada formal, senão no lugar do efeito imediato da própria extinção do direito de recorrer? Não há como separar as duas noções, de maneira que a coisa julgada formal não é outra coisa que a última preclusão ocorrida dentro do processo. Não há utilidade prática, nem teórica, em distinguir a coisa julgada formal da preclusão (...)"; mas "(...) naturalmente, a preclusão é um fenômeno muito mais amplo, pois abraça todas as faculdades processuais e quase todas as questões decididas antes da sentença" (THEODORO JR., Humberto. A preclusão no processo civil. *In: Revista Jurídica* n° 273 (2000): 5/23. Especialmente p. 22).

[21] Dentre eles, Luiz Machado Guimarães, Ada Pellegrini Grinover, Arruda Alvim, João Batista Lopes, Elmano Cavalcanti de Freitas, Manoel Caetano Ferreira Filho, e José Maria Rosa Tesheiner.

incongruência da expressão. Repise-se que no direito romano a sentença, sobre a qual exclusivamente incide o instituto da coisa julgada, tão somente significava "sentença definitiva", sendo desconhecida a figura da "sentença terminativa"[22] – reconhecendo-se, ademais, ao longo da história, que se o ato do juiz não encaminha a fazer cessar a incerteza sobre a norma aplicável ao caso concreto (envolvendo então a *lide*, na concepção carneluttiana),[23] teríamos uma providência que não é substancialmente uma sentença.[24]

Afigura-se, pois, impreciso que haja possibilidade de, em uma decisão final que não seja de mérito ("sentença terminativa"), restar corporificada uma espécie de "coisa julgada" (a formal); sendo melhor, tecnicamente, falar-se em aplicação, *in casu*, tão somente da figura da preclusão. Mais uma vez preciso, Moniz de Aragão expressa, no mesmo sentir, sua desconfiança: "A denominação 'coisa julgada formal' chega a ser contraditória; se a coisa – 'res' – está julgada e por isso se fala em 'res iudicata' (coisa julgada), é inadmissível empregar essa locução para designar fenômeno de outra natureza, correspondente a pronunciamento que não contêm o julgamento da 'res'".[25] [26]

Ciente da denunciada inutilidade do conceito "coisa julgada formal", e a partir dos próprios conceitos de Chiovenda, Isidoro Eisner desenvolve conclusivamente que a principal e necessária distinção a ser

---

O último, parecendo, de alguma forma, tentar legitimar uma separação absoluta entre a esfera de atuação, no processo, da preclusão e da coisa julgada formal, no nosso sentir, comete erro mais grave, ao passo que exclui a incidência da preclusão às questões finais do processo, conforme se lê: "a propósito de decisões interlocutórias, imodificáveis e indiscutíveis no processo em que forem proferidas, diz-se ocorrer preclusão, reservando-se a expressão 'coisa julgada formal' para as sentenças" (TESHEINER, José Maria Rosa. *Elementos para uma teoria geral do processo*. São Paulo: Saraiva, 1993, p. 177).

[22] CHIOVENDA, Giuseppe. Sulla cosa giudicata. In: *Saggi di diritto processuale civile*. Vol. 2. Reimpressão. Milão: Giuffrè, 1993, p. 399/409; CHIOVENDA, Giuseppe. Cosa giudicata e competenza. In: *Saggi di diritto processuale civile*. Vol. 2. Reimpressão. Milão: Giuffrè, 1993, p. 411/423.

[23] De fato, Carnelutti defendia que a coisa julgada deve ser utilizada tão somente quando houver apreciação e definição quanto à *lide* (o mérito), o que se dá por intermédio da sentença definitiva (CARNELUTTI, Francesco. *Lezioni di diritto processuale civile*. Vol. 4. Padova: CEDAM, 1933, p. 420/421 e p. 489); equivocando-se Elmano de Freitas quando afirma que Liebman também restringia os efeitos da coisa julgada formal às sentenças definitivas – cabendo efetivamente a Carnelutti a correção no rigor técnico, neste ponto (FREITAS, Elmano Cavalcanti de. Da preclusão. In: *Revista Forense* n°240 (1972): 22/35).

[24] ROCCO, Alfredo. *La sentencia civil*. Trad. por Mariano Ovejero. México: Stylo, p. 57; ALSINA, Hugo. *Tratado teórico práctico de derecho procesal civil y comercial*. Tomo I. Buenos Aires: Compañia Argentina, 1941, p. 264.

[25] ARAGÃO, E. D. Moniz. *Sentença e coisa julgada*. Rio de Janeiro: AIDE, 1992, p. 219.

[26] Na mesma direção, consignando "não ser técnico falar em coisa julgada formal", Devis Echandía também destaca que "quando se fala de simples coisa julgada formal, se quer dizer que não existe coisa julgada, o que encerra uma contradição" (DEVIS ECHANDÍA, Hernando. *Teoria General del proceso*. Tomo II. Buenos Aires: Editorial Universidad, 1985, p. 566).

feita é entre a preclusão e a coisa julgada material: "A coisa julgada, como eficácia e autoridade emanada da sentença final, vale e se impõe fora do processo enquanto deve ser acatada por todos os juízes dos juízos futuros que pretendem debater a mesma questão já resolvida; enquanto que a preclusão, durante o processo, das diversas questões suscitadas (mesmo as finais), só tem eficácia e se faz indiscutível dentro do mesmo, sem se estender e se impor a outros juízos".[27]

E é exatamente por discorrer sobre todas essas perspectivas, parece mesmo que faltou uma dose de coragem à Chiovenda, lá no início do século XX, para denunciar a inoperância e mesmo então a incongruência de se sustentar a utilização da expressão criticada – especialmente, na hipótese sobredita de sentença terminativa, em que apareceria desacompanhada da coisa julgada material, não havendo então o julgamento da *res*.

4. Demonstrada a inutilidade da expressão "coisa julgada formal", suficiente ter-se presente que sobre a sentença de mérito, de que não caiba mais recurso, atua a preclusão (*endoprocessualmente*) e a coisa julgada material (*panprocessualmente*), sendo que nos demais casos de que não caiba mais recurso (sentença terminativa e decisão interlocutória) tão somente atua o primeiro instituto.

III – Da eficácia preclusiva da coisa julgada material: previsão do art. 474 do Código Buzaid e do art. 489 do projeto para um novo CPC

5. O art. 474 do CPC é o dispositivo que verdadeiramente aproxima de maneira menos estanque os institutos a serem diferenciados (repite-se: preclusão e coisa julgada material), à medida que corporifica a hipótese da eficácia preclusiva da coisa julgada material (também denominada "coisa julgada implícita" ou simplesmente "julgamento implícito") – em que a eficácia do fenômeno preclusivo excepcionalmente transcende os limites do processo em que foi proferida a sentença coberta pela coisa julgada (*eficácia preclusiva externa, panprocessual ou secundária*).[28]

---

[27] EISNER, Isidoro. Preclusión. In: *Revista Juridica Argentina La Ley* n° 118 (1965): 1106/1112.

[28] A cunhagem da expressão "eficácia preclusiva" passou a ganhar real destaque após trabalho de Luiz Machado Guimarães – oportuno ensaio para aprofundamento: GUIMARÃES, Luiz Machado. "Preclusão, coisa julgada e efeito preclusivo" In: *Estudos de direito processual civil*. Rio de Janeiro: Jurídica e Universitária, 1969, p. 9/32. Na Itália, onde o assunto continua bastante debatido, importante a leitura dos ensaios de Pugliese, mais nos pontos de que trata sobre "L'oggetto del giudicato"; e principalmente de Allorio, analisando julgamento da Corte di Cassazione da sessão de 15 de abril de 1936: PUGLIESE, Giovanni. "Giudicato civile (diritto vigente)" In: *Enciclopedia del diritto*, n° 18

Ocorre que, embora o art. 468 do Código Buzaid limite a força da *res judicata* aos limites da *lide* e as questões decididas, o CPC, aparentemente sem querer contrariar essa premissa, determina no art. 474 que "passada em julgado a sentença de mérito, reputar-se-ão deduzidas e repelidas todas as alegações e defesas, que a parte poderia opor assim ao acolhimento como à rejeição do pedido".

Assim, com o trânsito em julgado da sentença de mérito, as alegações, nos termos em que posta a demanda, que poderiam ter sido apresentadas, visando ao acolhimento do pedido, pelo autor, ou rejeição dele, pelo réu, é como se o tivessem sido, impedindo reexame em outro processo dessa matéria dedusível não trazida para o processo.

Daí figura-se que a eficácia preclusiva da coisa julgada alcança não só as questões de fato e de direito efetivamente alegadas pelas partes, mas também as questões de fato e de direito que poderiam ter sido alegadas pelas partes, mas não o foram – o que por certo não abrange a matéria fática e jurídica superveniente à decisão, e ainda as questões de fato e de direito que, mesmo não alegadas pelas partes por inércia indevida, poderiam ter sido examinadas de ofício pelo juiz, mas também não o foram.

Trata-se, como argumenta, Scarpinella Bueno, de algo necessário para a compreensão do próprio fundamento da coisa julgada e para a eficiência desta opção política, que realiza o princípio da segurança jurídica, expressamente consagrado no art. 5°, XXXVI, da CF/88: "não se pode cogitar, com efeito, da imutabilidade de uma decisão se fosse possível levar ao judiciário, a cada novo instante, novos argumentos das questões já soberanamente julgadas, iniciativa que, em última instância, teria o condão de desestabilizar o que, por definição, não pode ser atacado".[29]

Está-se, portanto, diante de situação especial que projeta os efeitos da preclusão, ocorrida na apresentação do tema litigioso (especialmente na fase postulatória, em face da aplicação da técnica da eventualidade), para fora do processo, vetando, em muitos casos, a propositura de nova demanda. Louvável, por isso, o seu estudo pontual, bem como a utilização da específica expressão "eficácia preclusiva da coisa julgada material"[30] – já que se trata de instituto autônomo (produto final "c"), de-

---

(1969): 785/893; ALLORIO, Enrico. Critica della teoria del giudicato implícito. In: *Rivista di diritto processuale civile*, Vol. XV, Parte II, 1938: 245/256.

[29] SCARPINELLA BUENO, Cassio. *Curso sistematizado de direito processual civil – procedimento comum: ordinário e sumário*. Vol. 2, Tomo 1. 3ª ed. São Paulo: Saraiva, 2010, p. 418/419.

[30] Parecendo-nos, por isso, despropositada a crítica de Edson Ribas Malachini aos doutrinadores que cultivam a peculiar expressão, para quem "não há razão para dar nome diferente ao mesmo fenômeno: afinal, eficácia preclusiva ou efeito preclusivo não pode ser outra coisa que não a própria preclu-

corrente da aplicação amalgamada dos préstimos da preclusão (produto "a") e da coisa julgada material (produto "b").

6. Pois bem. Tem-se, no tópico, que o grande problema a ser solucionado cinge-se ao limite da eficácia preclusiva da coisa julgada. A análise isolada do dispositivo parece nos levar a compreender um limite extensivo da eficácia preclusiva, defendido dentre outros por Araken de Assis[31] e com algumas ressalvas por Ovídio Baptista,[32] determinando, em termos práticos, que tendo a esposa, com o objetivo de extinguir sua relação matrimonial, proposto ação de separação contenciosa com base exclusivamente na embriaguez habitual do marido, e tendo sido julgada improcedente esta ação, não poderia ela ingressar novamente em juízo, com o mesmo pedido (separação), mas diversa causa de pedir (*v.g.*, o adultério).

No entanto, analisando a matéria dentro do contexto do Código (interpretação sistemática do art. 474 com os arts. 2°, 128, 264, 300, 301, 468 e 469), bem como tendo presente a opção pátria pela teoria da substanciação (estabelecida no art. 282, III, do CPC, a considera os fatos como relevantes para a definição do conteúdo da causa de pedir e, por conseguinte, da matéria dispositiva da sentença), temos, como mais adequada a posição adotada, dentre outros por Barbosa Moreira,[33] que confere limite restritivo à eficácia preclusiva da coisa julgada material.

---

são" (MALACHINI, Edson Ribas. .Inexatidão material e "erro de cálculo" – conceito, características e relação com a coisa julgada e a preclusão. *In: Revista de Processo* n° 113 (2004): 208/245).

[31] "O resultado não deve escandalizar ninguém. Não se convive tranqüilamente com a prescrição e com a decadência, que, em última análise, provocam conseqüências nefastas aos direitos nefastos? Não se tolera, também, a própria coisa julgada como instituto vocacionado antes à segurança jurídica do que à justiça? Entre nós, o art. 474 deriva da imprópria noção de processo ou de lide parcial; e outros dispositivos, espalhados pelo Código, revelam o compreensível propósito do legislador de aproveitar o processo para resolver a lide em sua integralidade (...). Bem conseqüência, então, que o art. 474, projetando o futuro, aproveite o processo para extinguir totalmente a lide entre as partes" (ASSIS, Araken de. Reflexões sobre a eficácia preclusiva da coisa julgada. *In: Ajuris* n° 44 (1988): 25/44).

[32] Sobre a complexidade da matéria e a relação dela com as teorias da substanciação, de maior voga no Brasil, e da individuação, aplicada na Itália e Alemanha, aconselhável a leitura de Ovídio Baptista, o qual repetidamente aponta para a dificuldade prática de se delimitar a eficácia preclusiva da coisa julgada (SILVA, Ovídio Baptista da. *Curso de processo civil*. 6ª ed. Vol. 1. São Paulo: RT, 2003, p. 511/516), parece inicialmente se inclinar a favor dessa última ou da aceitação de uma "teoria da substanciação moderada" (SILVA, Ovídio Baptista da. *Teoria geral do processo civil*. São Paulo: RT, 1997, p. 234/240); no entanto, já em outra obra, mais específica sobre o tema, o pré-citado jurista admite e até passa a sustentar interpretação mais restrita do art. 474 do CPC (SILVA, Ovídio Baptista da. Limites objetivos da coisa julgada no atual direito brasileiro. *In: Sentença e coisa julgada*. Rio de Janeiro: Forense, 2003. 4ª ed, p. 231 e ss.).

[33] "(...) A preclusão das questões logicamente subordinantes apenas prevalece em feitos onde a lide seja a mesma já decidida, ou tenha solução dependente da que se deu à lide já decidida. Fora dessas raias, ficam abertas à livre discussão e apreciação as mencionadas questões, independente da circunstância de havê-las de fato examinado, ou não, o primeiro juiz, ao assentar as premissas de sua

Para essa corrente, a variação de qualquer dos elementos identificadores da ação importa, *de per si*, na variação da própria demanda, deixando, pois, de haver identidade entre ambas, visto que modificado um dos seus elementos individualizadores. Ademais, invoca-se, o art. 5°, XXXV, da CF/88, informando que, pelo art. 474 do CPC, a decisão de mérito reputa deduzidas todas as matérias passíveis de invocação, sem suprimir de apreciação do Poder Judiciário lesão ou ameaça de direito advindas de causas outras aptas a dar suporte à pretensão, não apresentadas naquela determinada contenda.

7. Portanto, a eficácia preclusiva da coisa julgada deveria tão somente consumir todas as alegações e defesas que a parte poderia opor assim ao acolhimento como à rejeição do pedido, nos parâmetros da lide deduzida, ou seja, sem que altere ou extrapole qualquer dos limites individualizadores das demandas, modificando a *causa petendi*.

De acordo com esta corrente de interpretação restritiva do art. 474, Liebman,[34] ainda comentando o anterior Código de Processo Civil, à luz do conceito de *lide* empregado por Carnelutti, refere que as questões que constituem premissa necessária da conclusão, isto é, da decisão sobre o pedido das partes, entendem-se definitivamente decididas "nos limites da lide"; "quer dizer que a mesma lide não poderá ser suscitada com fundamento nessas questões, quer o juiz as tenha realmente decidido, quer não. *A contrario sensu*, as mesmas questões não se entenderão decididas, se a lide for outra". A mesma interpretação restritiva a partir do texto do então vigente art. 287 do CPC de 1939 é sustentada por Alfredo Buzaid,[35] o autor do posterior Código Processual – o que abaliza ainda mais a posição dessa vertente.

Também na mesma trilha anda Sérgio Gilberto Porto, que ao comentar o art. 474 do CPC, fez uma sintética e coerente análise de todo o problema, concluindo, a partir de exemplo prático (já lançado em página precedente), o seguinte: "Consideram-se deduzidas e repelidas todas as alegações e defesas pertinentes, e por pertinentes à demanda entendam-se aquelas que contribuem para a fixação da lide (...) nos limites da causa. Assim, na ação de separação judicial proposta e na insuportabilidade da vida em comum, em face da embriaguez habitual de um dos cônjuges, tudo em torno do conteúdo fático da causa é considerado deduzido,

---

conclusão" (BARBOSA MOREIRA, J. C. A eficácia preclusiva da coisa julgada material no sistema do processo civil brasileiro. *In: Temas de direito processual*. São Paulo: Saraiva, 1997, p. 102).

[34] LIEBMAN, Enrico Tullio. *Estudos sobre o processo civil brasileiro*. São Paulo: José Bushatsky, 1976, p. 162/164.

[35] BUZAID, Alfredo. *Do agravo de petição no sistema do código de processo civil*. 2ª ed. São Paulo: Saraiva, 1956, p. 111/114.

mesmo que não o tenha sido. Todavia, em caso de improcedência da demanda, nada obsta que seja proposta nova ação, agora com base no adultério, ainda que este já tivesse sido consumado à época do ajuizamento da primeira demanda, eis que – por se tratar de ação diversa, em razão da mudança da causa – não há que se falar em coisa julgada e, muito menos, em eficácia preclusiva desta".[36]

8. Não é outra a posição adotada em paradigmáticos julgados do STJ e STF, que ao fazerem menção expressa aos arts. 474 e 469, I, do CPC, acenam para a possibilidade de propositura de nova demanda, se as alegações e defesas escapem do objeto do processo.[37] Certo, pelo que se nota da posição jurisprudencial ventilada, que o entendimento majoritário de interpretação restritiva do conteúdo apresentado pelo art. 474 do CPC, a estabelecer os devidos limites objetivos da coisa julgada, envolve adequada ponderação do que realmente deva ser abrangido pelo que se tem como o "objeto litigioso do processo".[38] Aprofundemos a investigação.

9. Tratando-se, *grosso modo*, da pretensão deduzida em juízo pela parte autora (direito material afirmado),[39] temos que o objeto litigioso do processo, no nosso sistema, abrange não só o pedido, mas também a causa de pedir que o serve de fundamento.

---

[36] PORTO, Sérgio Gilberto. *Comentários ao código de processo civil*. Vol. 6 (arts. 444 a 495). São Paulo: RT, 2000, p. 222/236.

[37] Do STJ, transcreve-se a seguinte paradigmática decisão: "A imutabilidade própria de coisa julgada alcança o pedido com a respectiva causa de pedir. Não está esta última isoladamente, pena de violação do disposto no art. 469, I do CPC. A norma do art. 474 do CPC faz com que se considerem repelidas também as alegações que poderiam ser deduzidas e não o foram, o que não significa haja impedimento a seu reexame em outro processo, diversa a lide" (REsp 11315-0/RJ, 3ª Turma, DJU 28/09/1992, Rel. Min. Eduardo Ribeiro), por sua vez, do STF, colhe-se o seguinte: "a norma inscrita no art. 474 do CPC impossibilita a instauração de nova demanda para rediscutir a controvérsia, mesmo que com fundamento em novas alegações (...). A autoridade da coisa julgada em sentido material entende-se, por isso mesmo, tanto ao que foi efetivamente arguido pelas partes quanto ao que poderia ter sido alegado, desde que tais alegações e defesas se contenham no objeto do processo" (RE 251666-AgRg/RJ, 2ª Turma, DJU 22/02/2002, Rel. Min. Celso de Mello).

[38] É de se esclarecer, de antemão, que na presente obra perfilhamo-nos ao entendimento dos juristas que diferenciam "objeto litigioso do processo" de "objeto do processo": o primeiro seria firmado pela pretensão da parte demandante, além de eventual reconvenção e declaratória incidental atravessada pela parte demandada; já o segundo, de dimensão maior, abrangeria todas as questões do feito, inclusive as questões preliminares e prejudiciais defendidas pela parte demandada ou reconhecíveis de ofício pelo julgador, a serem enfrentadas pelo magistrado antes de ingressar no mérito propriamente dito. Nesse sentido: SANCHES, Sydney. Objeto do processo e objeto litigioso. In: *Ajuris* n° 16 (1979): 146/156; SANTOS, Moacyr Amaral. *Primeiras linhas de direito processual civil*. Vol. 1. 19ª ed. São Paulo: Saraiva, 1997, p. 272; NORONHA, Carlos Silveira. *Sentença civil: perfil histórico-dogmático*. São Paulo: RT, 1995, p. 102 e 106.

[39] CRUZ E TUCCI, José Rogério. *A causa petendi no processo civil*. São Paulo: RT, 1993, p. 107/108; MANDRIOLI, Crisanto. Riflessini in tema di "petitum" e di "causa petendi". In: *Rivista di Diritto Processuale* n° 39 (1984): 465/480.

Na Alemanha, onde de fato o tema foi extensamente debatido, Schwab registra que o pedido é o verdadeiro objeto do litígio (*Antrag*), sendo bem sedimentado por Rosenberg e depois por Habscheid que a causa de pedir (ou o "estado das coisas": *Lebenssachverhalt*) também o integram.[40] Liebman, seguido por Frederico Marques, manteve a posição de que somente o pedido do autor é objeto do processo,[41] no que fora adequadamente superado, a nosso ver, dentre outros, pelo raciocínio deduzido por Sydney Sanches, ao expor que em face das características do ordenamento jurídico-processual brasileiro (assumindo a teoria da substanciação) "parece-nos que a causa de pedir se ajunta ao pedido para com este formar, em nosso sistema, o chamado objeto litigioso do processo".[42] No mesmo sentido Botelho de Mesquita, em maiores linhas, destaca: "*Causa petendi* e *petitum*, intimamente ligados, qual verso e reverso da mesma medalha, ou alicerces e paredes do mesmo edifício, são por excelência os elementos identificadores do objeto do processo, pois o *petitum* é condição da existência da causa petendi e esta, por sua vez, não se limita a qualificá-lo ou restringi-lo, mas o individua plenamente".[43]

E a causa de pedir, a seu turno, resta corporificada pela presença do fato jurídico (*causa petendi* remota), sob os quais gravitam os fatos simples, como bem diferenciou Adolf Schönke;[44] respectivamente, "fatos essenciais" e "fatos circunstanciais" na nomenclatura adotada por Devis Echandía,[45] ou ainda "fatos essenciais" e fatos "não essenciais" conforme menciona Marinoni e Mitidiero[46] – sendo ainda imprescindível, no sistema pátrio, a presença da *causa petendi* próxima, representada pelos fundamentos jurídicos do pedido (ou seja, as consequências jurídicas que o autor pretende extrair com a exposição dos fatos);[47] o que não se confunde com os prescindíveis fundamentos legais do pedido (ou seja, a mera

---

[40] HABSCHEID, Walther J. L'oggeto del processo nel diritto processuale civile tedesco. In: *Rivista de Diritto Processuale* n° 35 (1980): 454/464. Trad. por Ângela Loaldi.

[41] LIEBMAN, Enrico Tullio. *Estudos sobre o processo civil brasileiro*. São Paulo: José Bushatsky, 1976, p. 118.

[42] SANCHES, Sydney. Objeto do processo e objeto litigioso. In: *Ajuris* n° 16 (1979): 146/156.

[43] BOTELHO DE MESQUITA, José Inácio. A "causa petendi" nas ações reivindicatórias. In: *Ajuris* n° 20 (1980): 166/180.

[44] SCHÖNKE, Adolfo. *Derecho procesal civil*. Trad. por L. Pietro Castro. 5ª ed. Barcelona: Bosch, 1950, p. 167, 201/202 e 269.

[45] DEVIS ECHANDÍA, Hernando. *Teoria General del proceso*. Tomo II. Buenos Aires: Editorial Universidad, 1985, p. 572/573.

[46] MARINONI, Luiz Guilherme; MITIDIERO, Daniel. *Código de processo civil comentado*. 3ª ed. São Paulo: RT, 2011, p. 453.

[47] THEODORO JR., Humberto. *Curso de direito processual civil*. v. I. 38ª ed. Rio de Janeiro: Forense, p. 320.

referência aos dispositivos de lei que a parte entende que servirão para obter resultado favorável na demanda).[48]

De qualquer forma, podendo o magistrado eventualmente desprezar os fundamentos legais invocados, e até os fundamentos jurídicos aportados (*causa petendi* próxima),[49] valendo-se para tanto do adágio *iura novit curia* (presumindo-se que o juiz conhece o direito, pela incidência do correlato brocardo *narra mihi factum, dabo tibi ius*),[50] correto se pensar que para o estudo da abrangência do objeto litigioso do processo, deve-se especialmente focar a atenção, além do pedido propriamente dito, aos fatos jurídicos/fatos essenciais elencados na exordial (*causa petendi* remota).

Avancemos, pois: quando alguém pede a procedência da demanda de separação judicial com base, para permanecermos no exemplo ilustrado, na embriaguez habitual do companheiro, o fato jurídico é a embriaguez; e os fatos simples são aqueles que levam à conclusão de que efetivamente ocorreu o fato jurídico (a embriaguez). Assim, sempre relembrando a diferenciação de Schönke, o julgador só poderá julgar a demanda nos limites absolutos aportados pela parte autora, em termos de pedido(s) e de fato(s) jurídico(s) – como, aliás, registra expressamente o art. 128 c/c art. 460 do CPC,[51] a redundar que alterado o fato jurídico (passando a ser, *v.g.*, o adultério), há diversa *causa petendi*, e por consequência, nova demanda poderá ser proposta (mesmo que mantida a identidade de partes e até de pedido).

Por isso que quando o art. 131 do CPC, ao aludir que na apreciação livre da prova, pode o julgador levar em consideração as circunstâncias e os fatos constantes nos autos ainda que não alegados pelas partes, temos, em respeito ao princípio dispositivo em sentido material ou próprio, que está autorizando a utilização, *ex officio* pelo julgador, tão somente de algum fato simples relacionado ao fato jurídico apontado expressamente na exordial, e não propriamente de fatos jurídicos autônomos não apre-

---

[48] ALSINA, Hugo. *Tratado teórico práctico de derecho procesal civil y comercial*. Tomo I. Buenos Aires: Compañia Argentina, 1941, p. 255.

[49] BARROS TEIXEIRA, Guilherme Freire de. *O princípio da eventualidade no processo civil*. São Paulo: RT, 2005, p. 174.

[50] Na sua origem, o adágio *iura novit curia* significava que as normas jurídicas não precisavam de prova, dado que o juiz deve conhecê-las (nos moldes do que se chega pela exegese, ao contrário do art. 337 do CPC); mas, desde logo, foi o adágio interpretado como significativo de que a aplicação do direito é, exclusivamente, assunto atinente ao juiz, no sentido de que as partes não estão obrigadas a subsumir os fatos, por elas invocados, às normas jurídicas, mais ou menos, no sentido do brocardo: *narra mihi factum, narro tibi ius*. Maiores considerações sobre a devida aplicação do adágio, consultar em: BAUR, Fritz. Da importância da dicção "iura novit curia". In: *Revista de Processo* n° 3 (1976): 169/177.Trad. por Arruda Alvim.

[51] DINAMARCO, Cândido Rangel. *Fundamentos do direito processual moderno*. Tomo II. 5ª ed. São Paulo: Malheiros, 2000, p. 930 e 934.

sentados pela parte demandante.⁵² Tal ponderação, fica agora mais fácil de constatar, é possível em sistema processual que adota a teoria da substanciação, preocupado, com o material fático aportado pelas partes, e não própria e exclusivamente com a relação jurídica concreta havida entre elas; resultando daí que os fatos (jurídicos) não aportados pelas partes não podem ser tomados em consideração pelo juiz naquela demanda, tão somente em outra – se assim demonstrar interesse a parte autora, com o ajuizamento de nova ação judicial.⁵³

A discussão, nos limites sobreditos, aponta com maior visibilidade para a matéria que realmente deva ser abrangida pela coisa julgada material (seus limites objetivos),⁵⁴ já que os fatos simples, relacionados ao fato jurídico discutido no feito (embriaguez habitual), que poderiam ser alegados pela parte e até mesmo reconhecidos pelo juiz com base nas provas aportadas ao feito, mas ali não foram, não poderão ser em outra demanda (*eficácia preclusiva da coisa julgada material*),⁵⁵ o que não importará, como visto, na impossibilidade de serem alegados, em ulterior demanda, fatos simples relacionados a outro fato jurídico não desenvolvido na demanda originária (*v.g.*, adultério).

Cabe por isso, conclui-se, atenta exegese articulada do art. 469, I, do CPC com o que dispõe o art. 474 do CPC, já que mesmo se sustentando que isoladamente os motivos da sentença, pertinentes ao plano fático, não fazem coisa julgada, vindo a integrar indiretamente o dispositivo sentencial (quando constituem o seu "precedente lógico necessário", nas palavras de Carnelutti,⁵⁶ e especialmente identificam o real alcance do

---

⁵² ALVIM, Arruda. *Manual de direito processual civil*. Vol. 1. 6ª ed. São Paulo: RT, 1997, p. 390/393 e 409/419; WAMBIER, Teresa Arruda Alvim. *Omissão judicial e embargos de declaração*. São Paulo: RT, 2005, p. 173/177.

⁵³ SCHÖNKE, Adolfo. *Derecho procesal civil*. 5ª ed. Trad. L. Pietro Castro. Barcelona: Bosch, 1950, p. 81 e 166.

⁵⁴ Em outras palavras, Sydney Sanches com acerto dizia que em torno do objeto litigioso do processo é que se analisará a formação da litispendência e os limites objetivos da coisa julgada (SANCHES, Sydney. Objeto do processo e objeto litigioso. *In: Ajuris* n° 16 (1979): 146/156).

⁵⁵ "La qualificazione giuridica operata dal giudice, cioè quella conclusione-sintesi che è la sua sentenza, comprende lo stato di fatto invocato. Su uno stato di fatto identico non può essere fondata nessun'altra pretesa uguale. E in forza dell'autorità della cosa giudicata (o di uma istituzione supplementare), è preclusa anche la riproposizione dei fatti no invocati specificamente ma appartenenti allo stato di fatto oggetto del giudizio" (HABSCHEID, Walther J. L'oggeto del processo nel diritto processuale civile tedesco. *In: Rivista di Diritto Processuale* n° 35 (1980): 454/464. Trad. por Ângela Loaldi).

⁵⁶ Interessante que ao tratar da "máxima" de que os motivos não fazem coisa julgada, o processualista italiano deixa bem claro, lá nos idos da década de 30, que "questa è pero una massima da prendere con grande cautela" (CARNELUTTI, Francesco. *Lezioni di Diritto Processuale Civile*. Vol. IV. Padova: CEDAM, 1933, p. 432/433). Na mesma direção, o jurista colombiano Devis Echandía explicita que "generalmente se dice que la cosa juzgada está contenida en la parte resolutiva y dispositivo de la sentencia, pero esta afirmación tiene un valor relativo" (DEVIS ECHANDÍA, Hernando. Tomo II. *Teoria General del proceso*. Buenos Aires: Editorial Universidad, 1985, p. 595), por aqui, apontando

tema travado entre os litigantes),[57] podem ser decisivos para a fixação *dos limites objetivos da coisa julgada material*, ao menos no nosso sistema processual (que adota a teoria da substanciação, e que por isso os tem, por regra, como verdadeiro cerne da *causa petendi*).

10. Trataremos, por fim, de outro exemplo da prática do foro para que fique melhor explicitada a questão central do presente ensaio.

Em uma demanda acidentária, foi requerido determinado benefício (*pedido*) em desfavor do órgão previdenciário em razão de problemas ortopédicos do segurado (Lesões por Esforços Repetitivos – LER – *fato jurídico/fato essencial*). Caso seja julgada improcedente a pretensão levada ao órgão jurisdicional, sob o fundamento de não caracterização do alegado problema ortopédico, em tese, e em aplicação restritiva dos limites da eficácia preclusiva da coisa julgada material, é viável a apresentação de novel processo acidentário a fim de que o mesmo benefício seja concedido em razão de outro problema incapacitante – v.g., déficit auditivo (Perda Auditiva Induzida por Ruído – PAIR). Essa segunda demanda possui relativa/suficiente autonomia, com relação à primeira, à medida que não obstante seja constatada identidade de pedido entre as lides, há distinção entre elas no que tange à causa de pedir (remota), ou seja, os fatos jurídicos apresentados são absolutamente diversos (LER *versus* PAIR). Portanto, na hipótese ventilada, caso reste devidamente confirmada a incapacidade laborativa em decorrência agora de problemas auditivos (e não de problemas ortopédicos), o benefício há de ser concedido ao segurado.

Essa complexa questão envolvendo a exegese do art. 474 do CPC, finaliza-se, parece ter sensibilizado os doutos que trabalharam na formação do Projeto 166/2010 para um Novo Código de Processo Civil, já que pela redação conferida ao art. 489, o tema resta melhor esclarecido, sendo prestigiada a tese acolhida nesse ensaio, de interpretação restritiva dos limites da eficácia preclusiva da coisa julgada material. Nesses termos, o Projeto prevê, que "transitada em julgado a sentença de mérito, considerar-se-ão deduzidas e repelidas todas as alegações e as defesas que

---

para a possibilidade de melhor compreensão da máxima, Pontes de Miranda: "seria um erro crer-se que a coisa julgada só se induz das conclusões; as conclusões são o cerne, porém os fundamentos, os motivos, podem ajudar a compreendê-la" (PONTES DE MIRANDA, Francisco Cavalcanti. *Código de Processo Civil comentado*. Tomo V. Rio de Janeiro: Forense, 1974, p. 153).

[57] Nesses termos é o posicionamento de Edson Ribas Malachini, que cita, dentre outros, acórdão do TRF-4ª Região, j. em 26/07/2000 em que expressamente se utiliza a expressão "dispositivo indireto" (da sentença) para fazer alusão à fundamentação contida no *decisum* importante para determinar o alcance da sua parte dispositiva (MALACHINI, Edson Ribas. Inexatidão material e "erro de cálculo" – conceito, características e relação com a coisa julgada e a preclusão. *In: Revista de Processo* n° 113 (2004): 208/245).

a parte poderia opor assim ao acolhimento como à rejeição do pedido, *ressalvada a hipótese de ação fundada em causa de pedir diversa*"[58] (grifo nosso, com a novidade introduzida pelo Projeto).

IV – Conclusão

Em apertadíssima síntese do que ficou registrado neste ensaio, confirma-se que a preclusão é fenômeno próprio do processo em que verificada, produzindo, por regra, efeitos dentro do mesmo processo (eficácia interna, endoprocessual ou primária), não sendo ademais restrita sua aplicação diante de decisão interlocutória não ou ineficazmente impugnada – embora nesse cenário seja mais lembrada. Engloba, o instituto, o que se tem por coisa julgada formal (conceito jurídico inútil) e é pressuposto para a caracterização da coisa julgada material, diante de sentenças definitivas – esta sim verdadeira coisa julgada que projeta seus plenos efeitos para fora do processo; podendo ainda se falar, em limites restritivos, de uma eficácia preclusiva da coisa julgada material (eficácia externa, panprocessual ou secundária), nos termos do art. 474 do Código Buzaid e agora do art. 489 do Projeto para um novo CPC – a representar que passada em julgado a sentença de mérito, reputar-se-ão deduzidas e repelidas todas as matérias que a parte poderia opor assim ao acolhimento como à rejeição do pedido (o que seja: fatos jurídicos/fatos essenciais expostos na petição inicial; e fatos simples/fatos circunstanciais aos primeiros relacionados, aportados ou não ao processo), ressalvada a possibilidade de novel demanda fundada em causa de pedir remota diversa (o que seja: fatos jurídicos/fatos essenciais outros não aportados ao processo originário).

Referências doutrinárias

ALLORIO, Enrico. "Critica della teoria del giudicato implicito". In: *Rivista di diritto processuale civile*, Vol. XV, Parte II, 1938: 245/256.

ALSINA, Hugo. *Tratado teórico práctico de derecho procesal civil y comercial*. Buenos Aires: Compañia Argentina, 1941. Tomo I.

ALVARO DE OLIVEIRA, Carlos Alberto. *Do formalismo no processo civil*. 2ª ed. São Paulo: Saraiva, 2003, p. 170.

ALVIM, Arruda. *Manual de direito processual civil*. Vol. 1. 6ª ed. São Paulo: RT, 1997.

ARAGÃO, E. D. Moniz. *Sentença e coisa julgada*. Rio de Janeiro: AIDE, 1992.

ASSIS, Araken de. "Reflexões sobre a eficácia preclusiva da coisa julgada". In: *Ajuris* n° 44 (1988): 25/44.

---

[58] GUEDES, Jefferson Carús; DALL´ALBA, Felipe Camillo; NASSIF AZEM, Guilherme Beux; BATISTA, Liliane Maria Busato (organizadores). *Novo código de processo civil. Comparativo entre o projeto do novo CPC e o CPC de 1973*. Belo Horizonte: Fórum, 2010, p. 142.

BARBI, Celso Agrícola. "Da preclusão no processo civil". In: Revista Forense, 158 (1955): 62/63.

BARBOSA MOREIRA, J. C. "A eficácia preclusiva da coisa julgada material no sistema do processo civil brasileiro". In: Temas de direito processual. São Paulo: Saraiva, 1997.

BARROS TEIXEIRA, Guilherme Freire de. O princípio da eventualidade no processo civil. São Paulo: RT, 2005.

BAUR, Fritz. "Da importância da dicção 'iura novit curia'". In: Revista de Processo n° 3 (1976): 169/177. Trad. Arruda Alvim.

BOTELHO DE MESQUITA, José Inácio. "A 'causa petendi' nas ações reivindicatórias". In: Ajuris n° 20 (1980): 166/180.

BUZAID, Alfredo. Do agravo de petição no sistema do código de processo civil. 2ª ed. São Paulo: Saraiva, 1956.

CALAMANDREI, Piero. Direito processual civil. Trad. por Luiz Abezia e Sandra Drina Fernandez Barbery. Vol. 1. Campinas: Bookseller, 1999,

CARNELUTTI, Francesco. Lezioni di diritto processuale civile. Vol. 4. Padova: CEDAM, 1933.

CHIOVENDA, Giuseppe. "Cosa giudicata e competenza". In: Saggi di diritto processuale civile. Vol. 2. Reimpressão. Milão: Giuffrè, 1993.

CHIOVENDA, Giuseppe. "Cosa giudicata e preclusione". In: Rivista Italiana per le scienze giuridiche n° 11 (1933): 3/53.

——. "Sulla cosa giudicata". In: Saggi di diritto processuale civile. Vol. 2. Milão: Giuffrè, 1993. Reimpressão.

CRUZ E TUCCI, José Rogério. A causa petendi no processo civil. São Paulo: RT, 1993.

DEVIS ECHANDÍA, Hernando. Teoria General del proceso. Tomo II. Buenos Aires: Editorial Universidad, 1985.

DINAMARCO, Cândido Rangel. Fundamentos do direito processual moderno. Tomo II. 5ª ed. São Paulo: Malheiros, 2000.

EISNER, Isidoro. "Preclusión" in Revista Juridica Argentina La Ley n° 118 (1965): 1106/1112.

FREITAS, Elmano Cavalcanti de. "Da preclusão". In: Revista Forense n° 240 (1972): 22/35.

GUEDES, Jefferson Carús; DALL´ALBA, Felipe Camillo; NASSIF AZEM, Guilherme Beux; BATISTA, Liliane Maria Busato (organizadores). Novo código de processo civil. Comparativo entre o projeto do novo CPC e o CPC de 1973. Belo Horizonte: Fórum, 2010.

GUIMARÃES, Luiz Machado. "Preclusão, coisa julgada e efeito preclusivo". In: Estudos de direito processual civil. Rio de Janeiro: Jurídica e Universitária, 1969, p. 9/32.

HABSCHEID, Walther J. "L'oggeto del processo nel diritto processuale civile tedesco". In: Rivista de Diritto Processuale n° 35 (1980): 454/464. Trad. por Ângela Loaldi.

KEMMERICH, Clóvis Juarez. O direito processual na idade média. Porto Alegre: Sergio Antonio Fabris, 2006.

LIEBMAN, Enrico Tullio. Eficácia e autoridade da sentença. 2ª ed. Trad. por Alfredo Buzaid e Benvindo Aires. Notas de Ada Pellegrini Grinover. Rio de Janeiro: Forense, 1981.

——. "Effetti della sentenza e cosa giudicata". In: Rivista di diritto processuale, n° 1, 1979: 1/10.

——. Estudos sobre o processo civil brasileiro. São Paulo: José Bushatsky, 1976.

——. Manual de direito processual civil. Tocantins: Intelectus, 2003, Vol. 3.

MALACHINI, Edson Ribas. "Inexatidão material e 'erro de cálculo' – conceito, características e relação com a coisa julgada e a preclusão". In: Revista de Processo n° 113 (2004): 208/245.

MANDRIOLI, Crisanto. "Riflessini in tema di 'petitum' e di 'causa petendi'". In: Rivista di Diritto Processuale n° 39 (1984): 465/480.

MARCATO, Antônio Carlos. "Preclusões: limitação ao contraditório?". In: Revista de Direito Processual Civil n° 17 (1980): 105/114.

MARINONI, Luiz Guilherme; MITIDIERO, Daniel. Código de processo civil comentado. São Paulo: RT, 2011. 3ª ed.

MARQUES, José Frederico. Instituições de direito processual civil. Vol. 2. Campinas: Millenium, 2000.

NORONHA, Carlos Silveira. Sentença civil: perfil histórico-dogmático. São Paulo: RT, 1995.

NUNES, Dierle José Coelho. "Preclusão como fator de estruturação do procedimento". In: Estudos continuados de teoria do processo. vol. IV. Porto Alegre: Síntese, 2004.

PONTES DE MIRANDA, Francisco Cavalcanti. Comentários ao código de processo civil. Rio de Janeiro: Forense, 1997. 3ª ed. Tomo V.

——. Tratado das ações. Tomo I. Atualizado por Vilson Rodrigues Alves. Campinas: Bookseller, 1998.

PORTO, Sérgio Gilberto. "Classificação de ações, sentença e coisa julgada". Disponível em: <http://www.professorademir.com.br/arquivo_doutrina/miolodoutrinaclassificacao.htm>. Acesso em: 20 out. 2007.

——. Comentários ao código de processo civil. Vol. 6 (arts. 444 a 495). São Paulo: RT, 2000.

PUGLIESE, Giovanni. "Giudicato civile (diritto vigente)". In: Enciclopedia del diritto, n° 18 (1969): 785/893.

ROCCO, Alfredo. *La sentencia civil.* Trad. Mariano Ovejero. México: Stylo.

ROCCO, Ugo. *L'autorità della cosa giudicata e i suoi limiti soggettivi.* Roma: Athenaeum, 1917.

RUBIN, Fernando. "A preclusão na dinâmica do processo civil". *In: Coleção Alvaro de Oliveira – Estudos de Processo e Constituição*, n. 3. Porto Alegre: Livraria do Advogado, 2010.

SANCHES, Sydney. "Objeto do processo e objeto litigioso". *In: Ajuris* n° 16 (1979): 146/156.

SANTOS, Moacyr Amaral. *Primeiras linhas de direito processual civil.* Vol. 1, 19ª ed. São Paulo: Saraiva, 1997.

SCARPINELLA BUENO, Cassio. *Curso sistematizado de direito processual civil* – procedimento comum: ordinário e sumário. São Paulo: Saraiva, 2010. 3ª ed. Vol. 2, Tomo 1.

SCHÖNKE, Adolfo. *Derecho procesal civil.* 5ª ed. Trad. L. Prieto Castro. Barcelona: Bosch, 1950.

SILVA, Ovídio Baptista da. *Curso de processo civil.* 6ª ed. Vol. 1. São Paulo: RT, 2003.

——. "Limites objetivos da coisa julgada no atual direito brasileiro". *In: Sentença e coisa julgada.* 4ª ed. Rio de Janeiro: Forense, 2003.

——. *Teoria geral do processo civil.* São Paulo: RT, 1997.

THEODORO JR., Humberto. *Curso de direito processual civil.* V. I. 38ª ed. Rio de Janeiro: Forense.

——. "A preclusão no processo civil". *In: Revista Jurídica* n° 273 (2000): 5/23.

TESHEINER, José Maria Rosa. *Elementos para uma teoria geral do processo.* São Paulo: Saraiva, 1993.

ZANZUCCHI, Marco Tullio. *Diritto processuale civile.* Vol. 1. 4ª ed. Milão: Giuffrè, 1947.

WAMBIER, Teresa Arruda Alvim. *Omissão judicial e embargos de declaração.* São Paulo: RT, 2005.

— 10 —

Flexibilização do procedimento e prazos dilatórios: reflexões quanto à mitigação da preclusão nos atos instrutórios pelo novo CPC

Sumário: 1. Apresentação; 2. Vertentes atuais do fenômeno preclusivo e redução da técnica preclusiva apresentada pelo Projeto para um novo CPC; 3. Prazos dilatórios e flexibilização do procedimento na fase instrutória; 4. A redação do art. 118, V, do atual Projeto e a anterior redação do art. 107, V, do Projeto 166/2010; 5. A decretação judicial da preclusão diante dos prazos dilatórios; 6. Crítica à redação do art. 118, V, do atual Projeto e sugestão de aperfeiçoamento; 7. Considerações finais; Referências doutrinárias.

1. Apresentação

O Novo CPC, já aprovado no Senado Federal e nesse momento em tramitação na Câmara Federal, traz novidades em relação ao tema da preclusão, com o propósito de reduzir os seus préstimos. De reduzir, e não de eliminar, deixemos claro desde o início. Isto porque a preclusão é um dos principais institutos do direito processual, tendente a organizar e impulsionar o procedimento, figurando-se como o grande limitador do agir das partes no processo, razão pela qual seria absolutamente equivocada qualquer assertiva que apontasse para a possibilidade de alguma inovação legal simplesmente extinguir o regime preclusivo do *codex* processual.

Correto, pois, ser referido que o novo CPC, no formato em que atualmente vem redigido, se projeta no sentido de diminuir o tamanho da preclusão como técnica, de modo a conferir maior efetividade e certeza à tutela do bem jurídico em disputa.

A definição da preclusão como técnica emerge essencialmente do fato de o instituto poder ser aplicado, com maior ou menor intensidade, tornando o processo mais ou menos rápido, impondo ao procedimento uma maior ou menor rigidez na ordem entre as sucessivas atividades que o compõem, tudo dependendo dos valores e princípios fundamentais a serem perseguidos prioritariamente pelo ordenamento processual de regência de uma determinada sociedade em um dado estágio cultural.

No atual estágio cultural, pelo que se nota do texto do Projeto para um novo CPC, opta-se por uma aplicação da preclusão em menor intensidade, sendo oportunizado que as etapas do procedimento fluam com uma maior naturalidade, sendo determinado suficiente tempo para a instrução do processo, sem que se faça, ainda, necessário que a parte recorra de qualquer decisão interlocutória de menor gravidade proferida pelo Estado-juiz.

Em reflexão a esse contexto que se apresenta o presente ensaio, onde se buscará discorrer a respeito de uma importante inovação tendente a reduzir o espaço da preclusão para as partes, qual seja, *a flexibilização do procedimento, com autorização para o magistrado dilatar prazos processuais na instrução* – sendo ainda discutida outra inovação interessante, qual seja, a supressão do recurso de agravo retido do sistema do código.

2. Vertentes atuais do fenômeno preclusivo e redução da técnica preclusiva apresentada pelo Projeto para um novo CPC

No estudo das preclusões que atuam sobre o magistrado ("preclusão de questões"), faz-se presente a regra da preclusividade, que muito bem pode ser confirmada com a omissão da parte prejudicada, diante de decisão gravosa, em interpor o competente recurso no prazo e na forma prevista pelo ordenamento. Revelaram-se também, por outro lado, hipóteses em que a parte não possui mais a viabilidade de ingressar com medida recursal típica, mas pode ter a questão (não preclusiva) revista, em face de mudança de posicionamento incrementada de ofício pelo próprio diretor do processo.

Teríamos aqui uma preclusão de faculdade (da parte) referente ao ato de recorrer – que, na última situação comentada não seria absoluta, já que se o juiz pode reanalisar a decisão judicial incidental a qualquer tempo (não preclusiva), poderia a parte, em tese, apresentar mesmo fora do prazo recursal pedido de reconsideração.

Essa hipótese revela-se importante para que se trate de diferenciar, dentro do mesmo gênero "preclusão para as partes (de faculdades)", duas espécies do fenômeno: uma seria justamente essa referente ao ato processual de recorrer, e a outra seria a preclusão de faculdades referentes aos atos processuais necessários no desenvolvimento das fases do procedimento estabelecido por lei.

A aludida primeira espécie decorre de uma decisão judicial gravosa, que impõe uma tomada de atitude específica da parte (interposição de recurso), sob pena de não mais poder agir (*preclusão decorrente de um ato processual de recorrer*). Já a segunda espécie, que tomará nossa especial atenção neste ensaio, decorre de previsão legal-processual que impõe uma tomada de atitude da parte em impulsionar o feito da melhor maneira possível, na fase postulatória e instrutória, sob pena de ser enclausurada uma etapa e dado início à fase subsequente, ao passo que expirado o prazo de duração da fase procedimental precedente (*preclusão decorrente de um ato processual necessário no desenvolvimento das fases do rito*).

A preclusão é, pois, instituto complexo que se manifesta em diversas vertentes, seja para as partes seja para o juiz. Em termos mais objetivos, pode-se tentar simplificar as linhas acima reconhecendo que, pelo menos, em cinco momentos típicos é destacada a participação da técnica: a) preclusão para a parte referente ao ato de recorrer de sentença; b) preclusão para a parte referente ao ato de recorrer de decisão interlocutória de maior gravidade; c) preclusão para a parte referente ao ato de recorrer de decisão de menor gravidade; d) preclusão para a parte referente aos atos para o desenvolvimento do procedimento; e) preclusões para o Estado-juiz.

Tais vertentes estão bem presentes no sistema do Código Buzaid e simplesmente não desaparecem todas elas com o Projeto, o que confirma aquela acepção da preclusão como princípio processual. Está, em linhas gerais, mantida a preclusão envolvendo a interposição de apelação (vertente alínea "a" supra) e a interposição de agravo de instrumento (vertente alínea "b" supra), como também preservada a regra geral de que o magistrado, salvo em matérias de ordem pública, não pode *ex officio* voltar atrás em decisão tomada no processo (vertente alínea "e" supra).

O que propõe o Projeto do Senado – reduzindo o tamanho da preclusão como técnica – é a eliminação da vertente constante na alínea "c" supra, com a supressão do agravo retido do código, e a viabilidade de redução do tamanho da vertente constante na alínea "d" supra – a partir do momento em que a parte poderá gozar de maior liberdade para a apresentação de provas na fase instrutória, já que passa a ser admitido ao julgador que busque adequar as disposições dessa fase processual às especificações do conflito, dilatando os prazos processuais e até mesmo alterando a ordem de produção de provas.

Repisemos que o nosso esforço, no presente estudo, é elucidar essa novidade legal em que se autoriza movimento judicial tendente a reduzir o tamanho da vertente constante na alínea "d" supra. Destacamos que, *in casu*, pode se operar uma redução – e não uma eliminação, como se dá com a vertente constante na alínea "c" supra – porque a projetada redução da preclusão referente aos atos de desenvolvimento do procedimento se deve limitar à fase instrutória, sendo, ao que tudo indica, mantidas pelo Projeto as regras preclusivas referentes à fase postulatória.

De fato, precisamos reconhecer que é muito vasta essa atividade preclusiva relacionada aos atos processuais de impulsionamento do procedimento: compreende desde atividades próprias da fase postulatória – como a apresentação de contestação e a apresentação de réplica – até atividades próprias da fase instrutória – como os requerimentos para produção de provas técnicas e orais.

Assim, forçoso restringir a novidade destacada no Projeto à fase instrutória, em que já vínhamos admitindo ser o espaço devido em que se poderia falar irrestritamente em prazos não sujeitos à imediata preclusão (prazos dilatórios). Sim, porque se passamos a falar no conceito de prazo fatal (peremptório), inegável reconhecer que o juiz não poderia dilatar tal prazo, como ocorre, por exemplo, com o prazo contestacional de quinze dias – inegável medida integrante da fase postulatória e sujeita à rígida regra preclusiva, seja no Código Buzaid seja no Projeto para um novo CPC.

Ademais, pensamos que o objetivo do Projeto é realmente restringir a possibilidade de dilação de prazo à fase instrutória, já que o art. 118, V, ao trazer a novidade, catalogando os poderes do juiz na direção do processo, refere no mesmo inciso a possibilidade de o julgado alterar a ordem das provas, o que dá a entender que o cenário para dilação de prazos é justamente o do aprofundamento da instrução (fase instrutória).

3. Prazos dilatórios e flexibilização do procedimento na fase instrutória

Das duas novidades, ora debatidas, anunciadas no Projeto – supressão do agravo retido e dilação de prazos instrutórios – não há dúvidas de que essa última é de maior repercussão, já que discute a importância da fase instrutória para o processo, sendo a nosso ver opção política, definida no Projeto, o resguardo à produção de provas em detrimento da aplicação rígida da técnica preclusiva.

O Projeto acaba assim, mesmo que indiretamente, facilitando a difícil diferenciação do que seja prazo dilatório e peremptório na fase de conhecimento, a partir do momento que passa a admitir que todo o prazo da instrução deva ser compreendido como não peremptório – já que pode ser dilatado pelo magistrado, diretor do processo.

O Código Buzaid destaca os prazos peremptórios no artigo 182, e os prazos dilatórios no art. 181 sem descriminar quais as hipóteses do sistema em que o julgador deva aplicar um e outro. A jurisprudência, por sua vez, vem sendo mais contundente a fim de confirmar, como peremptórios, específicos prazos fundamentais dentro do procedimento, como os de contestação, exceções, reconvenção e recursos em geral.

Sempre entendemos que o ato central de defesa, além dos recursos, são os verdadeiros prazos peremptórios de que trata genericamente o CPC, no art. 182, os quais não são passíveis de prorrogação, mesmo havendo consenso das partes nesse sentido. Na seara recursal, só para não passar em branco nesse ensaio, diga-se que não ousaríamos pregar relativizações da preclusão, sendo patente que a intempestividade do recurso (ligada a desídia ou desinteresse da parte) somada a preocupação com a efetividade e a própria presunção de correção da decisão mal embargada, determina a consolidação deste *decisum* (interlocutório ou final), operando-se a preclusão.

Ainda é de se sublinhar que alguns magistrados, em sentido diverso (aproveitando-se que o Código Buzaid não desenvolveu qualquer critério lógico para distinguir os prazos peremptórios dos meramente dilatórios), consideram indevidamente que a maioria dos prazos processuais fixados no Código são peremptórios (inclusive os presentes na fase instrutória), inviabilizando a partir dessa imprecisa premissa, qualquer discussão a respeito da (não aplicação dos préstimos da) preclusão processual decorrente do desrespeito ao estrito teor dos dispositivos contempladores de tais prazos.

Realmente, pelo atual sistema, principalmente a jurisprudência vacila muito em reconhecer os prazos como dilatórios na instrução, sendo conhecidas as teses majoritárias no STJ de que o prazo do art. 421 (apresentação de quesitos e assistente técnico) é prazo dilatório, mas que outros importantes prazos como o do art. 407 (juntada de rol de testemunha) e especialmente o prazo do art. 433 (juntada do laudo de perito assistente) são prazos peremptórios. Entendemos como contraditórias essas posições (firmadas sem uma interpretação conjunta desses dispositivos que integram a fase instrutória), razão pela qual já tivemos a oportunidade de defender que devem ser reconhecidos todos esses prazos como dilatórios, mesmo porque há um direito constitucional (e prioritário) à produção de provas a ser observado na devida exegese do ordenamento legal.

Chegamos daí a invocar que para se atingir no processo uma louvável maior possível certeza do direito a ser declarado, as disposições contidas no código processual (amoldadoras do procedimento e conferidoras de ordenação e disciplina ao rito a ser seguido), precisam passar pelo filtro de sua compatibilidade com os princípios e valores fundamentais pertinentes à espécie e reconhecidos em dado momento histórico – os quais direta ou indiretamente se apresentam estipulados na Lei Fundamental.

Sempre defendemos, assim, que o texto do CPC/1973 deveria ser interpretado à luz da CF/88 a fim de ser obtida criteriosa aplicação reduzida dos préstimos da preclusão na instrução – bem presente, ainda, a premissa sedimentada pela doutrina processual no sentido de que as formas dos atos do processo não estão prescritas na lei para a realização de um fim próprio ou autônomo.

Agora, pelo sistema do Projeto, essa resolução da problemática fica evidentemente facilitada, já que maiores esforços exegéticos – de interpretação do CPC à luz da CF – deixam de se fazer indispensáveis, a partir do momento em que o próprio *codex* já admite que os prazos (na instrução) podem ser dilatados pelo magistrado.

4. A redação do art. 118, V, do atual Projeto e a anterior redação do art. 107, V, do Projeto 166/2010

Pois bem. A inovação de que estamos tratando, com destaque no presente trabalho, vem insculpida no art. 118, V, do Projeto e possui origem no direito comparado, especialmente no código processual português.

Diz o Projeto aprovado no Senado, no anunciado dispositivo, que "o juiz dirigirá o processo conforme as disposições deste Código, incumbindo-lhe dilatar os prazos processuais e alterar a ordem de produção dos meios de prova adequando-os às necessidades do conflito, de modo a conferir maior efetividade à tutela do bem jurídico".

Por sua vez, o exemplo vindo do direito processual português (art. 265-A), justamente se orienta para que haja o estabelecimento, como princípio geral do processo, do princípio da adequação formal, facultando ao juiz, depois de ouvidas as partes, a possibilidade de amoldar o procedimento – inclusive seu eventual rigorismo, por meio da prática de atos que melhor se prestem à apuração da verdade e acerto da decisão. Mais próxima ainda desse ideal, a versão anterior do anunciado artigo do Projeto vinha insculpido no art. 107, V – versão do então Projeto 166/2010: "o juiz dirigirá o processo conforme as disposições deste Código, incumbindo-lhe adequar as fases e os atos processuais às especificações do conflito, de modo a conferir maior efetividade à tutela do bem jurídico, respeitando sempre o contraditório e a ampla defesa".

Mesmo que se possa discutir se a versão antiga do Projeto era mais ampla e tecnicamente mais apropriada (como parece), certo que a ideia da adequação formal, impondo uma *flexibilização procedimental (por força de lei)*, mantém-se inserida nessa última versão do Projeto e determina, ao menos, a mitigação da aplicação da preclusão, a partir da oportunidade em que se reconhecem os prazos na instrução como dilatórios. E evidentemente que tal medida deve ser comemorada, já que autoriza, no nosso entender, que se estabeleça maior aprofundamento da instrução, sendo autorizado que venha ao processo prova não produzida dentro dos (muitas vezes) estritos limites previstos na letra fria da lei processual.

Dito de outra forma: em momento contemporâneo do sistema processual em que tanto se preza a efetividade, a produtividade das decisões, "a estatística de casos resolvidos", saudável é a medida que se coloca, mesmo que não explicitamente, no sentido de ampliar a oportunidade de produção de provas, a dimensão instrutória do processo, a desejável flexibilização do procedimento a fim de que se possa atingir maior legitimidade (segurança jurídica) da decisão final apta a transitar em julgado.

5. A decretação judicial da preclusão diante dos prazos dilatórios

No entanto, devemos deixar bem claro que a mitigação da aplicação da técnica preclusiva nesse cenário não significa simplesmente que não haverá mais preclusões na instrução. O prazo quando dilatório, ou impróprio, não é sinônimo de não preclusivo. E tal acepção sempre foi precisa, mesmo no atual modelo processual de 1973.

Se o Estado-juiz realmente não possui propriamente prazos para se manifestar nos autos, o mesmo, no entanto, pode não se dar com as partes litigantes, que mesmo diante de prazos dilatórios precisam se manifestar se não exatamente dentro do termo processual fixado, em momento razoavelmente próximo, sob pena, ocasionalmente, de o magistrado decretar a preclusão e dar seguimento à marcha procedimental.

É o que se dá, por exemplo, quando o juiz fixa prazo de cinco dias para uma das partes se posicionar quanto aos documentos juntados pela outra (art. 398, CPC), e dá-se normal andamento ao feito se após longo transcurso de tempo da intimação (*v.g.*, um mês), a parte ainda não tenha se manifestado. Por outro lado, mesmo sendo o ideal para o célere impulsionamento do feito que a parte se manifeste dentro do prazo de cinco dias fixado, certo que se trazer aos autos peça de análise dos documentos dentro de lapso temporal não excessivo (em quinze dias, *v.g.*), o julgador muito provavelmente não irá decretar a preclusão, e por consequência não irá determinar o desentranhamento da petição.

Repare-se, então, que os prazos dilatórios fixados no art. 181 do CPC – cujo texto é repetido pelo Projeto do Senado no art. 189 – não podem literalmente ser denominados de "não preclusivos", ao menos quando estivermos falando da aplicação do fenômeno sobre os atos dirigidos às partes. Nesse caso, por certo, a preclusão não se dá imediatamente, em decorrência do texto da lei (*ipso iure*), mas sim, pode decorrer de decretação judicial (*de natureza constitutiva*), razão pela qual não está absolutamente correta, frise-se, a assertiva de que a preclusão processual atinge somente os prazos peremptórios ou próprios (art. 182 do CPC – cujo texto é repetido pelo Projeto no art. 190) – e por consequência comprova-se que o fenômeno nem sempre produz efeitos independente da vontade das partes e mesmo do juiz (bastando-lhe a previsão na lei processual).

Em suma, para as partes pode se operar o fenômeno preclusivo tanto em se tratando de prazos peremptórios, como dilatórios, sendo que nestes últimos só após manifestação judicial expressa a respeito; razão pela qual não se dará pelo Projeto redução efetiva da técnica preclusiva quando a parte não cumprir disposição instrutória dentro de razoável prazo legal, mesmo ciente de que o prazo é dilatório.

6. Crítica à redação do art. 118, V, do atual Projeto e sugestão de aperfeiçoamento

Uma leitura atenta da atual redação do art. 118, V, do Projeto aponta que realmente a mitigação do fenômeno preclusivo no ato de impulsionamento do procedimento na fase instrutória não se projeta exclusivamente em nome da efetividade (como equivocadamente, no nosso sentir, o próprio dispositivo enuncia). Na verdade, essa dilação de prazo, a toda evidência, se projeta em defesa do direito constitucional (e prioritário) à prova, a fim de que a instrução seja mais completa, com maior material probatório, aumentando assim as chances de o julgador se aproximar da verdade material – quando da (esperada) pronúncia judicial sobre o mérito do direito controvertido.

Nessa conjectura, o dispositivo se coloca mais a favor da segurança jurídica (na acepção de certeza maior do direito a ser declarado em sentença) do que a favor da efetividade. O foco dessa inovação trazida do modelo europeu-português é, sem dúvida, a apuração da verdade e o acerto da decisão de mérito – como expressamente aponta o destacado paradigma do velho continente.

Evidentemente, quanto maior possibilidade se concede no processo para o estabelecimento do contraditório/ampla defesa (v.g., aumentando-se as oportunidades do direito a provar), justamente maior segurança se terá no que toca à certeza do direito (invocado ou defendido), maior segurança se terá no que toca à qualidade da tutela jurisdicional e mesmo à previsibilidade da decisão a ser tomada em sentença; ainda que se visualize tópico prejuízo à efetividade e ao cumprimento das disposições preclusivas do rito (nos termos estritos previstos em lei).

Ora, se se está dilatando prazo, a tendência é de que a instrução se prolongue, sendo encerrada essa etapa em momento ulterior, o que, em tese, deporia em desfavor da efetividade. A busca aqui se coloca (sim) em favor da prova, medida importante e louvável do Projeto, ainda mais naqueles procedimentos em que a carga fática é densa e nem sempre a prova poderia ser devidamente produzida no exíguo prazo previsto genericamente em lei.

Daí por que entendemos, a partir das últimas observações e ainda diante da lógica do modelo europeu-português, de onde, s.m.j., extraiu o Projeto o princípio de adequação da fase processual às especificações do conflito, que mais precisa e harmônica redação do art. 118, V, seria obtida da seguinte forma: "o juiz dirigirá o processo conforme as disposições deste Código, incumbindo-lhe, *ao longo da instrução*, dilatar os prazos processuais e alterar a ordem de produção dos meios de prova adequando-os às necessidades do conflito, de modo a conferir maior efetividade *e certeza* à tutela do bem jurídico, *respeitando sempre o contraditório e a ampla defesa*" (grifo nosso às passagens sugeridas, não integrantes do Projeto aprovado no Senado).

Dessa forma, nada obstante a discussão ainda em aberto de incremento do princípio da adequação formal em outras oportunidades no Código, se estaria, por ora, definindo com maior clareza os limites da atuação judicial – à fase instrutória, sendo previsto o contraditório com as partes litigantes – respeitadas as normas gerais constantes nos arts. 5º e 10 do Projeto; tudo a evitar enfim que o poder se converta em arbítrio.

7. Considerações finais

Portanto, se admitimos a redução dos préstimos da preclusão com a extinção do agravo retido (não sendo mais recorrível a decisão interlocutória de menor gravidade), temos que ainda maior repercussão aponta o Projeto do Senado a partir da definição – é o que interpretamos e desejamos – dos prazos na instrução como dilatórios, autorizando uma flexibilização do procedimento, à medida que o juiz, diante do caso concreto, pode determinar a dilação de prazos a fim de que seja produzida a prova. Nesse sentido, a ênfase e o enaltecimento da inovação constante no Projeto.

Parece possível, em maior medida nesse contexto, se admitir o fenômeno da "preclusão elástica", já que o procedimento não passa, em tese, a possuir mais prazos rígidos e estritamente delimitados, que impunha muitas vezes o prematuro encerramento da instrução em nome de uma (duvidosa) efetividade da prestação jurisdicional – ainda mais para o magistrado que entendia, em aplicação da letra fria do CPC, como peremptório todo o prazo estabelecido pelo Código Buzaid na instrução.

Se é bem verdade que no direito brasileiro, especificamente no direito processual, precisaríamos antes de melhores intérpretes do que de melhores leis, não podemos olvidar a facilidade que o tratamento do tema preclusivo passa a ter na instrução, a partir desse novel dispositivo de lei que admite, mesmo que indiretamente, a prioridade da produção de provas em desfavor de rígidas técnicas preclusivas – exteriorizadoras, muitas vezes, de formalismos meramente perniciosos.

A preclusão, enfim, não acaba; pelo último texto do Projeto para um novo CPC, continua sendo o instituto que representa o grande limitador do agir das partes no processo (como princípio processual). No entanto, autoriza-se que o magistrado, na direção do processo, tenha condições de justamente melhor conduzi-lo, invertendo a ordem de provas e autorizando provas mesmo fora do prazo legal (autorizando, pois, a redução da técnica preclusiva na instrução), quando a complexidade da causa exigir maior parcimônia do magistrado em contraditório com as partes litigantes – sempre com o foco, no final das contas, em ser oportunizado ao Estado-juiz melhores meios de proferir a decisão de mérito, mesmo que para tanto haja necessidade de maior tempo (dilação probatória) para restar definido um adequado caderno probatório apto ao julgamento da lide (cognição exauriente).

Se em alguma medida, encerramos, não se pode pensar na relativização da preclusão de faculdades relacionadas aos atos de desenvolvimento do procedimento, o campo devido para tanto é aquele que envolve a utilização do instituto da eventualidade (próprio da fase postulatória), bem como a seara recursal – sendo estes entendidos como próprios prazos preclusivos peremptórios (art. 182 do Código Buzaid; art. 190 do Projeto para um novo CPC).

Nos demais momentos do processo de conhecimento (a serem classificados como prazos preclusivos dilatórios – art. 181 do Código Buzaid; art. 189 do Projeto para um novo CPC), especialmente na instrução, e em face da preservação do direito à prova (prioritário e constitucional, a efetivamente dar corpo à cláusula do devido processo legal), já defendíamos a possibilidade de ser criteriosamente relativizada a preclusão; tese que passa a ganhar ainda mais força a partir do texto do art. 118, V, do Projeto do Senado, antigo art. 107, V, do Projeto 166/2010.

Realmente, maiores esforços de interpretação do CPC à luz da Lei Maior deixam de se fazer indispensáveis para se buscar a mitigação do fenômeno preclusivo na instrução, a partir do momento em que o próprio *codex* – em nível infraconstitucional – passa a admitir que os prazos na instrução possam ser dilatados pelo magistrado, reconhecendo-se assim, pela primeira vez, o direito pátrio, a técnica da flexibilização procedimental.

E, estando em aberto ainda os debates em relação ao Projeto na Câmara Federal, sugere-se, em tempo, aprimoramento na redação do investigado art. 118, V – sendo possível obter mais clara e adequada redação da seguinte forma: "o juiz dirigirá o processo conforme as disposições deste Código, incumbindo-lhe, ao longo da instrução, dilatar os prazos processuais e alterar a ordem de produção dos meios de prova adequando-os às necessidades do conflito, de modo a conferir maior efetividade e certeza à tutela do bem jurídico, respeitando sempre o contraditório e a ampla defesa".

Referências doutrinárias

ALVARO DE OLIVEIRA, Carlos Alberto. *Do formalismo no processo civil*. 2ª ed. São Paulo: Saraiva, 2003.
———. "Os direitos fundamentais à efetividade e à segurança em perspectiva dinâmica". *In: AJURIS* nº 35 (2008): 57/71.
———. "O formalismo-valorativo no confronto com o formalismo excessivo". *In: Revista de Processo* nº 137 (2006):7/31.
———. "Problemas atuais da livre apreciação da prova". Disponível em: <http://www6.ufrgs.br/ppgd/doutrinaloliveir3.htm>. Acesso em 4 jan. 2007.
AMARAL, Guilherme Rizzo. *Cumprimento e execução da sentença sob a ótica do formalismo-valorativo*. Porto Alegre: Livraria do advogado. 2008.
ARAGÃO, E. D. Moniz de. *Sentença e coisa julgada*. Rio de Janeiro: AIDE, 1992.
BALBI, Celso Edoardo. *La decadenza nel processo di cognizione*. Milão: Giuffrè, 1983.
BARBI, Celso Agrícola. "Da preclusão no processo civil". *In: Revista Forense*, 158 (1955): 59/66.
BARBOSA MOREIRA, J. C. "A garantia do contraditório na atividade de instrução". *In: Revista de Processo* (35): 231/238.
———. "Efetividade do processo e técnica processual". *In: Ajuris* (64): 149/161.
———. *O novo processo civil brasileiro*. 24ª ed. Rio de Janeiro: Forense, 2006.
———. "Função social do processo". *In: Revista de direito processual civil* nº 07 (1998): 35/45.
BARROSO, Luis Roberto. "A segurança jurídica na era da velocidade e do pragmatismo". *In: Revista do Instituto dos Advogados Brasileiros* nº 94 (2000): 79/97.
BUZAID, Alfredo. *Da apelação "ex officio" no sistema do código do processo civil*. São Paulo: Saraiva, 1951.
———. *Do agravo de petição no sistema do código de processo civil*. São Paulo: Saraiva, 1956. 2ª ed.
———. "Inafastabilidade do controle jurisdicional". *In: Estudos e pareceres de direito processual civil*. Notas de Ada Pellegrini Grinover e Flávio Luiz Yarshell. São Paulo: RT, 2002. p. 309/319.
———. "Linhas fundamentais do sistema do código de processo civil brasileiro". *In: Estudos e pareceres de direito processual civil*. Notas de Ada Pellegrini Grinover e Flávio Luiz Yarshell. São Paulo: RT, 2002. p. 31/48.
CABRAL, Trícia Navarro Xavier. "Flexibilização procedimental". *In: Revista Eletrônica de Direito Processual, Vol. VI*, p. 135/164.
CAMBI, Eduardo. *A prova civil*: admissibilidade e relevância. São Paulo: RT, 2006.
CALMON DE PASSOS, J. J. "Função social do processo". *In: Revista de direito processual civil* nº 07 (1998): 35/45.
CAPPELLETTI, Mauro. "Problemas de reforma do processo civil nas sociedades contemporâneas". *In: O processo Civil Contemporâneo*. Coordenador Luiz Guilherme Marinoni. Curitiba: Juruá, 1994.
CARNELUTTI, Francesco. *Como se faz um processo*. Trad. Hiltomar Martins Oliveira. 2ª ed. Belo Horizonte: Líder Cultura Jurídica, 2005.
———. *Lezioni di diritto processuale civile*. Vol. 4. Padova: CEDAM, 1933.
CHIOVENDA, Giuseppe. "Cosa giudicata e competenza". *In: Saggi di diritto processuale civile*. Vol. 2. Milão, Giuffrè, 1993. Reimpressão. p. 411/423.
———. "Cosa giudicata e preclusione". *In: Rivista Italiana per le scienze giuridiche* nº 11 (1933): 3/53.
———. *Instituições de direito processual civil*. São Paulo: Saraiva, 1969, Vol. I, 3ª ed., notas de Enrico Tullio Liebman.
———. *La accion em el sistema de los derechos*. Trad. de Santiago Sentís Melendo. Chile: Edeval, 1992.
———. "Sulla cosa giudicata". *In: Saggi di diritto processuale civile*. Vol. 2. Milão, Giuffrè, 1993. Reimpressão. p. 399/409.
COMOGLIO, Luigi Paolo. "Preclusioni istruttorie e diritto alla prova". *In: Rivista di Diritto Processuale* nº 53 (1998): 968/995.
COUTURE, Eduardo J. *Fundamentos del derecho procesal civil*. Buenos Aires, 1974.
CRUZ E TUCCI, José Rogério. "Garantias constitucionais da duração razoável e da economia processual no Projeto do CPC". *In: Revista Jurídica Lex* 51 (2011): 11/24.
DANTAS, F. C. de San Tiago. "Igualdade perante a lei e due process of law". *In: Revista Forense* (116): 357/367.

DELLORE, Luiz. "Da ampliação dos limites objetivos da coisa julgada no novo Código de Processo Civil". In: Revista de Informação Legislativa 190 (2011): 35/43.
DINAMARCO, Cândido Rangel. Fundamentos do processo civil moderno – vol. II. 5ª ed. São Paulo: Malheiros, 2000.
FAZZALARI, Elio. "Procedimento e processo (teoria generale)". In: Enciclopedia del diritto, n° 35 (1986): 819/835.
FURTADO COELHO, Marcus Vinícius. "O anteprojeto de código de processo civil: a busca por celeridade e segurança". In: Revista de Processo n° 185 (2010): 146/50.
GAJARDONI, Fernando da Fonseca. "Procedimentos, déficit procedimental e flexibilização procedimental no novo CPC". In: Revista de Informação Legislativa 190 (2011): 163/177.
GUARNERI, Giuseppe. "Preclusione (diritto processuale penale)". In: Novíssimo Digesto Italiano, XIII. Napoli: Utet, p. 571/577.
GUEDES, Jefferson Carús; DALL'ALBA, Felipe Camillo; NASSIF AZEM, Guilherme Beux; BATISTA, Liliane Maria Busato (organizadores). Novo código de processo civil. Comparativo entre o projeto do novo CPC e o CPC de 1973. Belo Horizonte: Fórum, 2010.
KNIJNIK, Danilo. A prova nos juízos cível, penal e tributário. Rio de Janeiro: Forense, 2007.
LACERDA, Galeno. "O código e o formalismo processual". In: Ajuris n° 28 (1983): 7/14.
LIEBMAN, Enrico Tullio. Estudos sobre o processo civil brasileiro. São Paulo: José Bushatsky, 1976.
MARELLI, Fabio. La trattazione della causa nel regime delle preclusioni. Padova: CEDAM, 1996.
MARINONI, Luiz Guilherme. Novas linhas de processo civil. 3ª ed. São Paulo: Malheiros, 1999.
MILLAR, Robert Wyness. Los principios informativos del proceso civil, trad. Catalina Grossmann. Buenos Aires.
MITIDIERO, Daniel Francisco. Colaboração no processo civil. São Paulo: RT, 2009.
NALINI, José Renato. "Hora de desequilibrar – judiciário será descartado se não funcionar". Disponível em: <http://www.conjur.estadao.com.br/static/text/53997,1>. Acesso em 2 fev. 2009.
NUNES, Dierle. "Novo enfoque para as tutelas diferenciadas no Brasil? Diferenciação procedimental a partir da diversidade de litigiosidades". In: Revista de Processo 184 (2010): 109/140.
——; JAYME, Fernando Gonzaga. "Novo CPC potencializará os déficit operacionais". Disponível em: <http://www.conjur.com.br/2012>. Acesso em 23 abr. 2012.
OLIVEIRA JUNIOR, Zulmar Duarte de. "Preclusão elástica no Novo CPC. Senado Federal". In: Revistas de Informação legislativa. Ano 48. n. 190. Abr/jun 2011. Brasília: Senado Federal, 2001. Tomo 2. p. 307-318.
POLI, Roberto. "Sulla sanabilitá dell'inosservanza di forme prescrite a pena di preclusione e decadenza". In: Rivista de diritto processuale, Padova, Cedam, n. 2, p. 447-470, abr./jun. 1996.
PRUDENTE, Antônio Souza. "Poder judiciário e segurança jurídica". In: Revista de informação legislativa n° 115 (1992): 571/580.
RUBIN, Fernando. "A preclusão na dinâmica do processo civil". In: Coleção Alvaro de Oliveira – Estudos de Processo e Constituição, n. 3. Porto Alegre: Livraria do Advogado, 2010.
——. "Do Código Buzaid ao Projeto para um novo código de processo civil: uma avaliação do itinerário de construções/alterações e das perspectivas do atual movimento de retificação". In: Civil Procedure Review v. 3, n. 1, p. 208/239, janeiro-abril 2012.
——. "Preclusão: Constituição e Processo". In: Revista Magister de direito civil e processo civil n° 38 (2010): 79/96.
——. "O contraditório na visão cooperativa do processo". In: Revista Dialética de Processo Civil n° 94 (2011): 28/44.
——; SCHMITT, Cristiano Heineck. "Observações ao projeto do novo código de processo civil: (des)necessidade do movimento de reforma e inovações no sistema recursal". In: Revista AJURIS n° 120 (2010).
SCARPINELLA BUENO, Cássio. Curso sistematizado de direito processual civil. Volume I – Teoria geral do direito processual civil. 4ª ed. São Paulo: Saraiva, 2010.
SCHIMA, Hans. "Compiti e limiti di una teoria generale dei procedimenti". Trad. Tito Carnacini. In: Rivista trimestrale di diritto e procedura civile, n° 7 (1953): 757/772.
SILVA, Ovídio Baptista da. Curso de processo civil. Vol. 1. 6ª ed. São Paulo: RT, 2003.
TARUFFO, Michele. "Le preclusioni nella riforma del processo civile". In: Rivista di Diritto Processuale Civile n° 68 (1992): 296/310.
TARZIA, Giuseppe. O novo processo civil de cognição na Itália. Trad. de Clayton Maranhão. In: Revista de Processo n° 79 (1995): 51/64.
TESHEINER, José Maria Rosa. Elementos para uma teoria geral do processo. São Paulo: Saraiva, 1993.
THEODORO JR., Humberto. "A onda reformista do direito positivo e suas implicações com o princípio da segurança jurídica". In: Revista Magister de direito civil e processual civil (11):5/32.